KB166811

경성 에리쓰의
만국 유람기

동아시아 근대와 여행 총서 2

경성 에리쓰의 만국 유람기

© 성현경 2015
첫 번째 찍은 날 2015년 1월 2일
두 번째 찍은 날 2015년 12월 10일

글쓴이	허헌, 최승희, 나혜석, 박인덕, 정석태, 최영숙, 손기정, 오영섭, 안창호 외
엮은이	성현경

총서 기획	김수기, 황호덕

펴낸이	김수기
편집	김수현, 문용우, 허원, 김혜영
디자인	박미정
마케팅	최새롬
제작	이명혜

펴낸곳	현실문화연구
등록번호	제2013-000301호
등록일자	1999년 4월 23일
주소	서울시 은평구 통일로 684, 1동 403호
전화	02-393-1125
팩스	02-393-1128
전자우편	hyunsilbook@daum.net

ISBN   978-89-6564-110-0 03900
가격은 뒤표지에 있습니다.

이 도서의 국립중앙도서관 출판시도서목록(CIP)은 서지정보유통지원시스템 홈페이지(http://seoji.nl.go.
kr)와 국가자료공동목록시스템(http://www.nl.go.kr/kolisnet)에서 이용하실 수 있습니다. (CIP제어번호:
CIP2014033414)

동아시아 근대와 여행 총서 2

경성 에리쓰의 만국 유람기

허헌, 최승희, 나혜석, 박인덕, 손기정, 최영숙 외 지음, 성현경 엮음

현실문화

서문
여행의 시대에 오신 것을 환영합니다

　1876년 강화도 조약 체결 직후 일본에 파견된 수신사 김기수는 기차를 경험한 최초의 조선인이었다. 그 경험이란 (기차를) 눈앞에 두고도 알아보지 못하고, 기적 소리는 번개와 같았으며, 바람과 비처럼 내닫는 속도는 풍경과 집과 사람을 도무지 걷잡을 수 없는 것으로 만들어버렸다. 일찍이 본 적 없는 사물(문물)을 재현하는 것에는 한계가 있었다. 그저 "분명, 실제로 보았다"는 답답함만 남길 뿐이었다. 조선에서 처음으로 기차가 운행된 1899년 여느 조선인들도 그와 같았으리라. 자신이 속한 생활세계를 벗어난 외부성을 경험하는 일은 근본적으로 또 다른 인식의 질서가 생겨날 가능성을 예감하게 한다. 조선은 만국공법의 세계로 빨려들어갔고, 기차와 같은 근대 문물은 시공간을 압축했다. 그로 인해 전통적인 생활 체계는 새로운 감각으로 바뀌었다.

　조선 사람들은 자본주의 세계에 대해 느꼈던 시간적 격차, 그 지체감을 유학생 혹은 외교관을 파견하는 두 가지 상호 방식으로 극복하고자 했다. 근대의 형성은 이처럼 여행 경험을 통해 세상을 이해하는 것에서 시작되었다. 그리고 기행문이 있었다. 문명화의 달성이 외부적인 계기에 의해 만들어진다는 점에서 기행문의 중요성은 굳이 부언할 필요가 없을 것이다. 기행문에 나타난 서구, 문명의 이미지를 통해 국가, 민족, 주체는 끊임없이 재평가되며 자본주의 세계 속에서 자신의 위치를 가늠하게 된다. 기행문은 문화들 간의 경험을 바탕으로 인식한 세계의 모습이 표상된 문학적 산물이었다.

식민지 조선에서 해외여행이 늘어나고 기행문이 본격적으로 등장하기 시작한 것은 1920년대 중반부터였다. 물론 이전에도 일본과 중국 등지로 외국여행을 다녀오기는 했지만, 서구로 여행을 가는 사람은 극히 드물었다.

기행문의 경우, 조선을 타자의 시선으로 바라보거나 발달한 문명에 대해 절대적 동경을 표출하는 등 계몽과 교육이라는 성격이 확연했다. 근대화, 서구화에 도달하는 것을 최고의 긍정적 가치로 인식하는 오리엔탈리즘이 내면화되어 있었고, 현실을 서구와 비서구, 문명과 야만의 이분법으로 재단했다. 문명화의 달성과 계몽의 언술은 1930년대 해외 기행문에서도 여전히 남아 있는 담론 틀이었다. 그러나 미디어의 확산으로 정보 축적이 가능해졌고, 기행문을 통해 여행 경험을 공유하면서 해외에 대한 이미지를 다각적으로 볼 수 있었고, 서구와 비서구, 제국과 식민지에 대한 나름 객관적인 판단을 할 수 있게 되었다. 그리고 1930년대에 들어 해외여행 기행문이 대중화되면서 당대 사회상과 의식을 주조한 새로운 문화 형식으로 자리잡게 된다. 그 흐름 속에는 대중잡지의 성장과 여행 감각에 대한 일상적 경험이 자리하고 있었다. 초창기 세계여행은 한정된 소수의 사람들만 경험할 수 있는 것이었지만, 3·1운동 이후 고조된 교육열과 고등교육 기회의 확산, 교통 발달, 인쇄 매체의 일상적 체험이

가능해지면서 여행은 사람들과 거리감을 좁혀갔다. 신문과 잡지에 실린 기행문은 독자들에게 여행에 대한 감각을 불러일으켰고, 서구 이미지에 대한 욕망을 생산하며 여행을 간접적으로 경험할 수 있게 해주었다. 외국에 대한 관심은 실제 여행, 유학 등을 경험한 사람들의 기록을 통해 더욱 증폭되었다. 이제 여행은 특정한 개인들만의 특권이 아닌, 누구라도 경험할 수 있는 것이 되었다.

확실히 여행은 증가했다. 실로 1930년대는 '여행의 시대'라 할 만했다. 관광철도 건설, 관광지 및 휴양지 개발, 관광 안내서 발간, 외국 관광단 모집 등을 통해 관광 문화가 생겨났고 여행객이 점차 증가했다. 그러나 누구나 해외여행을 갈 수 있는 것은 아니었다. 가장 큰 문제는 비용이었다. 당시 기차를 타고 파리를 갈 경우 1등석이 1천 원, 2등석이 730원, 3등석이 320원이었고, 배를 이용해 샌프란시스코를 갈 경우 요코하마를 거쳐 1등석이 330원, 2등석이 210원, 3등석이 110원이었다. 신문기자 월급이 70원(하루 7시간 노동), 여점원 월급이 25원(하루 10시간 노동), 의사 월급이 1백 원(하루 7시간 노동), 문인논객의 원고료가 120~350원이었으며, 여직공과 두부장사의 하루 수입이 30~40전이었던 점을 감안한다면, 대부분의 조선인들에게 해외여행은 사실상 불가능한 것에 가까웠다. 세계 각국을 여행한 인물들을 살펴보더라도 기독교나 천도교 등 종교의 지원을 받은 사람들을 제외한다면 개인 차원의 여행이란 극히 드물고도 상징적인 것이었다.

하지만 그렇기 때문에 해외여행은 끊임없이 추구해야 할 욕망으로 자리잡았고, 여행을 하기 위해 필요한 국제 정보와 세계에 대한 지식의 습득 욕구는 한층 더 강렬해졌다. 더구나 1930년대를 전후해 발생했던 경제 대공황, 만주사변, 아일랜드 독립과 같은 신생 독립국의 부상 등 일련의 사건들은 대중의 앎에 대한 욕구를 더욱 자극했다. 이 가운데 기행문은 대중적 읽을거리로서 다양한 국가를 중심으로 세계에 대한 지식을 서로 연결하고 전달하는 역할을 담당했던 것이다.

기행문이 널리 유행한 배경에는 바로 종합지의 등장이 있었다. 초기 잡지들은 학회지나 기관지 성격이 강해서 이념과 취향을 공유하는 독자가 아니라면 쉽게 접근하기 어려웠다. 대중의 일상과 유행, 새로운 문물과 풍속에 대한 기사를 실은 대중 종합지의 등장은 해외여행 기행문이 일종의 문화적 교양의 영역으로 자리잡는 데 결정적인 역할을 했다. 그리고 《삼천리》는 그 중심에 있었던 대중 종합지였다. 《삼천리》가 간행되던 1930년대는 신문사들이 잡지를 발행하면서 잡지 시장이 급속도로 팽창했다. 풍부한 인력망과 자본을 바탕으로 한 신문사 잡지들과 달리, 《삼천리》는 언론인이자 시인이었던 김동환 1인이 창간하고 운영한 잡지로, 1929년부터 1942년까지 햇수로 14년 동안이나 발간되며 식민지 시기에 가장 오랜 기간 발간된 대중잡지로 기록되고 있다. 《삼천리》는 정치, 군사, 경제, 사회, 문화 등 모든 방면에 걸친 다양한 기사를 실었고, 각종 지식과 사상, 그리고 문화 동향을 소개했다.

대중의 앎과 흥미를 복합적으로 배치한 《삼천리》의 성격은 기행문에서도 일정 부분 반영되며, 그 흐름을 같이하고 있다. 특히 세계에 대한 끈질기고도 지속적인 관심은 《삼천리》 전체를 관통하는 것으로 서구 제국뿐만 아니라, 비서구 식민지나 신생 독립국을 재해석하며 식민지 조선의 문제를 진단해나갔다.《삼천리》는 식민지 지식인의 해외 경험 양상을 다양하게 보여주고 있는 기행문의 온상이자, 세계에 대한 인식과 지리적 상상력을 엿볼 수 있는 대표적인 매체로서 당대의 세계상을 구축하는 역할을 수행했던 것이다.

1930년대에는 해외와 조선을 세계 체제 아래에서 보편적으로 사유하는 새로운 주체들이 출현하고 있었다. 세계에 대한 감각을 통해 조선이라는 '국가'의 구축을 넘어, 세계를 '일반적 지식'으로 받아들였던 것이다. 여행을 통해 경험한 세계 질서와 진전된 세계 인식은 문화적 위계와 강박을 벗어난 근대적 주체의 의식을 보여주었고, 그것이 발견되는 시점이 1930년대에 들어서였다. 이 시기 해외 기행문은 세계에 대한 감각을 자신의 견지에서 해석하고 향유하는 자각된 자의 서술이었다. 또한 '세계'라는 다양한 문화 속에서 '세계 내 존재'로서 자신을 인식하고 있었다. 때문에 이전 시기에 비해 국가적, 민족적인 사고 체계가 약해지면서 문화제 영역에 대한 관심이나, 여행 자체를 목적으로 하는 개인적인 여행이 생겨나고 있었다.

그리하여 여행의 시대가 열리고 식민지 조선에 새로운 근대적 주체가 탄생하는, 그 꿈과 이상, 좌절과 고난의 과정을 이 한 권의 책으로 엮었다. 이 책에 실은 해외여행 기행문들은《삼천리》에서 선별한 것들로서 1930년대 여행의 특성을 본격적으로 보여주는 글들이다. 특히 1장부터 8장까지에 담은 기행문의 저자들은 식민지 시기 왕성하게 활동한 저명인사이거나, 1930년대 조선 사회를 뜨겁게 달궜던 화제의 인물들이다. 무엇보다 인물들의 각 활동과 그들을 둘러싼 세간의 관심이 그들이 경험한 여행과 깊게 연관되어 있다는 점이 기행문들을 묶는 기준이 되었다. 또한 오늘날 우리에게는 익명이 되어버린 조선 사람들의 해외여행 기행문을 9장에 따로 묶었으며, 전체 기행문은 오늘날 독자들이 읽기에 어색함이 없도록 현대 우리말로 옮기고 해제를 덧붙였다. 이 책에 엮은 기행문들은 성격에 따라 크게 두 가지로 나눠볼 수 있을 것이다.

《삼천리》는 약소민족의 다양한 담론을 보여주는 데 지면을 중점적으로 할애했는데, 허헌, 오영섭, 최영숙, 김추관, 안창호의 여행기는 인도의 독립문제와 해방운동, 필리핀이나 아일랜드 같은 신흥국가 등 여타 식민지에 대한 동질감을 표현하고 연대 가능성을 제시하고 있었다. 피식민지인들은 더 이상 서구 강대국을 신뢰하지 않았으며, 1930년대를 휩쓴 아일랜드 열풍과 같이 새롭게 부각된 신생 독립국을 조선이 나아가야 할 대안으로 여겼다. 그리고 독립과 해방에 관한 정치적 발언이 금지된 식민지 조선의 상황에서 기행문은 그것이 할 수 없는 정치적 역할을 감당하고 있었다. 이들 기행문은 여타 피식민지의 발견을 통해 조선의 억압된 상황을 이야기하는, 정치성을 내장한 텍스트였던 것이다. 그런 점에서 이러한 비교 식민지적 관점은 조선의 문제를 제국 일본과 식민지의 관계를 넘어, 세계 체제의 제국 전반과 식민지의 문제로 사고하게 만든다.

한편으로 문화와 예술에 관한 기행문들이 나타났다. 나혜석, 정석태, 홍운봉, 김련금, 최승희가 대표적인데, 이들의 여행기에서는 근대화, 문명화에 대해 예전 사람들이 가졌던 위압이나 주눅은 찾아볼 수 없다. 그야말로 문화와 예술을 탐닉하며, 이국적인 취향을 찾아 나서는 여행객의 모습만이 있을 뿐이다. 더 정확하게 말하자면, 서구적 근대에 대해 위축된 심리가 남아 있겠지만, 적어도 그것이 주체를 압도할 정도의 것은 아니었다. 그들의 서술은 비교적 담담하거나, 서구와 조선의 관계를 나(우리)와 다른 '차이'로(지체가 아닌) 인식하는 모습이었으며, 이국적인 것에 관심을 보이고 관찰하는 태도를 보였다. 대상(타자)을 인식할 때, 오직 예술적 견해로서만 판단하고 향유했으며, 자신의 경험을 조선(인) 일반의 지위로 환원시키지 않는 사유의 태도를 보인다. 이러한 모습이 세계 체제 속에 여전히 남아 있는 비서구, 피식민지로서 자신의 처지에 대해 그들이 무감하다는 것을 의미하지는 않는다. 오히려 비서구라는 처지를 자각하려는 노력에서 새로운 사고의 가능성이 열렸고, 근대성과 식민성이 부과하는 문명과 야만, 지배와 피지배의 이분법적 형태를 벗어날 수 있는 대안이 되었다. 그러므로 문화와 예술의 기행문은 이 시기 문화적, 예술적 향유가 가능해진 주체의 탄생을 뜻하며, 그러한 태도를 갖추기 위해 문화와 예술이 필요했음을 의미한다. 이들의 기행문은 서구중심주의의 위계적인 세계 인식을 문화와 예술의 차원에서 넘어서고자 했던 정치적 기획 가운데 하나였다. 문화와 예술의 기행은 특정한 국가·민족으로 귀속될 수 없는 '보편으로서의 세계'를 인식할 수 있는 경험적인 계기가 되었다.

이 책에 실은 기행문에는 근대화와 지배 체제의 억압에 길항하는 욕망의 정치가 살아 숨 쉬고 있다. 근대적 개인으로서, 여성으로서, 또 식민지라는 현실에 대해, 저마다 품었던 욕망이 끊임없이 분출하고 있었다. 기행문은 그러한 그들의 구체적인 삶을 담고 있었기에 결코 가볍지 않았다. 여행은 치열했고, 적극적이었다. 그것이 개인적이었든, 조선이라는 국가적 혹은 민족적 대의에 있었든 말이다. 자신이 지닌 삶의 조건이 척박했기에 현실을 넘어서려는 욕망은 더욱 열정적일 수밖에 없었다. 그러했기에 이들에게 여행은 각기 다른 의미로 삶의 중요한 결절점이 되었던 것이다. 그 경험은 조선의 정치적 기획을 모색하는 계기가 되기도 했고, 개인의 정체성을 발견하게도 했으며, 이혼과 불륜이라는 파국으로 이어지기도 했다. 여행으로 형성된 가치관은 안온한 삶을 버리고서라도 지켜야 할 그 무엇이었다. 설사, 목숨을 잃게 되는 경우라도 말이다. 이 기행문들은 자신의 삶과 운명에 굴복하지 않았던 그들의 열정을 오롯이 드러내고 있다.

그 당시 세계여행은 오늘날과 달리, 훨씬 풍부했다. 유럽이나 미국으로 가려면 꼬박 20일 정도를 배를 타고 망망대해를 건너거나, 지금은 중단되어버린 시베리아 횡단 철도를 타고 한없이 가야만 하는 지난한 여정이었다. 하지만 그로 인해 이들은 여러 나라 사람들이 모인 배 안에서 또 다른 사회를 경험하거나, 부산에서 출발한 열차를 타고 가면서 이국의 정취가 어디서부터 느껴지는지 가늠해볼 수도 있었다. 출발과 도착만 남고 과정이 삭제되어 버린 지금의 여행에서는 느끼지 못할 정취인 것이다.

이제, 그들이 거닐었던 근대의 길을 우리가 걸어볼 차례다.

2014년 늦가을에
엮은이 성현경

차례

일러두기

1. 원문 표기를 최대한 따르면서 띄어쓰기와 맞춤법은 한글 맞춤법 및 표준어 규정에 맞게 바로잡았다.

2. 외국 인명이나 지명, 작품명은 국립국어원 외래어표기법을 따랐다.

3. 본문에 쓰인 대괄호[ ]는 원문에 달려 있는 주석이고, 소괄호( ) 안의 설명과 각주는 엮은이가 새롭게 추가한 것이며, 엮은이
   해제의 주석은 미주로 달았다.

4. 본문에 삽입된 도판은 모두 원문에는 없는 것으로, 독자의 이해를 돕기 위해 새롭게 도판을 삽입했으며, 이에 대한 책임은 출
   판사에 있다. (손기정 관련 도판은 모두 손기정기념사업회에서 제공해주었다)

5. 단행본에는 겹낫표『 』, 잡지나 신문에는 겹화살괄호《 》, 공연·미술작품·영화·TV 프로그램 등에는 홑화살괄호〈 〉를 썼다.

6. 검열을 비롯해 글쓴이나 편집자가 의도적으로 공란으로 둔 것은 ○○, XX, △△ 등 원문에 표기된 대로 표기했으며, 원문에
   서 알아볼 수 없는 문자는 **로 표기했다.

1장

민족 변호사 허헌이 방문한
세계 정치 1번지

하와이　　샌프란시스코　할리우드　　시카고

영국　　아일랜드　　뉴욕　　워싱턴

허헌 (1885~1951)

조선 3대 인권 변호사

보성전문학교와 메이지 대학교 법학부를 졸업했다. 이인, 김병로와 함께 조선 3대 민족 인권 변호사로 활약하며 독립운동가나 노동자를 무료로 변론해주기도 했다. 보성전문학교 교장, 동아일보 사장대행 등 사회 활동도 활발히 했다.

1926년, 딸 허정숙과 함께 떠난 세계여행은 장안의 화제였다. 일본 요코하마에서 배를 타고 출발하여 하와이와 미국을 거쳐 아일랜드와 영국, 네덜란드, 벨기에 등 유럽 여러 나라를 돌아보았으며, 그 가운데 미국 대통령, 영국 노동당 당수 회견, 세계약소국대회 참석 등 거의 외교에 준하는 활동을 했다. 귀국한 뒤에는 신간회 활동을 하다가 체포되기도 했고, 해방기에는 건국준비위원회에 참여했으며, 남로당 활동을 하다가 미군정이 남로당을 불법화하자 북한으로 올라갔다. 한국전쟁 중에 강물을 건너다 익사했다.

무섭게 밀려드는 태평양의 바다를 타고
황금의 나라 미국으로!
하와이에 잠깐 들러 형제들부터 만나다:
세계일주기행 제1신

조선아 잘 있거라

아시아 대륙에 삼복三伏이 가까워오는 까닭인지 오늘 밤은 몹시도 덥다. 아직 5월 31일이니 봄옷을 입어도 견딜 듯하건만, 웬걸 올해는 계절이 이상하여 벌써 며칠 전부터 쨍쨍 내리쬐는 폭양 볕에 얼음 화채가 그립고 밀짚모자에 산뜻한 베옷이 간절히 생각난다. 더구나 내가 바야흐로 향하려는 곳이 태양이 내리쬐는 저 남쪽 나라라 생각하니 저절로 머릿속이 뜨거워져서 서울을 떠나는 오늘 밤에는 흰 여름옷조차 떨쳐입고 나섰다.

남대문 정거장에는 나와 내 딸 정숙이를 배웅하기 위해 여러 분이 나와주셨다. 실로 내가 생각해도 나의 이번 발길이 언제 다시 이 정거장 흙을 밟아보게 될지 모르겠다. 밟는다 해도 몇십 년 뒤가 될지, 또는 그 몇십 년 뒤에도 살아서나 밟게 될지. 아무 근심 없고 거리낌 없는 사람이라도 10만 리 먼 길을 떠난다 하면 곱다랗게 돌아오기를 장담 못 하거늘, 하물며 우리같이 가도 근심 와도 근심인 기구한 나그네의 몸이야 어느 날 어떠한 운명에 가로막혀 생명과 육신을 물고 뜯을 줄 알랴. 이런 생각을 하면서 남산 위의 솔밭과 북쪽 백악산北白岳(지금의 북악산)의 [산봉우리를 바라보니] 어떻다 말할 수 없는 감개에 가슴이 설레기 시작하므로 나는 얼른 배웅 나온 분들과 헤어져 경부선 열차 속으로 뛰어들었다. 아무쪼록 1초라도 내가 나서 자라던 이 땅의 흙을 더 밟아보고, 또 이날 이때까지 존경하며 신뢰해온 여러 벗의 따뜻한 손목을 더 붙잡아보고 싶은 생각이야 불붙듯 나지만, 그것이 도리어 떠나는 나에게 견디기 어려운 괴로움을 준다면 어쩌랴. 기차는 끝끝내 떠난다. 눈부시게 번쩍이는 전등 속에 나타났다 사라졌다 하는 숭례문의 우뚝 솟은 커다란 감옥 같은 그림자를 남겨놓고, 기차는 남으로 남으로 자꾸 떠난다.

나는 아예 보지 말자고 꼭 감았던 눈을 참지 못하여 다시 한번 떠서 그 남대문이 서 있을 하늘 위를 쳐다보며 속으로 맹세하였다. 기어이 살아 돌아와서 다시 한번 저 문을 쳐다보자고. 아무렇게나 가는 몸이라, 그리운 조선이여 잘 있을지어다. 그동안에 아무쪼록 크고 건강하게 많이 배워서 조그마한 이 몸이 가져다 드리는 뒷날의 선물을 웃으며 받아주소서.

태평양을 비추는 달빛

도쿄, 오사카에서 지내다가 6월 16일 아침, 요코하마를 떠나는 태양환太洋丸에 몸을 싣고 하와이로 향하는 길에 올랐다. 배는 꽤 컸다. 2만 2천 톤짜리라 하니, 실로 해상의 첩첩산중에 떠 있는 큰 성이라 할 것이다. 들어보니 3등객은 아침 8시 전에 올라야 하고, 1등객은 11시, 또 우리같이 2등객은 9시까지 올라야 한다. 요코하마 해안 거리에서 항해에 필요한 물건 몇 가지를 사 들고 우리 부녀는 정각까지 배 안에 분주히 오르니 그 큰 배도 벌써 손님으로 가득 찼다.

11시 반이 되자 태평양 저쪽으로 가는 우편을 가득 실은 우편선이 포포포 하고 분주히 본선本船에 달려와서 짐을 실어버리더니 곧 기적을 울리면서 떠나기 시작했다. 도쿄에서 와주신 몇몇 분과 작별하려고 정숙이와 함께 갑판에 나서니, 그 넓은 부두에는 우리 배의 손님들과 작별하러 온 사람들이 가득 차 있었다. 아마 거의 3천 명은 될 것 같다. 그 사람들이 모두 빨갛고 노랗고 푸른 종이의 한끝을 갈라 쥐고 있으니 배가 항구를 떠나면서 그 줄이 점점 풀려 오색 무지개같이 바다 위에 둥실둥실 펼쳐진다. 보내는 사람은 떠나는 사람의 건강을 빌며 만세를 부르고, 또 배 위의 사람은 배 아래 사람을 향하여 "잘 있거라" 하고 외치는 소리에 요코하마의 하늘은 흔들릴 지경이었다. 아까 갑판 위에서 서로 몸을 부둥켜안고 그렇게 헤어지기를 애처로워하던 서양인 노파도 이제는 할 수 없다는 듯이 부두에 파리 대가리같이 아물거리는 전송객

태양환
허헌과 허정숙이 탄 하와이행 여객선 '태양환'. 1911년 독일의 남미 항로 여객선이었던 이 배는 제1차 세계대전에서 독일이 패전한 후 일본 정부에 넘겨져 1921년부터 닛폰유센(日本郵船)의 샌프란시스코 항로에 취항했고 1941년까지 운항했다.

을 바라보다가 물결 위로 지나가는 물새들에게 눈을 주고 만다. 생각하면 요코하마 바닷물은 날마다 수없이 떠나보내고 떠나가는 동서양 사람의 이별 눈물로 개항 이래 60여 년 동안 수 척이나 수심이 깊어졌을지 모른다. 미국이나 유럽으로 간 우리 형제도 많으니 조선 사람의 눈물도 몇 촌이나 이 수심을 깊게 하였을까.

이제부터는 순전히 해양 생활이다. 일본의 보소 반도房總半島(간토 지방 동남부 태평양에 접한 반도)조차 수평선 저쪽으로 사라지자 어디를 둘러보아도 파란 바다 물결뿐이다. 바다에 오면 산이 그립고 산에 오면 바다가 그립다던가. 수려한 산악을 날마다 쳐다보며 자랐던 나는 바다가 어떻게나 갑갑한지 모르겠다. 해는 벌써 져버렸다. 해조차 서산을 넘지 않고 서해를 넘는 것이 어쩐지 섭섭하다. 아무튼 이제는 이 바다 물결과 싸우면서 3,310리의 수로를 헤쳐 가야 한다. 이 배의 속력이 한 시간에 15해리(약 28킬로미터)씩이라고 하니 하루에 잘 가봐야 360리밖에 못 갈 터이다. 에그, 그렇게 하와이까지 가자면 13~14일이나 걸릴 모양이다. 어떻게 10여 일씩이나 육지를 못 보고 살아가나.

선실의 영어 공부

남들은 해상 생활을 모두 아침 먹고, 운동하고, 음악 듣고, 춤추고, 영화 보고, 또 밥 먹고, 자는 것으로 지내는 모양이지만, 나는 선실 문을 닫아걸고 밤낮으로 어학 공부에 진땀을 뺐다. 영어야 청년 시절에 한성 외국어학교에서 '내셔널' 다섯 권 정도를 배웠고, 그 뒤에도 영국, 미국, 프랑스, 독일에 갈 생각을 품고 2년 동안이나 서울 모 영국인 밑에서 개인교수를 받았다. 또 도쿄 메이지 대학 다닐 때에는, 법률 외에 어학에도 은근히 힘을 써서 그때만 해도 영자 신문쯤은 거리낌 없이 보았지만, 그동안 손을 놓은 지 하도 오래되어서 이제는 영어로 밥 먹으라는 말도 외우지 못할 지경이다. 이래서야 어떻게 코 큰 서양 사람 행세를 할까 싶다. 미국 샌프란시스코에 도착할 때까지 열심히 독습하기로 했다. 출발 전 2개월 동안 서울에서 영어를 집중적으로 다시 공부야 했지만 아직 수줍어서 영미 사람을 붙잡고 말을 걸어볼 용기조차 나지 않았다.

어학 공부로 피곤해진 머리를 쉬려고 늦은 밤 갑판에 나가면 둥글고 밝은 달이 돛대 꼭대기에 걸려 있어서 정말 좋았다. "강 하늘 한 색으로 티끌 한 점 없고, 허공에 밝은 달만 외로이 떠가네江天一色無纖塵 皎皎空中孤月輪"*라고 장약허張若虛가 옛날에 읊었다더니, 실로 그런 광경은 중국의 동정호洞庭虛(둥팅 호, 중국 후난 성 동북쪽에 있는 호수로 아름다운 경치가 유명하다) 같은 달빛에서 찾을 것이 아니라, 아득히 높고 먼 하늘 아래 끝없이 펼쳐진 태평양 이 넓은 바다 위에 달이 떠 있는 경치에서 읊어야 할 것이 아닌가 싶었다.

그러나 이렇게 달구경이 좋다가도 갑자기 검은 구름장이 해양을 덮으면서 산 같은 파도가 배를 집어삼킬 듯 맹렬히 선창을 때릴 때에는 이를 데 없이 장엄하고 참혹하다기보다 간이 말라드는 것 같기도 하다. 아무리 철갑선이라도 자연의 거칠고 사나운 위세 아래에 머리가 들랴. 성격이 급한 분은 하루에도 몇 번씩 파선을 떠올리며 하느님께 기도드리는 것까지 보았다. 그러나 정직하게 말하면, 나는 파선을 당해보았으면 좋겠다. 그렇게 생명의 절대적 위협을 받아본다면 담력이 그야말로 철석같이 다져질 것이 아닌가. 내 생각에는 파선이 된다 해도 나만은 배 창의 널문을 뜯어 허리에 깔고 용감하게 헤엄쳐서 뒤에 무선 전신을 받고 달려오는 구조선에 구명이 될 성싶다. 그렇다면 이 기행문도

---

* 당나라 양주(揚州), 지금의 중국 장쑤(江蘇) 성 사람인 장약허의 대표작 「춘강화월야(春江花月夜)」의 한 구절.

다소 재미있어지련만, 아뿔싸 이것도 늙은 청춘이 한때에 그리는 로맨틱한 화폭이련가.

부유한 하와이 형제의 생활

일본을 떠난 지 14일 만인 1926년 6월 29일 아침, 그립던 하와이의 호놀룰루 항구에 도착하였다. 무선 전신을 받아보고 그곳 민단 총회장 최창혜, 기독교 중앙교회 목사 민찬호, 홍한식, 몇 해 전 고국을 방문하셨던 김누디아 여사 등 여러 사람을 비롯해 동포 여러 분이 부두까지 나와 우리 부녀를 반갑게 맞아주었다. 그 모습이 어떻게나 진정이고 열렬한지 그냥 귀를 맞잡고 삼삼 돌아가며 입이라도 맞출 지경이다. 나도 고국에 돌아온 듯이 얼마나 기쁘던지 방방 뛰고 싶었다. 여기에서 나는 개발회사* 이래로 특별한 관계를 가지고 있는 하와이 섬을 잠깐 소개해야겠다.

하와이라면 태평양 상의 한복판에 콩알만 한 섬 여덟 개가 모인 곳이니 비록 면적은 6천 평방리(제곱마일)로 큰 고양이 이마빡에 불과하

---

* 데이비드 데슐러(David W. Deshler)가 이민 모집을 위해 설립한 '동서개발회사(The East-West Development Company)'를 지칭하는 것이다. 인천 내리교회 부근에 데슐러 은행과 함께 개발회사를 세운 데슐러는《황성신문》에 이민 모집 광고를 대대적으로 냈으며, 인천과 서울을 비롯해 부산, 원산, 진남포 등 전국 주요 항구에 지부를 두고 이민자를 모집했다. 1902년 12월 22일 조선인 102명이 제물포항을 떠나 하와이로 간 것이 최초의 공식적인 이민이었으며, 그 후로 1년 6개월 동안 7,226명의 한인이 이민을 갔다.

1904년 새 이민자 환영
하와이에 먼저 도착한 초기 이민자들은 새 이민선이 들어올 때 부두에 나가서 환영을 하며 새 이민자들을 맞이했다.

(Published by Authority of the Immigration Commissioner of the Territory of Hawaii, U. S. A.)

NOTICE

HONOLULU, August 6th, 1903.

The Hawaiian Islands offer favorable inducements to all those who may desire to come here and locate with their families.

With a mild and equable climate, a continuous summer, no severe cold weather, the conditions are favorable to the health of all classes.

The public school system is extensive and well established throughout the entire group, and schooling in the English language is free.

Employment is available at all times of the year for agricultural laborers. All able bodied laborers in good health and of good character will have no difficulty in obtaining regular and constant employment, and will receive the full protection of the laws.

The rate of wages prevailing is $15.00 U. S. Gold per month of twenty-six days each of ten hours labor.

Employers furnish lodging, fuel, water and medical attendance without charge to the laborer.

Publication of this notice is hereby authorized to be made in the Empire of Korea.

THEO. F. LANSING,
Commissioner of Immigration
and Advertising Agent for the
Territory of Hawaii, U. S. A.

1902년 하와이 이민고시 광고
하와이 이민 감독의 하와이 이민 모집 광고. (출처: 독립기념관)

지만 군사상·정치상으로는 물을 것도 없고 아시아와 유럽, 미주와 동양을 다니는 교역상 중요한 곳이 되어 유명하다. 섬의 인구 24만 명 중우리 사람은 약 7천 명 있고, 중국인도 수만 명이며, 일본인도 약 10만 명이나 있다. 그 외에 영국이나 미국 사람을 비롯해 포르투갈, 필리핀, 인도, 하와이인 등 각국 종족이 모두 모여 산다. 주권이 미국에 있기는 하나 우리 사람들은 토지 소유권이나 시민권도 가지고 있어서 생활이 풍요로울 뿐 아니라 사회적으로도 다른 나라 사람들에 비해 우세한 지위를 누리고 있었다. 그리고 교육과 사회 시설의 완비에 놀랐으니, 미국이 세운 공사립 학교 수가 330여 교, 교원 1,820여 명, 학생 4만 2,070여 명이며, 중학교가 7교, 대학이 2교, 이외에 도서관, 유치원 등이 곳곳에 있었다. 하와이의 수도인 호놀룰루라는 항구는 시가가 웅장하고 화려한 것이 놀랄 만한데, 인구는 서울의 4분의 1이나 되는 7만여 명이 산다고 한다. 여기 우리 사람들도 백인과 마주 앉아 크나큰 상점도 차리고, 여러 층의 양옥에도 살며 [···중략···]

나는 여기에서 여러 분들이 청하는 대로 교민단과 청년회, 교회당을 돌아다니며, 고국 사정도 이야기하고 우리 일에 대하여 수차례 연설도 하였다. 그곳에서 약 열흘 동안 묵는 사이에 호놀룰루뿐 아니라 여러 곳을 돌아다니며, 연설한 횟수가 아마 수십 차례는 되었을 것이다. [···중략···]

나는 미국 대학을 졸업한 우리나라 여학생을 만났으나, 그분이 말

하와이 대한인교민단
대한인교민단의 1932년 '민중승리축하기념' 장면. 1909년부터 1921년까지 존속한 대한인국민회 하와이 지방총회
가 1922년부터 1932년까지는 하와이 대한인교민단으로 바뀌었다.

을 몰라 통역을 세우고 겨우 묻고 답했을 때에는 어쩐지 제 나라말을
몰라주는 것이 야속하기도 하고 서운한 생각이 들더라. 그 교회 학교의
성장을 비는 마음은 내가 하와이를 떠나온 뒤, 오늘까지도 사라지지 않
는다.

미국으로 미국으로

아이스크림에다가 바나나를 볶아서 먹는 맛과 그곳 특산 과일인
파파야나 망고, 입에 들어가면 녹아버릴 듯한 뻬아(서양배) 같은 맛있
는 과일로 여러 날 입맛을 즐겼다. 하와이 형제자매의 살을 베어줄 듯

한 친절한 대우에 심신을 녹이며, 그곳에서 태어나고 자란 아이들이 고국으로 데리고 가달라고 조르는 애처로운 마음과 의리 속에서 지내다가 우리들은 7월 8일 잊을 수 없을 것만 같은 하와이를 뒤로하고 할 수 없이 미국을 향하여 또 배를 탔다. 그때 부두에서 전별해주던 광경이야 내가 관 속에 든들 잊히리. 그러나 나는 하와이에 대하여 하고 싶은 말이 산처럼 많은데도 아무 말도 못 하고 마는 것을 이에 슬퍼하지 않을 수 없다. 더구나 어린아이들이 발을 동동 구르며 나더러 금강산이고 서울 이야기고 더 해달라고 조를 때에는 알 수 없게 목이 메는 듯한 무슨 압박을 받게 되더란 말도 여기서는 모두 피하는 것이 좋겠다. 우리가 탄 미국 샌프란시스코행 배는 무슨 대통령의 이름을 따온 3만여 톤짜리 배이었다. 묘령의 백인 여자들이 어떻게나 많이 탔는지, 식당이나 갑판 위의 운동장이나 무용실에 들어가 보면 남성 출입 금지가 아닌가 하고 생각하리만치 꽃같이 어여쁜 여자들이 가득 차서 재깔거리고 있는 것이 실로 장관이었다. 등의자에 걸터앉아 대패로 민 듯, 간 듯하게 생긴 두 정강이를 내어놓고 방글방글 웃어가며 저희끼리 속삭거리는 그 모습을 바라보면 '브라우닝'이라는 영시인이

> 아아 다시 젊어져
>
> 연애하고 싶다
>
> 다시 한번만 사랑하고 싶다.

하고 부르짖던 모양으로, 또 '괴테'의 '파우스트'가 '메피스트(『파우스트』에 등장하는 악마의 이름)'의 힘을 빌려 다시 청춘이 되어 즐기듯이 나도 한 번만 젊어지고 싶은 생각에 가슴이 탔다. 어여쁜 여자란 남의 가슴을 집어뜯는 것이 천직인 모양으로 태평양 위의 배 안에서 나는 한참 땀을 뺐다. 그러나 나비 같은 그네들을 만남으로 나는 젊어지기는 고사하고 오히려 늙어지지나 않는가. 껄껄.

꿈과 현실의 헝클어진 실마리 속에서 일주일 동안을 지내고 7월 14일이 되니 우리 배는 태평양 연안의 대표 도시 샌프란시스코에 도착하였다. 이제부터 나의 발길은 황금의 나라, 물질문명 지상의 나라, 자본주의 최고봉의 나라, 여자의 나라, 향락의 나라, 자동차의 나라인 북미합중국 땅을 밟게 되었다.

꽃의 할리우드를 보고
다시 대서양을 건너 아일랜드로!:
세계일주기행 제2신

번화하는 샌프란시스코

7월 8일 하와이를 떠난 우리 배는 일주일이 지난 7월 14일에 이르러서야 미국 샌프란시스코의 제36호 부두에 그 허리를 닿게 되었다. 그러자 그곳 △△회 총회장이자, ○○민보 사장인 백일규 씨가 선실까지 마중 나와주셨다. 남들이 말하는 모양으로 그분은 안창호파여서 그런지 처음에는 다소 냉담한 태도를 보이더니, 차츰 지낼수록 온화하고도 신뢰할 만한 좋은 분임을 깨닫게 되더라.

그분은 미국에 온 지 벌써 20여 년이 되어서 그동안에 유명한 캘리포니아 대학의 경제과까지 마친 뒤, 이렇게 북미 대륙의 관문을 지키고 계시면서 사회적 또는 정치적으로 놀랄 만한 활약을 보이고 있었다. 그뿐만 아니라, 본국에서 오는 우리 동포의 입국에 대해서는 일일이 미국 관헌에 교섭을 해주어서 되돌려 보내지는 일이 없게 해준다. 그 외에도 유학생이면 대학 입학을 주선하고, 고학생이면 세탁, 이발 등 온갖 노

캘리포니아의 한인 청과상
초기 이민자 윤응호가 캘리포니아 주 휘티어에서 경영하던 과일 가게.

1920년대 샌프란시스코 거리를 담은 엽서

백일규
샌프란시스코에서 허헌을 마중나온 대한인국민회 총
회장이자 《신한민보》 사장 백일규. 1916년 대한인국
민회 본부 앞에서 왼쪽부터 순서대로 양주은, 정영
도, 백일규, 안창호.

동까지 주선해주어 실로 자애로운 아버지와 같은 공경의 대접을 받고 있던 터였다.

샌프란시스코에 체류하는 동포 수는 모두 2백여 명인데, 그중에는 웅장한 건물에다가 서양인 못지않게 대규모 공장을 경영하기도 하며 상점을 경영하는 분도 있었다. 또 정치·경제·문학 등 각 방면의 유학생과 더러는 노동자가 되어 이발소와 세탁소, 남의 집에 고용살이 하는 분도 있었다.

이제는 샌프란시스코 시가를 소개할 차례에 이르렀다. 그러나 나는 이것을 피하려 한다. 여러분이 상상하시던 모양으로 20층, 30층의 석조, 벽돌, 철근 콘크리트 등 웅장한 건축물이 하늘과 해를 가리고 또 어디까지 갔는지 모를 만큼 기막히게 늘어섰으니, 이를 '가옥의 대人삼림지대'라고나 설명할까, 그 외에 다른 해설의 말을 나는 못 찾겠다. 또 각국 인종이 거리마다 욱작욱작 따라가다가는 욱작욱작 따라오며, 자동차가 까만 개미떼같이 늘어선 것과 바다와 육지에서 울리는 쇠망치 소리, 기적 소리 등 동원령이 내려진 전쟁 지대가 아니면 상상도 못 하리만치 복잡다단한 모습을 솜씨 서툰 내 붓끝으로 그려낼 재주가 없는 것을 잘 아는 까닭이다.

다만 움직이는 도시요, 크고 기운 센 거리려니 하면 별로 틀림이 없으리라.

그렇더라도 이 샌프란시스코라는 북아메리카의 관문에 서서 "청원의 때는 이미 지났다. 우리에게 자유를 달라. 그렇지 않으면……" 하고 부르짖으면서 내달리던 1775년 3월, 이 나라 민중의 장렬한 활동을 추억하는 것은 당연한 의무이리라. 거기에 식민지 미국이 본국인 영국에 배화운동排貨運動(특정 국가 또는 기업의 물건이나 상품 따위를 배척하여 거래하지 않는 운동)을 일으켜 매년 237만 파운드의 수입이 있던 것을 한 방에 163만 파운드까지 하락시켰으며, 동인도회사의 차茶를 상륙시키기를 거절한 일과 인지판매사건印紙販賣事件, 대륙회의 등 온갖 역사적 비장한 기억도 첨가하면 좋을 것이다. 그러나 최후에 의장 존 핸콕John Hancock(미국 독립운동의 지도자, 1737~1793)을 선두로 13주 대표 56명이 서명하던 그 옛날의 광경은 누구랄 것 없이 분명히 와서 보고 가야 할 줄 안다. 이것이 이방인으로서 미국에 대하여 지킬 예의가 될 것이므로.

영화의 왕국, 할리우드

그 뒤로 여러 날이 지나고, 나는 샌프란시스코에서 아침 차를 타고 저녁 해가 질 무렵 로스앤젤레스에 도착하였다. 아마 캘리포니아에서 정말로 우리 동포가 활동하는 지대는 이 로스앤젤레스인 모양이다. 남녀 약 6백 명이 체류하고 있는데, 도산파의 세력이 상당하더라. 왕년에 도산이 머물렀다던 집도 구경하였는데, 크고 깨끗했다. 단체로는 △△회와 ○○단이 있어서 꾸준한 활동을 보이고 있으며 동포의 생활 정도도 모두 넉넉해 보였다.

그런데 나는 이 로스앤젤레스에서 수십만 팬들이 동경하는 영화의 성지, 할리우드를 보았다. 〈황금광시대The Gold Rush〉(1925)에 나오는 채플린, 〈바그다드의 도둑The Thief of Bagdad〉(1924)에 나오는 더글러스, 〈선라이즈Sunrise: A Song of Two Humans〉(1927)의 게이노 등 모든 유명한 남녀 배우들과 유니버설, 폭스, 메트로 골드윈 등 온갖 대규모의 영화회사가 빽빽이 들어선, 순수하고 완전한 활동사진의 천국이더라. 그 스튜디오가 크고 웅장한 것은 실로 놀랄 만했으니, 비행기 격납고같이 굉장히 큰 집채가 10여 개 이어져 있었다. 이 속에서 릴리안 기시, 클라라 바우[!], 로이드, 쿠건 등 모든 천재들이 밤낮 울고불고 하는 흉내를 내면 그것이 수천 권의 필름이 되어서 전미 상설관과 유럽, 아시아에 일시 개봉이 된다. 심지어 우리 조선의 경성 친구들도 조선극장이나 단성사를 통하여 그것을 구경하고는 흉내 내던 배우들 모양으로 정말 울고불고 야단이다. 실로 영화는 세계를 축소해놓았다 할 것이요, 만국인의 정서를 통일해놓았다 할 기관임에 틀림없다.

어쨌든 꽃의 할리우드에 영화회사가 3백여 개 있어서 전 세계 영화사업의 8할을 점하는 아메리카에서도 그중 9할이나 할리우드 손으로 제작되어 나온다고 하니 어떻게나 놀라운 활동인지 알 만하다.

이렇게 할리우드가 영화의 성지로 온 세계의 총애를 유독 받게 된 까닭이 없는 바가 아니니, 첫째로 그곳은 춘하추동 사계절이 마치 봄철같이 모두 따뜻하고 비나 눈 오는 날이라고는 적으며, 산천도 아름다운 것이 미국에서도 드문 곳이다.

우리 부녀는 안내인을 따라 온종일 내부를 돌아다니며, 포복절도할

1930년경 할리우드 거리를 활보하고 있는 한인 여성

1931년 캘리포니아 베니스 해변의 한인 여성

희극 찍는 장면도 구경하였고, 눈물이 비 오듯 흐르는 초특작 대비극이라 할 장면도 보았다. 러브신 광경도 보았는데, 듣자 하니 그들이 모두 세계에서 손꼽히는 유명 배우들이라 한다. 나올 때 카페에 들렀더니 가장 모던한 차림을 한 여러 영화배우들이 잡담을 늘어놓으며 아이스크림을 먹는 것이 희귀하더라. 아마 세계의 모든 최신 유행과 담화 재료는 여기에서 나오는 듯했다.

과실과 석유가 풍부한 나라

낙원 같은 꽃의 할리우드를 떠나서 우리는 다시 시카고로 향하였다. 그런데 그 중간에 약 10리 평방이나 되는 크나큰 포도밭이 있었다. 한 시간에 54리씩 가는 그 빠른 기차로도 대여섯 시간을 순전히 포도밭 속으로 갔으니, 어지간히 굉장하였던 것을 알 수 있으리라. 이곳에서는 1년 동안에 건포도가 60만 톤이 난다. 그뿐만이 아니다. 조선에서는 네이블이라고 부르는 오렌지라는 과일이 또 얼마나 많이 나오는지 빨갛게 오렌지만 열린 과일밭 속을 기차를 타고 역시 한 시간씩 달렸다. 그놈의 과일은 누가 다 없애는지. 생산도 거대하려니와 아닌 게 아니라 과연 소비도 거창한 셈이었다. 그 과수원에서 일하는 노동자는 조선 사람과 중국 사람과 일본 사람 등 동양인이 대부분이었는데, 임금도 높고 모두 상당한 저축을 하고 있다고 들었다.

이와 같이 과실나무도 풍부하기로 세계인의 가슴을 놀라게 하거니와, 더구나 석유는 여행자를 기절하게 할 지경으로 풍부한 산출을 자랑한다. 나도 시카고 가는 길가에 있는 유전을 보았는데, 산꼭대기든지, 평야든지, 바다 가운데든지, 그 넓은 벌판에 서울 종로판 안에 세운 것의 열 배나 되는 큰 쇠기둥을 수백 주나 세우고 있었다. 그것이 모두 석유를 뽑는 기계라 한다. 연간 생산액이 수억만 배럴에 달하는 그 많은 석유를 이전에는 기차에 싣고 운반하더니, 이젠 그래서는 다 공급할 수가 없다 하여 필라델피아(거리 60리), 뉴욕(거리 60리), 보스턴(합쳐서 5천 리)까지 가는 그 먼 길에 수도水道를 놓고 그냥 부어서 냇물 모양으로 땅속으로 운반한다. 그리하면 앞서 서술한 3대 항구에서 배에 실어 동서양 각국에 보낸다 하는바, 전 세계의 석유 중 7할은 미국에서 난다 하니 황금의 나라가 된 것은 우연한 일이 아니었다. 이렇게 기막히는 부의 원천을 모두 소개하자니 끝이 없겠으므로 이만하거니와 농업도 거저먹기요. 또한 대규모의 작농들이었다.

실로 끝이 어딘지 모를 그 넓은 벌판에 기계로 땅을 갈아놓고, 기계로 씨를 휘휘 뿌리며, 기계로 수로를 끌어넣었다가, 가을에 또 기계로 와락와락 추수해버리면 그만이다. 농작은 대개 논에 물을 대어 심는 벼인데, 그것은 미국에 사는 동양인의 식료가 되며, 서양인들도 가끔 카레라이스를 해 먹기에 쌀을 구한다고 한다.

그런데 개발회사 시절에 함경남도 정평 살던 김 씨가 여기로 와서는 농사짓기를 하여 한때는 백여만 원을 벌어 미국에서도 백미 대왕이라고 그 이름을 짱짱 울리던 거농이 되었는데, 제1차 세계대전을 치른 뒤 3~4년 농사를 더 크게 지으려다가 그만 그해에 불어닥친 유명한 수해로 크게 실패했다. 그 외에도 상당히 큰 농작을 하고 있는 조선 분들이 꽤 많았다. 이렇게 곳곳에서 동포의 건투하는 모습을 보면 알 수 없는 감격에 가슴이 벅차더라.

여관에서 대실패

나는 시카고에 와서 여관 일로 크게 곤혹을 치렀다. 우스운 일이나 그 이야기를 해보려고 한다. 20여 년 전쯤, 내가 서울 중교동에서 교회학교 교사 일을 맡아보던 염광섭이란 청년에게 돈 5백 원을 주어 미국 가는 노자를 보태준 일이 있었다. 그분이 그동안에 시카고 대학을 마치고 그곳 대학 도서관 간사로 있었다. 그래서 염 군이 나를 맞이하러 나왔는데, 기차에서 내리자 곧 자동차에 태우더니 여관을 안내한다고 도심을 지나 미시간 호숫가까지 자꾸 데리고 간다. 교외를 한참 질주하더니, 얼마 만에 호수를 메운 땅 위에다가 화려하고 아름답게 지은 집 앞에 내려놓는다.

들어보아 하니, 그곳은 비치호텔로 세계에서 손꼽히는 국제적인 호텔이다. 유럽과 미국의 유명한 부호나 정치가들이 으레 이곳에 와 머문다고 하는바, 과거에 우리 명사들 중에도 이승만 씨나 서재필 씨 같은 분이 수차례 투숙한 일이 있다고 한다. 아마 염 군은 그동안의 본국 사정을 잘 모르고, 내가 백만장자나 되는 줄 알고 여기에 붙잡아다가 둔

시카고 비치호텔
1910년대 초 비치호텔에서 발행한 엽서.

모양이다.

　기왕 온 것을 어쩌지 못하고 숙박을 청하며 하룻밤 방값을 물으니, 놀라지 마라. 그리 좋지도 않은 방이 1백 원[그곳 돈으로 50불]이라 한다. [서양 여관은 방값만 내고 음식은 제 마음대로 따로 돈을 내고 사먹는 법이니까] 부녀가 각각 한 방씩 점령할 터, 하룻밤에 2백 원이 달아난다. 아뿔싸! 하고 뉘우쳤으나 때는 이미 늦었다. 할 수 없어서 제일 싼 방을 달라 하여 1박에 36원씩 둘이 72원을 내기로 하고 돈을 물처럼 쓰며 울며 겨자 먹기로 숙박하였으니, 어쨌든 그 여관에서 나흘 동안 묵는 사이에 수백 원의 돈을 써버렸다. 이렇게 기막히고도 우스운 봉변이 또다시 있을까. 그곳에서 떠나 며칠 뒤, 뉴욕에 와서 장덕수를 비롯해 여러 사람을 만났다. 여기에는 민단 사람들이 많더라. 우리 사람들이 돈을 모아 건

미국 독립 150주년 기념 박람회
허헌이 참관한 미국 독립 150주년 기념 박람회는 펜실베이니아 주 필라델피아에서 열렸으며, 독립선언을 상징하는 '자유의 종(Liberty Bell)'의 복제본이 80피트 높이로 제작, 박람회 입구에 배치되어서 박람회의 상징물이 되었다.

축하였다는 X인 기독교 예배당도 보았는데, 아주 당당하였다. 뉴욕에는 정치적인 기타 활동은 제외하고라도 우리 사람으로 요리, 양복, 세탁, 이발 일을 하는 노동자와 유학생들이 약 60명 있는데, 장덕수 군만이 오로지 정치학을 전공할 뿐, 다른 분들은 대개 경제학 방면 전공이었다. 그런데 뉴욕에 약 30만 불[60만 원] 가진 조선인 부자가 있으니, 그는 안정수 씨다. 그 사람이 부자가 된 경력을 들어보니, 처음에는 동양에서 향나무 원료를 가져다가 향을 만들어 팔았는데, 그것은 마치 우리들이 만수향萬壽香을 항상 방 안에 피워두듯이 서양 가정에서도 향불을 피워놓는 습관이 있는 것에 착안한 것이었다. 제일 먼저 이 사업을 경영하기 시작해 크게 호평을 받았다. 지금도 큰 공장을 짓고 흑인 노동자를 사용해가면서 크게 장사를 하고 있었다. 그의 사업은 먼 장래까지 매우 유망하게 보이더라. 이 밖에도 뉴욕에서는 독립 150년 기념 만국박람회를 보았다. 동양의 공진회나 박람회의 종류가 아니었다.

대통령을 만나다

워싱턴에 갔을 때에는 백악관에 가서 쿨리지 대통령*을 만났다. 풍채는 윌슨Thomas Woodrow Wilson만큼 훌륭하지 못했으나 경쾌하면서도 중후한 맛이 있는 분이더라. 악수할 때 힘을 어떻게 주어 꼭 쥐는지 그것도 모두 동양의 먼 곳에서 온 손님에 대해 특별한 친근감을 표시한 것이라 생각하면 한껏 상쾌하였다.

[…중략…] 그리고 미국 의회도 구경하였다. 일본 의회 모양으로 방청권의 여부도 없이 누구든지 자유롭게 들어가서 방청하도록 되어 있는데, 하원보다 상원이 훨씬 재미있었다. 그도 그럴 것이 미국의 의회 조직에서 하원은 조세안 같은 것을 토의하는 것에 불과하고, 정작 외교라거나 전쟁 비준 등 모든 일은 상원에서 하기로 되어 있으므로, 그곳은 세계의 이목이 항상 집중되어 있을 뿐 아니라 의장도 늘 긴장하고 있었다. 상원의원의 조직은 각 주 대표 94명으로 되어 있는데, 나는 주

---

* 쿨리지(John Calvin Coolidge, 1872~1933): 미국 30대 대통령으로 1923~1929년에 재임했다.

장主張 상원의 의사議事를 참관하였다. 그리고 그곳에서 외교위원장 보라 씨도 회견하였는데 […10행 삭제]

그곳에서 영광의 제1회 대통령 워싱턴George Washington의 기념탑을 보았는데, 높이는 550척의 사각 탑으로 건축 석재는 각국이 기증한 것이라 한다. 엘리베이터로 오르내리게 된 것인바, 정상에 올라가니 워싱턴 시의 전경이 보이더라. 총 공사비는 260만 원이요, 제막식은 1884년 2월에 거행하였다 한다.

딴말이나 워싱턴의 고적古跡은 보스턴 시에도 있는데, 그곳에는 1776년 7월 3일 워싱턴 장군이 칼을 빼 들고 혁명을 부르짖던 유목楡木 터가 그대로 남아 있어서 천대 후인의 가슴을 치는 바가 많았다.

워싱턴의 고적에서도 감격을 받기는 했지만, 뉴욕에 돌아왔을 때 시청 부근에 있는 네이턴 헤일* 동상을 보고 한층 더하였다. 그 동상에는 미국 독립전쟁 때 미군의 밀정이라 하여 영국군에게 잡혀서 최후를 마칠 때에 부르짖은 유명한 그의 명구가 그대로 새겨져 있는데, "I regret that have only one life to lose for my country** 1776. 9. 22" 그 뜻을 번역하면 "나는 내 나라에 바치는 목숨을 오직 하나밖에 가지지 못한 것을 원통하게 생각한다" 함이라. 이 동상은 실로 모든 아메리카 민중의

---

* 　네이턴 헤일(Nathan Hale): 1776년 미국 독립 전쟁 당시 미국 정보기관에서 근무한 22세의 미국군 사병.

** 　실제 동상에는 다음과 같이 쓰여 있다. "I only regret that I have but one life to lose for my country."

네이던 헤일 동상

정신을 항상 긴장시키는 효과를 가지고 있다 할 것이다.

이 밖에 각지의 대학, 도서관, 재판소, 신문사, 공장, 회사 등 모든 시설에 놀라운 것이 많았으나 미국에 대한 기행문 분량이 너무 많아졌기에 모두 생략하기로 한다. 또 나이아가라와 기타 폭포들, 강과 연못, 산악 등 명승도 대부분 구경했으나, 같은 의미로 딴 기회에 말하려 하며, 좌우간 나는 미국에 와서 물질문명의 절대한 위력을 깨달았다. 어쨌든 뉴욕에는 두 사람에 한 대씩 자동차가 있다고 하니 그들의 재산과 활동력을 넉넉히 짐작할 것이 아닌가.

나는 뉴욕에서 차를 타고 두 시간이 걸리는 픽스킬Peekskill(뉴욕 주 동남부, 허드슨 강에 면한 도시) 피서지에 가서 약 두 달 동안 어학 공부를 하다가 1927년 1월 15일에 다시 뉴욕 부두를 출발하여 태평양을 건너 영국과 아일랜드로 향하는 길에 올랐다.

부활하는 아일랜드와 영국의 자태 :

세계일주기행 제3신

아일랜드 산천의 황량

친애하는 여러분이시여!

나는 미국에서 본국에 계신 여러분에게 두 번째로 올리는 편지를 써 부친 뒤에, 여러 날 후인 1월 15일 새벽에 매연과 모터 소리에 잠긴 뉴욕의 시가를 뒤로하고 부두에 나가 아일랜드로 향하는 배를 집어탔소이다.

미국에 더 있으면서 자본주의 국가로 가장 고도의 단계에 이르렀을 뿐 아니라 [⋯중략⋯] 이 나라의 정치·경제 조직이며 사회 사정을 더 많이 살피고 싶었으나 앞길이 급한지라 그냥 떠나기로 한 터이외다. 그렇더라도 미국에 여러 달 머무는 사이에 이 나라 민중의 기질이라든지, 또 노농 러시아와 양극단에 있으면서 세계의 문화를 풍미하고 있는 '아메리카니즘'을 본 것이 없는 것은 아니지만, 대개는 시사와 정치에 관계되는 것이므로 《삼천리》지를 통해 말씀드릴 자유가 없어서 그냥 지나가기로 한 것이외다. 실상 저도 여러 도시에 체류하는 동포들, 또는 구미 사람들을 위하여 청하는 대로 목이 쉬게 연설도 수십 차례 하였고, 그 반대로 내가 저곳 명사를 일부러 찾아서 손목을 붙잡고 열렬히 협의한 일도 많사오나, 그를 안 적는다고 여러분께서 상상도 못 하여주시겠나이까.

어쨌든 그달 22일에 남부 아일랜드의 유명한 항구 퀸스타운*에 도착하였소이다. 태평양을 건널 때에 그 배 사무장이 일일이 해양을 지적하면서 저기는 몇 해 전에 빙산에 부딪혀 다다넬 호** 기선이 침몰된 곳이라거나 또 저기는 영불 연합함대가 제1차 세계대전 때 독일 잠항정(소형 잠수함) 때문에 여러 번 격침을 당하던 곳이라든지 하는 설명을 해주니, 들으면서 실로 새삼스럽게 몸에 소름이 끼치더이다. 아무 근심 없이 한없이 넓게 흐르는 바닷물 위에 온갖 두려운 비극이 일어났겠거니, 그래서 우리 배가 지금 지나는 이 바다 밑 물속에도 수만의 생령들이 아직 슬피 울고 있겠거니 하면 어쩐지 머리가 차가워지더이다. 더구나 까마득히 멀리 떨어진 곳에서 흐르는 외로운 나그네인 것을, 낙조에

---

*　　퀸스타운: 아일랜드 남부 해안 코크 주(州)에 있는 코브 항을 지칭한다. 아일랜드 독립 전까지는 1849년 영국 빅토리아 여왕의 방문을 기념해 퀸스타운으로 불렸다. 타이타닉 호의 마지막 출항지로 유명하다.

**　　다다넬 호: 타이타닉 호를 일컫는 것으로 추측된다. 1912년 4월 10일 영국의 사우샘프턴을 출발해 프랑스의 셰르부르와 아일랜드의 퀸스타운(지금의 코브 항)을 거쳐 미국 뉴욕으로 향할 목적이었던 타이타닉 호는 퀸스타운에서 출항 후 1912년 4월 14일 밤 11시 40분 뉴펀들랜드 해역에서 빙산과 충돌해 2시간 40분 만에 침몰했으며, 승선자 2,208명 중 1,513명의 희생자를 낸 최대의 해난 사고였다.

물든 대서양의 망망한 해상을 바라볼 때 그 순간 향수와 아울러 이러한 감상적 회포가 일어남을 금할 길이 없더이다.

그런데 내가 지금 도착한 퀸스타운 항구로 말할 것 같으면, 속칭 황후촌이라 하여 얼마 전까지도 거리가 밝고 훌륭한 도시였는데, 수백 년 전부터 영국령이 되어오는 동안 전쟁이 끊이지 않고 일어나는 턱에 그만 말할 수 없이 황폐해져서 곳곳에 총격의 세례를 받은 건물과 파손된 도로 때문에 처참한 느낌을 가지게 하더이다. 나는 이 항구에 여덟 시간 배가 정박하는 틈을 타서 동선했던 캐나다 신페인당* 지부장 부부와 함께 택시를 불러 타고 시가를 지나 그곳 공원까지 올라가보았나이다. 사방에 보이는 아일랜드의 논밭도 모두 전쟁을 치르고 난 자리같이 기름기라고는 없고 수목도 불에 탄 그대로 있고, 도로나 교량도 깨져서 헐어버린 것이 많더이다. 민가 건물인들 미국에서 보던 것같이 정돈이 잘 되어 아름다운 것이 하나라도 어디에 있으리까. 실로 눈에 띄는 모든 것이 처참하다 함은 이를 가리키는 듯하더이다. 그래도 자유국이 된 요즈음에는 신정부의 손으로 부흥 사업이 왕성히 일어나는 모양인지 길가마다 새로운 가로수가 서기 시작하고 시의 구역도 개정이 되며 오고 가는 아일랜드인의 얼굴 위에도 희망과 정열의 빛이 떠오르더이다. 나는 이 모습을 보고 재 속에서 날개를 털고 일어나는 불사조라는 새를

---

* 　신페인당: 1905년에 결성된 아일랜드의 민족주의적 공화주의 정당이다. 신페인이란 '우리들 자신', '우리들만으로'라는 뜻이며, 아일랜드 의회 창설, 독립 선언 등의 주요 활동을 했다.

생각하였소이다. 아일랜드와 아일랜드 민족을 보고 죽지 않는 새를 연상하는 것이 어째 옳은 것 같아서요.

웅대한 건물의 재판소

친애하는 여러분이시여!

나는 다시 퀸스타운을 떠나 영국 리버풀 항구를 잠시 거쳐 네 시간 만에 북아일랜드에 있는 킹스타운 항구에 도착하였소이다. 이 황제촌이라는 것은 북아일랜드의 이름난 항구요, 앞서 말한 황후촌이라는 것은 남아일랜드에 있는 이름난 항구외다. 이 두 항구가 장구 모양으로 양쪽에 벌어져 있으면서 아일랜드 자유국의 문명과 온갖 국가의 경제를 대부분 받아들이고 내보낸다 하더이다. 여기서 기차로 아일랜드의 서울인 더블린 시에 곧장 들어갈 터이니 차로 겨우 40분만 가면 된다 하니까 마치 우리 경성과 인천항의 관계와 흡사하다 할 것이외다.

그런데 나는 이번 세계일주 여행에서 아일랜드에 몹시 치중했던 만큼 미국에 있을 때부터 벌써 아일랜드 여행의 많은 편의를 가졌소이다. 무슨 말인고 하니, 내가 아메리카 픽스킬 피서지에서 어학 공부를 하고 있을 때, 수십만 재미 아일랜드 인을 거느리고 있으면서 신페인당 뉴욕 주 총지부장으로 있는 M박사를 가까이 알게 되어 그분으로부터 나를 데벌레라* 씨에게 친절히 소개하는 장문의 서찰을 받아 지녔나이다. 또 뉴욕에 이르러 비자, 즉 여행권의 허가증을 얻으려고 아일랜드 총영사관에 가서 총영사를 만났을 때에도 이미 나의 말을 들었는지 기다리고 있었단 듯이 아일랜드 사정을 속속들이 잘 설명해주었소이다. 게다가 아일랜드 정계의 여러 명사에게 소개해주는 글을 써주어서 그 또한 지니게 되었으니, 이것은 아일랜드를 처음 여행하는 나에게는 실로 큰 획득이라 아니 할 수 없었나이다. 딴말이나 뉴욕에는 영국 총영사관 외에 아일랜드 총영사관이 당당히 있어서 아일랜드 인에 대한 것은 전부 그곳에서 처리하고 있나이다. 자유국이 된 뒤부터는 영국 외교관들도 아일랜드의 외교에 대해서는 손가락 하나 적시지 못하고 있더이다. 아일랜드는 실로 자유롭더이다. 지배를 벗어나서 이제는 명실공히 모두 똑같이 독립되어 있더이다!

더블린 시에 도착한 나는 즉시 택시를 불러 타고서 그날 오후 3시경에 더블린 민립대학으로 갔소이다. 데벌레라 씨를 만나자면 민립대학으로 가라는 말을 들었기에. 그래서 사무실로 들어가니 마침 데벌레라 씨는 2주일 전 신페인당의 일로 남아일랜드에 갔다 하므로 어쩔까 하고 망설이던 때에 그곳 대학의 노교수 B박사가 나오면서 무슨 일이냐고 묻더이다. 나는 코리아 사람으로 아일랜드 방문을 왔노라는 말과

---

* 　에이먼 데벌레라(Eamon De Valera, 1882~1975): 미국 뉴욕 출생의 아일랜드 정치가. 1913년 아일랜드 의용군에 참가했으며, 1916년 4월 더블린 반란을 주도한 혐의로 체포되었다. 이듬해는 신페인당 당수로 선출되어 1918년 총선거에서 승리, 1919년 아일랜드 의회를 구성했으며, 영국으로부터 독립을 선언하고 대통령이 되었다. 이후 대통령을 사임하고 아일랜드 공화당을 창당하고 내각을 조직했으며, 영국과 관세 전쟁을 벌이고 영국의 간섭을 배제하는 새 헌법을 제시했다.

민족 지도자 허헌

허헌은 방문하는 나라마다 지도자급 인사를 만났다. 허헌의 정치적인 위상과 활동은 해방 공간까지도 이어졌다. 이 사진은 1947년 5월, 제2차 미소공위에 참여한 모습으로 왼쪽부터 허헌, 테렌티 스티코프(소련군정 사령관), 말리크, 이묘묵, 김규식, 여운형이다.

미국 픽스킬에서 가지고 온 소개장을 내보이니 크게 반기면서 응접실에 이끌고 들어가 멀리서 어찌 왔느냐고 십년지기같이 정을 보여주더이다. 나중에는 교수 시간이 아니면 자기가 몸소 앞장서서 안내해드릴 것을 그만 시간 때문에 못 하는 것이 유감천만이라면서 즉시 아일랜드 정청政廳 내무부에 전화를 걸어주더이다. 그러고 나더니 내일 아침 9시에 정청문 앞으로 가면 내각의 비서가 나와 기다리기로 되었으니 그 시각에 가보라고 하더이다. 이렇게 진정으로 주선해주는 노박사의 심정에 한껏 쾌감을 느끼면서 그날은 호텔로 돌아와 피곤한 다리를 쉬었소이다. 아일랜드는 정치적 환경이 […중략…] 같은 경우의 외국인을 대하는 것에 유별함이 있겠지만 이와 같이 해줄 줄은 몰랐소이다.

허헌과 김일성
허헌은 해방 뒤에도 건국준비위원회에 참여하며, 지도자급 역할을 했다. 미군정에 의해 남로당 활동이 불법이 되자 북으로 올라가서 김일성대학 총장을 역임한다. 사진의 왼쪽 인물이 김일성이다.

다음 날 아침에 그 말대로 정청으로 가니 문 앞에는 무장한 파수병이 잔뜩 지키고 서서 자유국 창시 초의 소란한 분위기가 내외에 가득하더이다. 파수병 사이로 어떤 신사 한 분이 지키고 서 있다가 나를 보더니 "미스터, 허?"냐고 물으면서 맞아들여 정청 안으로 이끌고 가더이다. 그곳에 가서 5분이나 기다렸을까 할 때에 내무차관 격에 해당한다는 어떤 여관사 한 분이 나와서 친절히 맞아주는데, 그분은 순수한 아일랜드 말을 하고 나는 겨우 영어로 바꿔 말하는 관계로 우리의 대화는 몹시 지체되고 어려웠소이다. 그는 답답했는지 중국 말을 아느냐고 묻기에 중국 말도 알지만 일본 말도 안다고 하니까, 즉시 세크리터리[비서]를 부르더니 민립대학에 있는 중국 유학생을 부르더이다. [아일랜드에 유학하고 있는 일본인이나 조선인 학생은 한 사람도 없다 하더이다.] 조금 있다가 남방 쑤저우蘇州에 산다는 중국 청년 한 사람이 들어왔는데, 그 사람의 입을 거치는 중국어 통역은 더군다나 말이 잘 안 되기에 사양하여 물리고, 그때부터는 영일자전英日字典을 꺼내들고 한참 둘이서 책을 보며 이야기하였지요. 서로 땀을 뺐으나 대화 내용은 거리낌 없는 중요한 것이었소이다.

그런 뒤에 내무차관이 그때 마침 개회 중인 아일랜드 의회와 고등법원, 항소법원의 서기장에게 전화를 걸어주기에 나는 의회와 재판소 견학을 하려고 그곳을 나왔나이다.

그래서 그 길로 재판소를 방문하였나이다. 아일랜드의 법정 건물이 웅대하다는 것은 이미 듣던 말이나 실로 유명한 저 런던 재판소보다도 건물이나 설비에서 결코 지지 않더이다. 아일랜드도 역시 고등 복심覆審 지방의 3심 제도였는데, 영미의 법률계와 달라서 불문법不文法을 많이 쓰는 까닭에 법정 안은 판결례가 가득 찼더이다. 그것은 실로 재판장의 등 뒤에서부터 피고와 방청객이 앉는 자리의 등 뒤에까지 전부 장서벽藏書壁을 해놓고 연대순으로 판결례를 가득 비치해두었더이다. 그러기에 재판을 하다가도 재판장이든지, 피고든지, 변호사든지 제 마음대로 그 벽장의 문을 열고 판결례를 찾아보면서 재판을 진행하더이다. 그리고 내외국 서적이 그렇게 많이 재판소에 비치되어 있는 곳은 동양은 말할 것도 없고 영미에도 드문 것 같더이다. 변호사 대기실에도 전속 도서관이 있고 판사에게나 검사에게나 모두 그렇게 훌륭한 도서실이 있는 것을 볼 때 최신 지식을 흡수하기에 급급한 신흥 국가의 의기가 경탄할 만하더이다.

내가 재판소에 갔다고 분주한 틈을 타서 남자 판사 세 명과 여자 판사 한 명, 아일랜드 변호사 여러 분이 식당에다가 임시 환영연을 열고 환대해주더이다. [···중략···] 재판소에서 나와 즉시 감옥 구경을 하러 떠났습니다. 감옥이 크고 깨끗하며 채광 통풍이 잘되어 위생상으로 좋은 것은 오직 부러울 뿐이었습니다. 그 속에는 연극장과 라디오, 대규모의 도서실이 있어 정해진 공장 노역 시간 이외에는 수감자들이 말쑥하게 신사복으로 차려입고 제 마음대로 놀더이다. 예컨대 그 안에서 야구 경기도 열고 무도회나 음악회도 열린다 하며, 또 토요일과 일요일에는 수감자의 가족, 그중에도 아내들이 감방에 같이 들어와 즐겁게 하루 이틀씩 지내다 갈 수 있어 실로 문명국가의 금도襟度가 다른 것을 깨닫게 하더이다.

저도 감옥의 청으로 수감자 앞에서 강연한 적이 한두 번이 아니었나이다.

중국 문제와 의회

친애하는 여러분이시여!

재판소와 법정을 나와서 나는 아까 내무차관이 주던 상하 양원의 방청권을 가지고 아일랜드 의회의 방청을 갔나이다. 그런데 내가 들어

아일랜드 의회 다일에이렌
1919년 1월 아일랜드 독립혁명을 지도한 정당인 신페인당이 더블린에 창설한 아일랜드 국민의회.

갔을 때 하원의 의제는 무슨 법률안 토의라 재미없어 곧 나와서 상원으로 갔나이다. 상원은 총의석 65~66개 중 결석 의자가 겨우 서너 개에 불과하고 그 외는 전부 가득 찬 내부에서 모두 흥분하여 혀끝에 불을 토하며 국정을 격렬히 논쟁하는 중이었습니다. 나를 안내한다고 따라왔던 정청政廳 비서관에게 오늘 의사 일정이 마침 중국 문제의 토의라는 말은 들었나이다. 여러분도 아실 테지만 장작림張作霖(장쭤린)이 쫓겨 만주로 가다가 죽고 장개석蔣介石(장제스)이 정권을 잡음과 동시에 남경사건(난징대학살), 제남사변濟南事變이 거듭 발생하여 영국에서는 중국에 대거 출병하던 때였습니다. 매일 신문을 보아도 오늘은 영국에서 해병대 몇천 명과 군량 얼마를 싣고 군함 몇 척이 중국을 향해 출발하였다는 등의 기사로 국민을 흥분케 하던 때였습니다. 아일랜드 의회에서도 중국에 대한 영국의 출병 군사비를 부담할 것이냐 안 할 것이냐를 토의하는 마당이 되었습니다. 그날은 결국, 현재 중국에는 영국 인민은 많이 거주하는지 모르나 아일랜드 자유국 인민은 단지 일곱 명밖에 거주하지 않으니, 쓸모없는 출병으로 군사비를 지출할 필요가 없다고 만장일치로 부결이 되더이다. 그날 내가 계단 위 방청석에 있으니 의석에서 소곤소곤하는 소리와 함께 그 많은 사람들이 나를 끊임없이 주의해 보면서 의원들이 의장을 부르며 연설할 때에도 맨 처음 내 좌석을 의미 있게 보고 연설을 시작하더이다. 나는 이 의회장 안의 요주의 인물이 되었으나 그 태도가 조금도 없어 보임은 스스로 깨달을 만하더이다. 뒤에 비서관이 하는 말을 들으니 아일랜드 상원의원들은 그날 내가 간 것을 런던에 있는 중국 공사관 외교관쯤 되는 분이 일부러 영국 출병 문제로 아일랜드의 공정한 여론을 듣고자 의회에 찾아온 줄만 알고 그리하였다 하더이다. 그 뒤 상·하원 의원들과 회담할 기회가 있을 때에 그분들이 "중국 사람이냐"고 묻더이다. 나는 솔직하게 중국인은 아니지만 조선인으로 중국과 밀접한 관계에 있다고 잘 설명했더니, 그러냐며 대단히 기뻐하면서 지금 아일랜드는 신흥하는 국가 중국에 많은 기대와 원조를 아끼지 않는다고 하더이다. 그리고 조선 사정에 대하여 [⋯중략⋯] 많이 알고 싶으니 귀국하거든 신문, 잡지와 서적을 많이 보내달라고, 비단 의원들뿐 아니라 각 대학과 재판소, 기타 단체에서 열렬히 요구하기에 런던에 와서 우선 본국 신문과 조선 사정집 등을 여러 곳에 보내주었나이다. 그리고 《동아일보》 사원의 명함을 가지고 더블린에서 제일 크다는 《인디펜던스》란 신문사를 방문해 그곳 간부를 만나고 아일랜드의 현재와 과거에 대한 좋은 자료를 많이 얻었소이다.

수박 겉핥기라 해도 너무 어이없이 쓰고 싶은 말을 모두 빼버리게 되어 심심하기 짝이 없으므로 이따위 말을 자꾸 하기 죄송하여 부활하는 아일랜드의 사정에 대해서는 이만하고 이제는 세계 최대의 강국이라던 영국으로 기행의 발길을 옮겨놓나이다.

강도 소동?

친애하는 여러분이시여!

나는 외지에 가면 언제나 그 도시의 지도를 먼저 사며 자석(나침반)을 사서 차고는 고국 사람부터 찾아가는 법이외다. 지도는 시가의 교통 상황을 알리는 초행자의 조심성이요, 자석은 영국같이 구름과 안개가 많이 끼어 눈앞이 보이지 않는 곳에서는 밤이나 낮이나 간에 동서남북의 방향을 알기 위함이요, 우리 형제를 찾는 것은 안내를 청하기와 우리 사람의 사정을 알자는 까닭이외다. 그래서 저는 더블린 시를 떠나 런던에 왔다가 즉시 아침 차를 타고 케임브리지 시에 이르렀사외다. 케임브리지 대학의 법과대학에 있는 오랜 친구 박석윤 군을 먼저 만나자는 까닭이외다. 케임브리지는 크더이다. 20여만 명이 되는 시민들이 전부 대학 때문에 살아가는 것같이 굉장한 대학교 건물이 전 도시를 덮고 있는 가운데 상인들은 그 주위를 둘러싸고 영업을 해가는 듯하더이

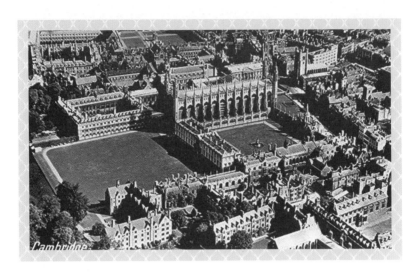

허헌이 방문한 영국 케임브리지 대학

다. 옥스퍼드 대학이나 케임브리지 대학이 모두 세계적으로 이름이 높은 것에는 틀림없으나 이렇게 건물이 고무되고 대규모일 줄은 몰랐습니다.

결국 그날 오후 4시 반경에 박 군이 유학한다는 법과대학을 찾아갔소이다. 법과대학은 시가를 지나 교외라고 할 만한 먼발치에 따로 떨어져 있는데, 기숙사로 가니 미리 통지해두었으므로 있어야 할 박 군이 없더이다. 나는 다소 실망하면서 7시까지 그 대학 강당과 도서실로 돌아다니면서 몹시 기다렸나이다. 그러나 박 군은 여전히 오지 않더이다.

그런데 큰일은 오늘 밤 안으로 기어이 런던으로 돌아가야 함이었사외다. 그 까닭은 내일 아침 일찍 《오사카마이니치》 신문 특파원과 같이 나는 《동아일보》 특파원 자격으로 《런던타임스》 신문사를 견학차 가기로 했기 때문이외다. 《런던타임스》 신문사와 굳게 약속했으므로 만사를 제쳐두고 가야 하는 것이외다. 런던으로 돌아갈 막차 시간은 점점 다가오는데, 박 군만은 여전히 오지 않더이다. 나는 기다리다 못해 대학 구내를 뛰어나왔나이다. 어두컴컴한 거리에는 사람 하나 구경할 수 없고 가로등 불빛도 4~5리쯤에 한 개씩 보일 뿐.

나는 런던으로 떠날 결심을 하였나이다. 그래서 정거장이 있을 방향을 향하여 두 주먹을 불끈 쥐고 빨리 달리기 시작하였나이다. 영국은 신사의 나라인 까닭인지 해가 진 후에는 거리에 행인이라고는 없고 더구나 택시 같은 것도 없더이다. 그래서 길도 별로 보지 못하고 한참을 가는데, 웬 남녀 둘이 서로 말을 주고받으며 팔짱을 끼고 지나가는 것이 보이더이다. 반드시 약혼했거나 그렇지 않으면 사랑을 속삭이는 청춘남녀 한 쌍 같았으나 남의 사정을 알아보고 앉아 있을 때입니까. 실례가 되는 줄 알면서 그 앞에 가서 정거장 가는 길을 묻고 또 런던 가는 막차가 아직 있겠느냐는 것을 불쑥 물었소이다. 그랬더니 그 청년 신사는 지팡이 끝으로 이리이리 가다가 요리조리 빠지면 정거장이 나오는데 막차 시간이 얼마 남지 않아서 어떻게 될지 크게 의문이라고 하더이다. 나는 예의를 표한 뒤 다시 두 주먹을 쥐고 마라톤을 뛰기 시작하였소이다. 외투를 벗어서 한 손에 움켜쥐고……, 아마 조선 거리로 2~3리나 왔을까 할 때 누가 뒤에서 "미스터! 미스터!" 하고 목이 빠지게 부르면서 따라오더이다. 나는 우뚝 섰습니다. 그 소리는 내가 달려온 곳으로부터 자꾸자꾸 나더이다. 나는 가슴이 덜컥 내려앉더이다. 미국에서는 사람이 살지 않는 외진 곳에서 흔히 저렇게 따라와서는 권총으로 위협하면서 두 손을 들라 하고는 금품을 강탈해가는 도적이 많았으니까. 나는 이런 생각을 하니 섣불리 행동하다가는 목숨을 잃을까 겁이 나서 더 도망갈 기력이라고는 없었나이다. 이런 경우에 도망가면 흔히 총살을 당하는 터이니까. 실상 만리타국에서 이름도 모르게 강도에게 개죽음을 당하고야 어찌 분하여 혼이라도 고국에 돌아가겠습니까.

나는 허리에 찼던 돈주머니를 얼른 풀었나이다. 세계를 한번 보고 오자고 고국에서 사유지를 1만 2천 원에 팔아 그동안 2천여 원은 미국과 아일랜드에서 쓰고, 1천 원은 미국에 떨어져 있는 딸 정숙에게 주고, 아직 남은 현금 8천여 원을 이 돈주머니 속에 넣어두었던 것입니다. 은행에 맡겨놓고 각국 곳곳에서 가는 곳마다 찾아 쓰고 싶었으나 그러자면 시끄러운 수속을 해야 해서 전부 1백 불, 1천 불짜리 고액의 지폐로 환전해 돈주머니 속에 넣어 차고서 아무 데나 여행할 때에 꺼내 쓰던 것이외다.

따라오는 그 사람은 점점 가까워지더이다. 나는 얼른 돈주머니를 돌돌 말아서 오른손에 쥐었습니다. 만일 저쪽이 손을 들라고 위협하거든 드는 체하면서 그 돈주머니를 얼른 곁의 풀밭 속에 던져버리려는 꾀 때문이었소이다. 그런데 점점 가까이 오는 사람을 보니 "미스터! 미스터!" 하던 그 사람은 다른 아무개도 아니고 아까 길을 가르쳐주던 그 청년 신사였습니다. 그는 숨을 급하게 돌려 쉬며 "당신을 보내놓고 나니 나의 애인이 틀림없이 당신이 외국 사람인 것 같은데 길 잃고 고생하는

조선의 대표적인 사회주의 여성운동가이자 허헌의 딸 허정숙
허헌과 함께 세계 여행을 떠난 허정숙은 컬럼비아 대학에 들어가면서 미국에 남았고 아일랜드부터는 허헌 혼자 다니게 된다. 사진은 1948년 연설하고 있는 허정숙의 모습.

모양이니 어서 가서 도와주고 오라"고 하기에 왔노라 하면서 자기가 앞장서서 주석주석 정거장 가는 길을 걸어주더이다. 말만 들으면 이렇게 고마운 일이 어디 있겠습니까. 그러나 어째 너무도 기적 같아서 나는 그 말을 믿지 못하겠더이다. 그래서 방심하지 못하고 울며 겨자 먹기에 가깝게 그 뒤를 한참 따라가는데, 얼마 가다가 호수가 나오고 그 호수 가운데 조그마한 오솔길이 있더이다. 그 신사는 오솔길로 가면 매우 가까우니 그리로 가자고 하더이다. 나는 첫마디에 단연 거절하였습니다. 그 녀석이 호수 중간쯤에 가서 나를 물에 탁 차버릴는지 누가 압니까. 다른 큰길로 가자면 서너 배 더 돌아간다는 절실하고도 간곡한 그의 설명도 모두 뿌리치고 나는 큰길을 잡아서 걷기를 고집하였나이다. 그도 마지못해 내 뒤를 따라오더이다. 한참 만에 정거장에 왔나이다. 차 시간은 아직 남았습디다. 그 신사는 이제야 만족한 듯이 자기는 애인이 아까 그곳에서 기다리고 있을 것이기에 돌아간다 하며 가려고 하더이다. 그제야 나는 그 영국 신사의 도량을 깨닫고 그를 강도인 줄 오해했던 제가 도리어 부끄럽더이다. 우리는 찻집에서 차를 시켜 마시고 여러 번 악수를 나눈 뒤에 헤어졌습니다. 영국 사람들 중에서도 이런 분은 실로 정직하고 고상한 신사이더이다. 이제 저는 런던으로 가나이다. 맥도날드(영국 노동당 당수)도 만나기로 했고 《타임스》 신문사도 가보기로 되어 있는데 저의 마음은 알 수 없는 흥분이 느껴지나이다. 그러면 여러분이시어 다시 편지 올릴 때까지 안녕히 계십시오. 아시아의 고국에는 아마 눈이 몹시 왔을 줄 압니다. 여기도 추워서 저는 차 안에 들어가서 외투를 뒤집어썼나이다.

독립국을 향한 약소민족의 항해:
인권 변호사 허헌의 세계여행

　허헌(1885~1951)이 세계일주를 위해 조선을 떠난 것은 1926년 5월 30일이었다. 딸 허정숙(1908~1991)과 함께 경성역에서 출발하는 남행열차에 올라 오사카에 잠시 머무른 뒤, 6월 16일 요코하마를 출발해 6월 29일 하와이에 도착했다. 그리고 약 10일이 지난 7월 8일 하와이를 떠나 7월 14일 샌프란시스코 부두에 내렸다. 허헌은 샌프란시스코, 로스엔젤레스, 시카고, 뉴욕, 워싱턴 등을 방문하며 동포 사회를 찾았고, 독립 150년 기념 만국박람회와 미국 의회를 방문하고, 대통령 캐빈 쿨리지를 회견하는 등 활발하게 활동하며 약 6개월을 미국에서 보냈다. 딸 허정숙을 컬럼비아 대학에 유학시킨 후, 허헌이 미국을 떠난 것은 1927년 1월 15일이었다.

　이후 허헌은 신생 독립국인 아일랜드와 영국을 시찰하고 네덜란드를 거쳐 벨기에 브뤼셀에서 개최된 '세계약소민족대회'에 참가했다. 그 후 프랑스, 스위스, 오스트리아, 독일, 폴란드 등을 거쳐 소련에서 약 50일을 머물고, 신병을 이유로 중국 일정을 포기한 채 1927년 5월 12일에 귀국한다. 처음 여행을 시작할 때 계획한 3년에 훨씬 못 미치는 1년 동안 12개국을 여행했으며, 미국과 소련에서 가장 오랜 시간을 머물렀다.

　그러나 그의 여행기는 아일랜드와 영국을 끝으로 중단되었다. 벨기에

부터 그 뒤의 여행은 짧은 귀국담을 통해 단편적으로만 확인할 수 있을 뿐이다.[2] 여행기가 중단된 까닭은 그가 체포되어 감옥에 갇혔기 때문이다. 1929년 11월에 일어난 광주 항일 학생운동을 지지하고 일제의 만행을 규탄하기 위해 신간회가 앞장서 민중대회를 개최하기로 했다. 대회 직전에 일본 경찰은 신간회 간부들을 대거 검거하는데, 당시 신간회 중앙집행위원장이었던 허헌도 주모자로 지목되어 체포되었고 1932년 1월까지 4년간 옥고를 치러야 했다. 체포되기 전 1929년 6월부터 11월까지《삼천리》에 쓴 '세계일주기행 제1·2·3신'은 허헌의 세계여행 여정 전체로 보자면 일부분만을 담고 있다. 이 책에서는《삼천리》에 연재된 세 편을 묶어서, 세계를 돌아보고 온 허헌의 전체 여정을 다시 그려내보려고 한다.[3]

허헌의 세계여행은 '사법제도 견학'이 목적이었다.[4] 구체적으로는 서양 각국의 배심 재판 제도와 선진적인 법률과 정치, 제반 문물과 일반 사회 시찰을 통해 지식을 수양한다는 것이었다. 겉으로 드러난 의도와는 별개로 허헌의 여행은 순수한 의미의 혹은 예정된 '구미 유학'[5]은 아니었으며, 세계여행을 감행하게 된 계기는 실상 다른 곳에 있었다. 당시 허헌은 변호사로서 제1차 조선공산당 사건의 변론을 맡았는데, 사위 임원근도 이 사건에 연루되어 투옥 중이었다.[6] 간신히 구속을 면한 허정숙은 제2차 조선공산당 조직에 간접적으로 참여하며 북풍회 소속 송봉우와 동거를 시작하게 된다. 그러던 와중에 제2차 조선공산당 내에서 화요계와 북풍회가 충돌하는 상황이 벌어졌고, 화요계 소속이었던 허정숙은 당을 내분으로 빠지게 한 반역 행위의 장본인으로 지목당한다.[7] 허정숙과 송봉우의 연애는 운동계와 여론의 비난을 받았으며, 허정숙은 '붉은 연애의 주인공' 내지는 '조선의

콜론타이'로 자주 회자되었다.[8]

조직 내의 따가운 시선과 사회 여론의 시달림으로 인해 이들 부녀는 외유를 결심하게 된다. "그동안 세상에 여론이 많고 여러 가지 변동이 많았던"[9]이라는 대목이나 "돌에 맞은 듯한 무거운 머리와 수습할 수 없는 혼탁한 정신을 가지고 여정에"[10] 올랐다는 허정숙의 언급은 저간의 사정을 잘 설명해준다.

사회주의 여성운동가인 허정숙에게 미국은 동경의 대상이 아니었다. '황금의 나라' 미국의 부유함과 기계 공업의 발달, 민주주의의 제도화와 국민의 정치적 수준 등이 가져오는 '물질문명의 절대한 위력' 앞에 어쨌거나 미국을 인정하고 긍정적으로 판단하는 허헌과는 사뭇 다른 태도를 견지하고 있었다. 허정숙에게 미국은 "돈의 힘이 아니면 유지할 수 없는" 나라이며, "금전만능의 힘"을 믿는 미국인들은 "온갖 세상의 죄와 악"을 감행하고 있었다. 특히 여성은 "돈이라면 얼른 삼키는 인형"이었고, 미국은 "인간인 여자를 돈 잘 아는 인형"으로 만드는 공장이었다. 그녀의 눈에 비친 일부 재미 교포들은 "자본가들에게 사역을 당하는 무리들"로 인식됐으며,[11] 미국에서의 경험은 자본주의에 대한 반감을 더욱 심화시키는 계기가 되었다. 컬럼비아 대학에서 여성해방 이론과 사회주의 이론을 공부한 허정숙은 1년 6개월 만인 1927년 11월 귀국했고,[12] 이 시기의 경험은 여성운동을 적극적으로 펴나가는 데 발판이 되었다.

한편, 한성외국어학교와 보성전문학교를 졸업하고 일본 유학을 다녀온 허헌은 당시 조선 사회에서 김병로, 이인과 함께 '3대 변호사'로 정평이 났으며, '민족 변호사, 사상 변호사, 무료 변호사'로 불릴 만큼 세간의 신망을 받았다.[13] 변호사, 보성전문학교 교수, 《동아일보》 신문기자라는 세 가지 명함이 증명하듯이,[14] 그는 조선 사회를 대표하는 지도자급 인물이었다.[15] 때문에 그의 세계여행은 단순한 외유의 의미를 넘어서 있었다. 실제 여행한 각지에서 동포를 찾고, 미국 대통령을 면담하며, 아일랜드의 정치체제를 돌아보고, 《타임스》 신문사를 방문하고, 영국 노동당 당수 맥도날드와 대담을 하는 등 그의 행보는 일종의 유사 외교 행위였다.[16] 특히 김법린, 이극로, 이인경 등과 함께 '세계약소민족대회'에 참석한 것은 조선의 현황을 국제 사회에 부각시키려는 노력으로, 제1차 세계대전 후의 세계정세에 대한 변화된 인식을 반영하는 것이었다.[17]

다시 말해, 허헌의 만국 유람은 조선의 문제를 제국 일본과의 관계가 아닌 세계 지평에서 구상하고자 한 정치적 기획이었으며, 이를 통해 새로 생겨난 독립국과 연대 가능한 약소 민족을 발견하고 있었다. "이탈리아 및 구주대전 후 새로 일어난 제국을 못 본 것이 유감"[18]이라거나, "세계일주 여행에 아일랜드에 몹시 치중하였"다는 허헌의 언급은 이러한 까닭에서 연유한 것일 테다. 그의 여행기에서 가장 많은 비중을 차지하며, 《동아일보》에 실린 귀국담에서도 특별히 언급되는 나라가 아일랜드였다는 것을 봐도 알 수 있다.[19]

허헌의 여행기는 해당 장소에서 펼쳐진 정치적 활동에 대한 암시였으며, 특정한 목적 속에서 이동하는 기록이었다.[20] 그렇기 때문에 그는 일제의 검열로 인해 《삼천리》에 자신의 소회를 솔직하게 전할 수 없는 것에 대한 안타까움을 여행기 곳곳에서 지속적으로 드러내고 있었다. 광주 항일 학생운동의 주모자로 체포되어 구속되면서 여행기가 어쩔 수 없이 중단되었지만, 어쩌면 허헌의 세계여행 여행기는 불모의 시대에서는 그 시작부터 다 쓰여질 수밖에 없는 운명을 타고난 불완전한 여행기일 수밖에 없었는지도 모른다.

2장

한류스타 최승희의
월드 투어

뉴욕　파리　마르세유　런던　뉴욕　쿠바

최승희 (1911~1969)

조선 최고의 무용수

숙명여자고등보통학교를 졸업하고 1926년 일본으로 건너가 현대무용가 이시이 바쿠에게 무용을 배웠다. 무용가로서 이름을 알린 뒤 1937년부터 3년 동안 미국, 남미, 유럽 등 만국 각지로 순회공연을 다니며 150회가 넘게 공연을 했으며 국제 무용 콩쿨의 심사를 맡는 등 세계적으로 인정받았다.

공연을 하며 해외를 다니는 분주한 여정 가운데에도 외국에서 보고 듣고 겪은 일들을 고국의 형제자매에게 알리고자 《삼천리》에 통신을 보내왔다. 해방 뒤에는 문학평론가인 남편과 함께 월북했고, 평양에 최승희무용연구소를 세워 소장으로 취임했으며 1969년 타계했다.

미국통신

샌프란시스코, 뉴욕에서 4회나 발표회

샌프란시스코, 로스앤젤레스에서 각 1회, 뉴욕에서 2회, 모두 4회의 발표회를 마치고 지금 뉴욕에서 가을 발표회 준비를 하고 있습니다. 가을 발표회의 계약을 맺은 N·B·C 아티스트 서비스는 아시는 바와 같이 고故 샬랴핀*의 매니저로 메트로와 함께 미국 2대 매니지먼트 회사의 하나입니다. 발표회는 대략 11월부터 시작될 것이므로 12월쯤 유럽으로 건너갈 예정입니다. 유럽에서의 공연은 파리의 '오가니제이션 아티스틱 인터내셔널'과 계약을 맺고 이 회사가 매니지먼트 일체를 맡게 되었습니다. 이 회사는 엘먼** 등의 매니저이기도 합니다.

----

*   표도르 이바노비치 샬랴핀(Fyodor Ivanovich Chaliapin, 1873~1938): 러시아의 오페라 가수이며, 1901년 밀라노의 스칼라 극장, 1906년 뉴욕의 메트로폴리탄 오페라단 등 세계적으로 유명한 오페라 극장에서 공연해 절찬을 받았다.

**   미샤 엘먼(Mischa Elman, 1891~1967): 러시아 출신의 미국 바이올린 연주자로 베를린에서 데뷔한 후 1905년 런던, 1908년 뉴욕 공연의 선풍적인 성공으로 세계에 이름을 떨쳤다. 1923

미국인의 무용관

4회에 걸친 발표회는 결과가 예상 이상으로 호평을 받아 우선 안심하였습니다. 그러나 어떤 비평가는 나의 무용을 순수한 민속무용이라고 보았는지 우다이 샹카르*와 같이, 피아노를 사용하지 말고 본래의 악기를 사용했으면 좋겠다고 합니다.

처음 하는 외국 공연이므로 프로그램 편성 등 여러 가지 곤란을 겪기도 했습니다만 로맨스 그룹, 다이내믹 그룹, 코믹한 그룹의 3부로 나누어서 해보았습니다. 미국 관객은 일반적으로 재즈적 취향이 강해서 퍽 불안을 느꼈습니다. 그러나 결국 고향에서 좋다고 평을 받은 작품은 여기서도 마찬가지의 평을 받는 것을 보니, 조금의 차이는 있어도 동서양을 막론하고 보는 눈은 거의 같은 모양입니다. 그러나 너무 정적인 춤이면 그 기분을 충분히 소화하지 못하는 것 같아 보입니다. 현재 미국에서는 독무로 다수의 관객을 끄는 것이 퍽 곤란한 일인 모양입니다. 독무가로서 이름이 알려지지 않은 사람들은 많은 모양이지만, 활약하고 있는 사람은 하나도 없습니다. 나의 무용회는 순전히 독무만이라 옷을 갈아입는 시간이 많이 걸리므로 독무에 익숙하지 못한 관객들이 너

_____

년에 미국으로 이주하여 시민권을 얻었으며, 1936년부터 이듬해에 걸쳐 카네기홀에서 연속 5회의 콘서트를 가지기도 했다.

*   우다이 샹카르(Uday Shankar, 1902~1977): 인도의 무용가. 영국을 근거지로 유럽 각지를 순회공연했다. 근대 인도 무용의 창시자로 알려졌다.

무나 심심할까 봐 조선 본래 음악인 대여섯 명을 조직해 막간에 이것을 했으면 어떨까 하는 이야기도 있습니다. 이때까지 내가 해온 극장은 전부 무용 공연으로는 최상의 극장이었습니다. 그러나 정원이 1천 명이어서 조용히 보기에는 좋으나 어쩐 일인지 미국 극장은 모두 일본보다 조명 장치가 나빠서 무대 효과상 퍽 곤란했습니다. 여기에 와서 내 춤에 대해 냉정하게 비판할 시간을 가지게 되고 국제 무용의 제일선에서 부딪치니 많은 공부가 되는 것 같습니다.

메트로와 N·B·C

유럽의 불경기 때문인지 세계적 음악가와 무용가는 현재 대부분이 미국에 와 있습니다. 지금은 뉴욕이 세계의 중심이 되어 있는 느낌입니다. 음악이 퍽 왕성해서 좋은 음악을 날마다 들을 수 있는 데 반해 무용은 애초에 기세가 오르지 못했습니다. 내가 본 중에는 샹카르, 발레뤼스,* 요스 발레**의 공연이 가장 중요했으며, 모던 댄스의 비그만*** 무용은 리사이틀을 거의 갖지 못하고 연구생 양성에만 힘을 들이고 있는 모

---

* 　발레뤼스: 1909년 세르게이 댜길레프(Sergei Pavlovich Dyagilev, 1872~1929)가 조직한 프랑스의 발레단.
** 　요스 발레: 독일의 무용가이자 안무가인 쿠르트 요스(Kurt Jooss, 1901~1979)가 1932년 조직한 요스 발레단을 칭한다.
*** 　마리 비그만(Mary Wigman, 1886~1973): 독일의 현대무용가로 드레스덴에서 처음 무용학교를 개설했으며, 새롭고 창조적인 무용을 개척하여 독일, 유럽, 미국에 큰 영향을 끼쳤다.

1930년대 최승희의 〈학춤〉

양입니다. 그 이유는 뉴욕에서 공연을 하려면 비용이 퍽 많이 들며, 더군다나 무용은 1천 명 남짓한 극장에서만 공연할 수밖에 없고, 관현악 반주가 있어야만 3천 명쯤 되는 카네기홀을 쓸 수 있습니다. 그러므로 수지가 맞지 않아 여기에서 무용가들은 큰 회사와 계약하지 않는 이상 1년에 한 번 공연하는 것도 여간 힘든 일이 아닙니다. 일본과 달리 미국에서는 매니지먼트가 대자본 밑에서 움직이고, 따라서 예술가는 매니저의 지배 아래 아무 능력 없이 다만 매니저가 하는 대로 따라갈 뿐입니다. 나의 봄 공연 때 매니지먼트를 한 메트로와 N·B·C는 앞서 기록한 바와 같이 미국의 2대 매니지먼트 회사로서 세계적으로 이름 있는 예술가는 대부분 이 두 회사와 계약하고 있습니다. 이 두 회사와 계약하지 않으면 미국에서는 활동할 수가 없다고 해도 과언이 아닙니다. 마치 일본에서 마츠타케松竹와 도호東寶가 레뷰レビュー(흥행을 목적으로 노래, 춤 등을 결합해 풍자적인 볼거리를 위주로 꾸민 호화로운 쇼)를 지배하고 있는 것과 같다고 봅니다. 나는 다행히도 봄에는 메트로와, 가을에는 또 N·B·C와 하므로 얼마간 안심입니다. 동양 사람으로는 매란방, 우다이 샹카르, 나 이렇게 세 사람이며 내가 세 번째라고 합니다.

배일排日 수난기

딴 이야기가 됩니다만, 도쿄에 있는 내 연구소로부터 온 편지에 의하면 내가 미국에서 배일운동을 한다는 소문이 떠돌고 또 여러 잡지에

1938년 로스앤젤레스 월턴 극장 공연 당시 최승희

도 가십 기사가 났다는 소릴 듣고 사실무근인 그런 소문에 놀라고 있습니다. 가령 그 소문이 허튼 거짓말이라 치더라도 그 소문의 성질이 나에게는 중대한 것입니다. 또 소문만이라도 그렇게 났다면 나를 길러준 도쿄 여러분께 미안하여 그냥 가만있을 수가 없어서 여기 대사관과 로스앤젤레스의 영사관에서 사실무근인 것을 외무성에 보고했습니다.

뉴욕에 계신 총영사께서도 퍽 의외라 생각하시고 있습니다. 내가 외국에 온 목적은 좋은 선물을 가지고 귀국하기 위해서입니다. 아무리 내가 젊기로서니 자기를 죽이는 것과 같은 매국적 행위는 상식적으로 판단해도 할 수 없는 일이 아닙니까. 내가 나의 조국에 활을 놓지 않고는 외국에서 성공하지 못한다면 빨리 귀국해야 할 것입니다. 생각하건대 이 소문은, 로스앤젤레스에서 공연할 때 극장 입구 부근에서 조선 동포 몇 사람이 배일 마크를 팔았다고 하는데, 그것을 내가 시켰느니, 또는 알고도 묵인했다느니 하는 오해로부터 생긴 것인가 합니다. 물론 조선 동포 전부가 그런 것이 아니었고 다른 동포들은 고향 출신의 무용가라고 그립고 또 반가웠던지 여러 가지로 환영해주었습니다. 이런 일을 당한 것은 나뿐만이 아니고 서정권* 씨나 요새 와 있는 현해남**이란 사람도 일본인적 행위를 한다고 더러 못살게 굴었다고 합니다. 그들이 입구 부근에서 배일 마크를 팔았다는 것을 그 이튿날 알고 퍽 놀랐습니다. 당일에는 외국 사람이 한 1천 명, 일본 사람이 한 2백 명, 조선 사람이 한 1백 명쯤 왔다고 합니다만 나로서는 그런 이야기를 듣고 퍽 부끄러웠습니다. 요사이 미국은 일부 코뮤니스트들이 사람 많은 곳에 배일 간판을 들고 돌아다니고 또 지원 기금을 모집하고 있는 형편입니다.

이것은 내 공연 때에만 한 일이 아니라 국민사절단이 왔을 때에도 그랬다고 합니다. 이것이 요사이 미국의 모양입니다. 미국의 관헌도 또 우습지요. 이런 것에 허가를 해준다는 것입니다. 이상 쓴 것이 그 소문이 난 사정입니다.

---

* 　서정권(1912~1984): '복싱의 신'이라 불렸으며, 1932년 우리나라 최초로 미국 원정을 한 프로 권투선수.
** 　현해남(1916~?): '겐 우미노'라는 이름으로 일생의 대부분을 일본에서 보냈고 미국을 오가며 활약한 권투선수.

1937년 최승희의 〈화랑무〉

호위護衛 속에 춤춘다

뉴욕 공연 때에는 그들로 하여금 '최승희 배격'의 삐라를 입구와 길바닥에 뿌린 일이 생겼습니다. 그것은 최승희가 일본 문화를 선전하러 왔다는 이유에서 그랬다는 것입니다. 이와 같이 여러 가지 사정이 위험하게 된 것을 염려해 뉴욕 영사관에서는 특히 미국 경찰에게 나의 보호를 청해주셔서 공연할 때 경관이 화장실을 경계하고 있는 형편이었습니다. 지금은 배일 기분도 많이 누그러졌으니 가을 공연 때에는 문제없을 줄로 믿고 있으나 그래도 불안합니다. 여러 가지 시끄러운 문제 때문에 얼른 유럽으로 건너가고 싶으나 유럽의 매니저가 예고·선전 기한이 있어야 된다고 하기에 올해 12월까지 여기에 있기로 했습니다.

배일이라는 것은 일반 대중이 아니라 코뮤니스트나 독일에 반감을 갖고 있는 유대인의 단체입니다. 하여튼 일본 것은 언제든지 만원이니 우스운 일입니다. 요새는 겨우 외국 생활에 좀 익숙해졌습니다. 가을부터는 충분히 일하게 될 줄 압니다. 지금 있는 뉴욕에는 일본 식당이 많아서 음식에는 불편하지 않으나 아직 말을 못해 벙어리 짓을 하고 있습니다. 그럼 이만 그치겠습니다.

후일에 또 서신을 보내지요.

뉴욕에서 고국의 자매에게 :
미국에서 보낸 최승희의 편지

파리에서 대전을 겪고

지난해 1월, 뉴욕을 떠나 파리에 도착하고 보니 유럽 정국의 불안한 여파를 받아서 유럽의 전체 콘서트계는 공연 총수가 평상시의 반 이하 정도밖에 안 됩니다. 그렇지만 중산 도시를 제외하고 파리와 같은 중심지는 여전히 상당한 활기를 띠고 있었기 때문에 각국 공연을 무사히 마칠 수 있었습니다. 이윽고 위기감이 절박해진 8월 중순 무렵에도 우리들은 파리 사람들과 같이 전쟁이 일어나지 않으리라 생각했습니다. 그래서 해안 공연을 하고 개선문 부근의 내 스튜디오에서 가을 레퍼토리를 꾸미고 있었습니다. 파리 사람은 누구나 오랫동안 불안한 분위기에 익숙해졌던 까닭인지 샹젤리제 시가나 그랑불바르, 몽파르나스는 죄다 예전대로 번창했고 해안 명승지도 전쟁은 잊은 듯 상당히 번화했습니다. 다만 신문 뉴스와 또 작은 영화관 앞에서 들려오는 라디오 뉴스 때문에 얼마큼은 긴장한 듯했습니다.

8월 말에 이르러선 정말 전쟁이 벌어지려는 듯, 대사관에서도 피난하라고 했으나 나는 곧 파리를 떠나고 싶은 마음이 생기지 않아서 그대로 있었습니다. 이윽고 파리의 밤이 아주 암흑 세계가 되어 연거푸 동원령이 내린다, 각 아파트에선 짐을 옮긴다, 야단법석이었습니다. 이전처럼 스튜디오에서 춤 공부를 하고 있으면서도 불안해서 견딜 수 없었습니다. 급히 코스튬(의상)과 무대의 필요 소품만 가지고 먼저 바노 성城 여주인에게 옮겼습니다.

매일같이 성으로 피난을 오는 20여 명의 프랑스 부인들과 몇 단어밖에 모르는 프랑스 말로 겨우 의사소통을 하면서 날마다 라디오에만 귀를 기울였습니다. 그러나 마음속으로는 전쟁이 날 것 같지 않았습니다. 이것은 9월 중순 무렵부터 발칸 각국을 출발하는 가을 순회공연 계약에 미련이 있었던 까닭인지는 모르겠으나 어쨌든 프랑스를 떠나는 것은 생각지도 않았습니다.

저녁 식사를 마치고 바로 얼마 되지 않아서입니다. 라디오에서 정말 전쟁 개시 선언을 전하고 〈마르세유 노래〉(프랑스의 국가인 〈라마르세예즈〉)가 들리자 움직이지 않고 서 있던 프랑스 부인들이 흐느껴 울기 시작하는 가운데 나는 혼자 감개무량했습니다. 전쟁이 시작된 이상 나는 어떻게 하지 않으면 안 되었습니다. 대사관과의 합의, 매니저와의 여러 가지 일 처리 때문에 매일 아침 일찍 바노 성을 나와서 밤늦게야 돌아오곤 했습니다. 어쨌든 교통기관이 정돈되어 있었지만 웬만큼 운 좋은 날이 아니면 택시를 탈 수가 없어서 친구의 차를 빌려 탔습니다. 그

1939년 파리에서 공연한 최승희의 〈보살춤〉

러지 못하는 날엔 텅 빈 파리 스튜디오로 돌아가 사이렌에 불안을 느끼며 한밤을 지내는 일도 있었습니다.

어느 늦은 밤의 일입니다. 성에 가지 않으면 안 될 일이 생겨서 겨우 자동차를 얻어 타고 바노 성으로 가는데 한 마흔 된 운전수와 여러 가지 전쟁 이야기를 하였습니다. 당신은 왜 전쟁에 나가지 않느냐고 하니 사실은 내일 아침에 출정하는데 네 명의 가족 때문에 밤늦게까지 일하는 것이라면서 별로 걱정하는 기색도 없이 웃으며 이야기하는 것이었습니다. 내일 출정할 사람이면 하룻밤이나마 가족들과 서서히 이별의 만찬이라도 해야 할 것이 아니냐는 생각이 들면서 전쟁의 암담함을 느꼈습니다. 차에서 내리면서 기념으로 내 무용 팸플릿을 주니까 전쟁이 끝나고 살아온다면 반드시 내 무용회에 오겠노라고 했습니다. 언제든 다시 한번 파리 공연을 하게 된다면 꼭 그 사람을 만나보리라 마음속으로 생각했습니다.

두 번째로 미국으로 건너가서

로마까지 직행하는 기차도 없었지만, 몸이 너무 피곤해서 마르세유에 내렸습니다. 총영사관에 인사를 가니 이탈리아도 언제 참전할지 모르고 또 이탈리아에서 이주민을 태운 하코네 마루箱根丸가 내일 마르세유에 입항할 거라고 합니다. 그 말을 들으니 마음이 뒤숭숭하고 그야말로 목숨이 아까웠는지 굳이 보르도에서 마르세유까지 와서는 이탈리아에 갈 용기를 잃었습니다. 가을 유럽 공연도 완전히 버리고 하코네 마루에 올랐습니다.

배가 마르세유를 떠나 영국에 이르니 인도양 코스를 변경하여 뉴욕으로 경유하게 되었습니다. 이왕 뉴욕에 가는 이상 수개월 동안 뉴욕에 있다가 귀국하려 했으나 미국 입국 비자가 없었습니다. 또 미국 매니저로부터 작년 봄부터 공연 신청을 받았으나 올 봄까진 유럽 공연이 예정되었기에 가을로 연기해놓은 관계상 공연 계약도 없이 전쟁 때문에 밀려온 나에게 과연 공연 허가를 해줄지 의문이었습니다. 그대로 뉴욕에서 5일간 놀고 귀국하기 위해 파나마로 향했습니다. 그런데 파나마로 가는 도중에 뉴욕 매니저로부터 공연이 가능할 것 같다는 연락이 와서 파나마에서 쿠바, 플로리다를 지나 다시 뉴욕에 왔습니다. 파나마에서 1년에 한 번 있다는 투우를 보고, 쿠바에서 룸바를 보고, 플로리다의 아름다운 해안을 본 것이 무엇보다 좋은 기억입니다.

쿠바는 정열적인 룸바의 발원지이므로 일주일쯤 아바나에 있으면서 본격적인 룸바를 보았는데, 미국 등지에서 보던 것과는 어느 정도 다른, 단순하고 소박하기보다도 정욕적인 것을 느꼈습니다. 이러한 무용 재료가 나이트, 카바레의 구경거리로서만 그친다는 것은 아까운 일이라 생각했습니다.

벌써 파리를 떠난 지 5개월 가까이 되었습니다. 매우 안정된 파리 분위기와 다채로운 예술가를 낳은 예술의 전통은 어떻게 되었을지. 유럽 각지에서 내가 만난 많은 예술가들은 지금 어디 있을 것인지. 이 커다란

최승희와 손기정

최승희와 손기정은 식민지 조선인들에게 가장 많은 사랑을 받은 문화체육계 인사였다. 1911년생인 최승희와 1912년생인 손기정은 동년배로 오누이처럼 다정했다. 이 사진은 손기정이 1936년 베를린 올림픽에서 마라톤 우승을 하자 경성 명월관에서 손 선수의 우승 축하연을 열었는데, 이때 최승희가 참석하여 찍은 기념사진이다.

시기의 흐름 앞에 예술의 전당은 파묻혔는지도 모르겠습니다.

무용제를 보고

최근 뉴욕 콘서트계는 많은 음악가, 무용가 들로 상당히 성대해졌습니다. 파리, 런던, 뉴욕의 콘서트계는 서로 교류하고 있었으나 이번 전쟁 때문에 파리, 런던이 중단 상태에 있는 이상, 오직 뉴욕이 유일한 콘서트 예술 중심의 국제 시장이 될지도 모릅니다. 그렇지만 뉴욕 콘서트계의 이러한 성대함은 미국이 가진 콘서트의 숨겨진 재주가 성대함을 의미하는 것이 아닙니다. 오히려 유럽과 해외 예술가들이 뉴욕을 일시적으로 빌려 쓰는 것에 지나지 않으며, 다시 말해 해외 콘서트계의 출장소로서 성대한 것입니다. 어쨌든 예술적 전통이 아직 어리고 그 위에 정신적인 것보다 물질적인 것을 추구하는 데에만 분주했던 미국이요, 재즈 음악과 탭 댄스가 범람하는 장소인 까닭에 콘서트 예술을 길러내기에 필요한 관객층은 어느 특수층을 제외하고는 일반적으로 감상력이 무척 저급합니다. 비평가까지도 오로지 관객층을 맹신하는 폐단이 있습니다. 그러므로 해외로부터 우수한 예술가를 데려오더라도 그것을 비판적으로 섭취하며 거기서 미국 자신의 것을 생산시킬 힘은 없지 않은가 하고 생각합니다.

그러나 최근 미국 무용계를 보면, 지금까지 지배적 위치를 차지하고 있는 해외 무용가와 경쟁하여 미국 자신의 무용가를 길러내려는 경향이 강해지는 것 같습니다.

최근 뉴욕에서 공연하는 무용 중에 주요한 것은 발레뤼스, 쿠르트 요스의 요스 발레, 아르헨티나의 스페니쉬 앙상블, 자바 무용가 테피쟈의 그루브, 마누엘라 데르리오와 미국 출신의 마사 그레이엄을 선두로 한 도리스 험프리, 한야 홀름, 찰스 와이드먼, 마르가리타 마타키, 테드 숀, 세인트 데니스 등이며, 여기에 최근 조직된 포킨, 홀름, 앤터니 튜더 등을 중심으로 한 발레시어터(아메리칸 발레시어터의 전신)와 발레 카라반일 것입니다.

나는 세인트 제임스 극장에서 12월 28일, 유럽에서 돌아와서는 처

한류스타 최승희
세계적인 무용가로 이름을 날린 최승희는 전 세계 여러 나라에서 모두 150회가 넘는 공연을 한다. 사진은 최승희가 1951년 소련 순회공연을 마친 뒤 통역을 맡은 모스크바 대학 한국인 2세 학생에게 준 그녀의 친필 사인.

가족과 함께
1930년대 말 남편 안막, 딸 안성희와 함께 오르간 앞에서 찍은 사진. 최승희는 해방된 뒤에 문학평론가인 남편과 함께 월북한다.

음으로 뉴욕 제4회 무용 발표회를 성황리에 마쳤습니다. 지난 크리스마스 시즌에 일주일가량 마사 그레이엄 및 그 그룹과 발레 카라반(뉴욕 시티 발레단의 전신), 솔로 댄서 마르가리타 마라키와 나 이렇게 네 팀이 참가해 무용제를 주최하고 각자 따로 무용 발표회를 했는데, 나는 이틀째 밤에 했습니다. 독일에서는 크로이츠베르크도 참가하게 되어 바로 내가 공연하기 전날 밤에 할 예정이었으나 영국의 브로커 때문에 못 오고 말았습니다.

나는 유럽에서 발표한 레퍼토리를 중심으로 10회의 프로그램을 했는데 매우 호평을 받았습니다. 이 무용제는 1939년 최후를 장식하는 흥미 있는 모임이자 뉴욕 무용 애호가에게는 일종의 무용적 시위로, 젊은 미국 무용계에 많은 반향과 자극을 주었다고 생각합니다.

나는 그 후 뉴욕에서 2월 17일 제5회 공연을 컬럼비아 대학 주최로 아카데미 극장에서 무용 시리즈로 하룻밤을 보내게 되었습니다. 올해 컬럼비아 대학 무용 시리즈 전부 4회의 무용 공연을 결정했습니다. 첫 번째 밤이 스페인 무용의 아르헨티나, 두 번째 밤도 역시 스페인 무용의 마르가리타 마라키, 세 번째 밤은 내 공연, 네 번째 밤은 발레 댄서 아그네스 데밀이었습니다. 이 아카데미 극장에서 공연 후 2월 22일 시카고에 있는 싯픽 극장*으로 무용 공연을 떠나게 되었습니다. 여기의 무용 시즌이 4월에 끝나므로 될 수 있는 대로 얼른 미국 공연을 마치고

---

*   시카고 시빅 오페라하우스(Civic Opera House)를 지칭하는 것으로 보인다.

하루 바삐 귀국하려고 합니다.

해외에 와서 벌써 2년을 지냈습니다. 머지않아 여러분의 얼굴을 대할 것을 즐거움으로 알고 있습니다.

현실 인식의 재편, 예술가의 혼

　최승희(1911~1969)는 1926년 이시이 바쿠의 무용단을 따라 일본으로 건너간 후 무용가의 길을 걷기 시작한다. 그녀는 무용가로서 입지를 확보하게 되자 1937년 12월부터 3년에 걸쳐 미국, 유럽, 남미 등지로 세계 무용 순회공연을 떠난다. 그리고 그 기간의 경험이 간간이 기행문으로《삼천리》에 게재된다.《삼천리》에 실린 편지 형식의 기행문은 총 다섯 편으로「헐리웃 풍경」,「파리통신」,「미국통신」,「뉴욕에서 고국의 자매에게」,「동경제국호텔에서」가 그것이다. 이 중 첫 번째와 두 번째의 기행문은 짧은 인상기이고, 마지막 것은 순회공연을 마친 뒤 일본에 도착해서 보낸 편지다. 여기에서는 이들을 제외하고 나머지 기행문 두 편을 실었다.

　최승희는 미국을 시작으로 프랑스, 네덜란드, 벨기에, 독일, 폴란드, 헝가리, 루마니아, 오스트리아, 체코, 그리스, 멕시코, 브라질, 코스타리카, 콜롬비아, 에콰도르 등 각국을 돌아다녔으며, 공연 횟수는 150회가 넘는다.

　그녀가 순회공연을 떠난 시기는 세계 정세가 매우 불안한 때였으며, 특히 처음 도착한 미국에서는 중일전쟁의 여파로 일본에 대한 감정이 좋지 않았다. 그로 인해 계획한 공연은 순조롭게 진행되지 못했고, 최승희 역시 배일排日과 친일親日이라는 경계 위에 위태롭게 서 있었다. 배일 구설이 떠돌 때에는 일본 영사관과 외무성에 사실무근인 것을 보고해야 했으며, 친일 구설이 떠돌 때에는 공연장의 화장실까지 경관이 따라붙는 일이 벌어졌다. 그녀의 순회공연이 각국의 경계를 쉼 없이 넘나든 만큼이나 자신의 사상적 성향 역시 소위 '배일과 친일의 경계' 사이를 위태롭게 오갈 수밖에 없었다.

최승희가 겪어야 했던 일련의 상황은 예상보다 훨씬 혹독한 것이었다. 당시 극도로 치달은 반일 감정은 매니지먼트사인 메트로폴리탄의 일방적인 계약 파기로 이어졌으며, 동경의 연구소에서는 최승희가 '반일 운동'에 가담했다는 소문을 알려왔다. 「미국통신」의 상당 부분은 그에 대한 정황을 비교적 상세히 기록하고 있다. '반일 행동'을 하지 않았다는 이 내용은 일본의 평론가 후루사와 다게오에게도 보내졌으며, 신문에 게재되어 화제가 되기도 했다. 소문은 진정되었으나 미국 공연은 중단할 수밖에 없었다. 또 다른 매니지먼트사인 N·B·C를 통해 두 번째 공연을 하게 되었지만, 더 이상 공연이 불가능했다. 이후 자금난에 봉착한 최승희는 숙소를 일류 호텔에서 삼류 호텔로, 마지막에는 흑인들이 주로 사는 아파트로 옮겨야 했으며, 미술가들의 모델이 되어 돈을 벌어야 했다. 그리고 파리로 갈 때에는 도쿄에서 자금을 융통하기에 이른다.

미국에서 겪은 시련은 파리 공연의 부담감을 더욱 가중시켰다. 게다가 파리 공연의 성패 여부는 유럽 공연의 성과와 직결되는 것이기도 했다. 그러나 걱정과 달리 공연은 대성공이었다. 그녀의 두 번째 공연은 파리의 국립극장이자, 유럽에서 가장 큰 극장인 '테아트르 샤리요'에서 열렸고, 관객으로는 피카소, 마티스, 미셸 시몽과 같은 유명인들도 자리했다.[2] 좌석 3천석이 모두 꽉 찼고 관객들은 열광했다. 파리 공연의 성공은 유럽으로 이어졌다. 최승희는 벨기에를 필두로 스위스, 이탈리아, 독일의 공연에서 연이은 찬사를 받았으며, 신문과 잡지는 그녀의 공연 평을 싣기에 분주했다.

미인 최승희와 그의 프로그램은 최대의 성공을 획득하였다. 그의 무용 예술은 여하한 사람이나 무조건으로 상찬하지 않을 리 없다. 이국적인 시의 분위기가 그를 싸고 있는 듯이 보여 충혹적蟲惑的인 매력이 그의 신변에 흘러 잊을 수 없는 예술적 센세이션을 창조하고 있다. 그의 독창적인 재능이 완전히 표현되었다.

—프랑스 파리, 《엑세드스와르》, 1939. 6. 24.

최승희는 여러 가지의 특이한 성격의 제스처를 보여주어 여러 가지의 감정을 절묘한 독창성으로써 표현하였다. 이 이상이 없을 만한 우아優雅로 또 경묘輕妙한 그의 연기에 위대한 인텔리전트를 보여주었다. 관객은 전 곡목을 통하여 완전히 황홀하였다.

—프랑스 파리, 《라마단》, 1939. 6. 24.

그의 조각적인 선과 그의 경탄할 만한 손의 표현력과 코믹인 그리고 위혁적威嚇的인 여러 가지 가면으로써 그는 열반涅槃과 미소와 감루感淚와 황홀을 일으켰다. 참으로 그로써 동양의 환상이 현현하였다.

—프랑스 파리, 《피가로》

최승희는 위대한 미美다. 그의 얼굴은 진주와 같이 광택이 있다. 그의 무용의 성질과 일치해서 그의 동양적 얼굴은 거울과 같이 청춘의 환희를 비추어 신성하고 경외하다. 비극적 공포 또는 절대의 고민을 표시한다. 그의 춤을 보고 있으면 주저적인 몸짓으로 눈에 안 보이는 공기의 '정精'을 환기하여 그의 주위에 미묘한 마술이 떠도는 것 같다. 그의 성공은 대단했다. 세계에 확인되었다.　　　　—벨기에 브뤼셀,《나숀 베르주》

언어는 너무 힘이 없어서 이 중요한 사건을 충분히 표현할 수 없다. 최승희는 우리들에게 심미적 환희와 풍미에 넘쳐흐르고 동시에 가장 강하고 깊은 인상을 선물해주었다.　　　　—독일,《라인루두쓰 아이돈그》

최승희의 예술은 신의 생생한, 그리고 압도적인 화상畵像이다. 그의 창작은 만장滿場의 환객歡客이 찬탄과 그와 꼭 같은 정도의 감사로서 대접을 받았다.　　　　—독일,《나티오날 차이퉁》

　최승희가 세계적인 무용가로 인정받고 있다는 사실은 브뤼셀에서 열린 국제 무용 콩쿨의 심사를 맡았다는 점에서도 알 수 있다.[3] 약 2천 명 이상이 참가한 본 대회의 심사위원은 세계적으로 저명한 무용 평론가와 무용가 들로 구성됐으며, 최승희는 동양인 최초라는 점에서 그 의미가 남달랐다. 최승희는 귀국 후에는 친일 행보를 걸은 것으로 잘 알려져 있다. 그러나 이러한 사상적 성향보다 중요한 것은 무용에 대한 그녀의 열정일 것이다. 이는 비단 '조선의 문화, 예술적 산물'을 세계화했다는 당대의 평가에만 머무는 것이 아니며, 무용이라는 예술적 측면에 대한 '최승희의 인식'을 바라보아야 한다는 의미다.

당시 신新무용이 조선에서는 미개척 분야였으나, 1934년부터 1937년까지 일본 주요 도시에서 6백 회 이상의 공연을 한 경험은 무용을 상품으로 인식하기에 충분했을 것이다. 또한 국가와 자본 사이에 사로잡힌 전근대적인 산물이 지방색과 전통 같은 것으로 간주된다는 점에서, 조선의 춤과 정조는 문화 상품으로 조선을 대표할 수 있었다. 최승희의 세계 무용 순회공연은, 무용이라는 상품으로 조선을 대표한다는 인식이 분명했기 때문에 가능한 기획이었다.

뉴욕산 신문지의 무용 평을 초록하면 이러하다. 조선과 같이 먼 지방에서 온 손님을 대할 때 관중은 자연 동정적 관용의 태도를 취할 것으로 상상되는 터이나 최승희 여사에 대하여는 그럴 필요가 전혀 없다. 여사는 특이한 예술가다. 본토의 전통에 전념하면서도 능히 인종적 제한을 초월하는 정묘의, 기민의 기술을 발휘하는 예술가다.[4]

뉴욕 신문의 평은 최승희의 무용 공연이 해외에서 성공적인 성과를 거둘 수 있었던 이유를 정확하게 보여주고 있다. 즉 "인종적 제한을 초월하는 정묘의, 기민의 기술을 발휘하는" 예술을 그 자체로서 바라보는 미적 판단과 동양적인 조선의 춤에서 느끼는 이국 취향이 그것이다. "웬일인지 비평가들 중엔 순 서양 춤을 추는 것을 좋아하지 않고 동양의 문화, 동양의 색채, 냄새를 띤 동양 춤을 췄으면 좋겠다는"[5] 언급에서, 이국 취향으로 느껴지는 조선(동양)의 무용(예술)을 서구인들이 미적으로, 정치적으로 어떻게 바라보는지 알 수 있다. 이국 취향에는 야만적인 문화에 비해 그들의 문화가 우월하다는 감정과 강한 국민적·민족적 자신감이 수반되어 있다는 점에서 최승희의 무용을 바라보는 태도와 분리될 수 없다.

그러나 그것이 전부는 아니었다. 그들은 비서구 식민지의 문화가 자신들보다 열등하다는 생각을 기본적으로 가지고 있으면서도, 최승희의 조선 무용을 볼 때는 그것을 잠시 넣어두고 '예술'로 바라보고 있었던 것이다. 최승희 역시 자신이 비서구·피식민지인이란 생각을 잠시 놓아두고 조선의 전통 무용을 예술로 발견하고 있었다. '조선'과 같은 먼 곳에서 오면 '자연 동정적 관용의 태도'가 생기지만, '본토의 전통에 전념'하면서도 '인종적 제한을 초월하는' 최승희는 예술가로서 세계 체제에 부과된 억압적 질서를 뛰어넘고 있었다.

예술로 세계를 사유하는 것은 식민지 조선인이라는 민족적 정체성을 품어 안고 또 넘어서면서, 세계 속의 개별적 존재로서 주체의 의식을 형성해 나간다. 이것은 최승희 개인을 세계에 각인시키는 일이며, 동시에 근대적 세계에 조선을 각인시키는 것이기도 했다. 그러므로 최승희의 무용에 대한 열정과 성과는 이후 그의 친일적인 행보와는 다른 측면에서 평가받아야 할 것이다. 여기에 실린 최승희의 기행문은 무용에 대한 열정과 세계의 중심에 동등하게 서고자 하는 그녀의 노력을 고스란히 드러내주고 있다.

3장

여성해방론자 나혜석의
유럽 미술 기행

만주   러시아 스위스 벨기에 베를린 파리   런던

나혜석 (1896~1948)
조선 최초의 여성 서양화가

　　서양화가이자 작가이며 여성운동가
로도 유명했다. 서른두 살 때인 1927년 남편과 함께 세
계여행을 떠나 언론을 떠들썩하게 했다. 1년 8개월 동안
유럽과 북아메리카의 여러 나라, 여러 도시를 다녔다. 여
행지에서 박물관과 미술관을 다니며 그림에 대한 열정
을 키웠고, 한편으로는 각국 여성운동을 접하며 여성의
권리에도 눈을 떴다.

귀국한 뒤 남편과 이혼했으며《삼천리》에 「이혼 고백서」
를 실으면서 사회적으로 비난을 받기도 했다. 1948년 서
울의 시립 자제원에서 무연고자 행려병자로 쓸쓸히 세
상을 떠났다.

소비에트 러시아로 떠나는
구미 여행기, 그 첫 번째

떠나기에 앞서

내게 늘 불안을 주는 네 가지 문제가 있었다. 하나, 사람은 어떻게 살아야 잘 사나. 둘, 남녀 간은 어떻게 살아야 평화롭게 살까. 셋, 여자의 지위는 어떠한 것인가. 넷, 그림의 요점이 무엇인가. 이것은 실로 알기 어려운 문제다. 더욱이 나의 견문과 학식, 나의 경험으로는 알 길이 없다. 그러면서도 돌연히 동경하게 되고 알고 싶었다. 그리하여 이탈리아나 프랑스 그림계를 동경하고 유럽 여자의 활동이 보고 싶었고, 유럽인의 생활을 맛보고 싶었다.

나는 실로 미련이 많았다. 그만큼 동경하던 곳이라 가게 된 것이 무한히 기쁘련만 내 환경은 결코 간단한 것이 아니었다. 내게는 젖먹이 어린애까지 세 아이가 있었고 오늘 어떨지 내일 어떨지 모르는 일흔 살 노모가 계셨다. 그러나 나는 심기일전의 파동을 억누를 수 없었다. 내 일가족을, 내 자신을, 내 자식을 위하여 드디어 떠나기로 결정하였다.

부산진 출발

6월 19일 오전 11시 선양(중국 랴오닝 성의 성도)행 열차로 부산을 출발하였다. 어머니께서 눈물을 띠시며 "속히 다녀오너라" 하시고 목이 메어 하시는데, 내가 고개를 들지 못하는 동안 기차는 북쪽을 향하여 굴러갔다. 때는 경상남북도에 가뭄이 심한 때라 아직도 비 올 가망이 전혀 없이 차 속에 선풍기가 약간의 바람을 일으킬 뿐이요, 산과 들의 나무들은 뜨거운 볕 아래에서 숨 막혀 한다. 오후 1시에 대구에서 내렸다. 친한 벗들을 만나보고 밤 11시에 대구를 떠났다.

3일간 경성

수원역에서 다수의 친척을 만나보고 경성에 도착하였다. 경성은 지인과 친구가 많이 있는 곳이라 마음이 평화로워지고 떠날 마음이 생기지 않았다. 벗님 중에는 일부러 찾아와주시기도 하고, 전화로 자주 불러주시기도 했으며, 점심을 먹자 저녁을 먹어다오 청해주셨다. 스무 명가량의 친구들께서 명월관 지점에서 만찬을 해주셨다.

50여 명의 벗님들이 나를 전송해주실 때에는 목을 붙잡아 당기시는 분, 목을 얼싸안아주시는 분, 혹은 취하여, 혹은 흥에 겨워, 혹은 눈물로 여행 중의 평안을 빌어주셨다. 밤 11시에 경성을 떠났다.

나혜석, 〈수원 화성문〉, 유채, 60.5×72.7cm, 1929

5일간 단둥현

곽산역(평안북도 곽산군에 있는 철도역)에서 여동생을 만나보았다. 경성에서 동행하여 배웅해준 최은희 씨는 울며 나를 보내준다. 매우 고마웠다. 그의 귀한 눈물을 받을 만한 아무 충실함이 없었던 것이 매우 부끄러웠다. 남시역(평안북도 염주군에 있는 철도역. 지금의 염주역)에서 단둥현 조선인회 대표 한 사람이 마중을 나왔다. 또 단둥역에 도착하니 조선인과 일본인 80여 분이 마중을 나오셨다. 모두 손이 으스러져라 하고 잡아 흔든다.

단둥현은 이전에 6년간 살던 곳인지라 눈에 띄는 이상한 것은 없었으나 길가에 있는 포플러 나무까지 반가웠다. 실로 단둥현과 우리와는 인연이 깊다. 사회적으로 사업이라고 해본 데도 여기요, 개인적으로 남을 도와본 데도 여기요, 인심에 대한 짠맛 단맛을 맛본 곳도 여기다.

재만在滿 동포의 경제적 발전은 오직 금융기관에 있다는 견지로 단둥에 조선인 금융회가 설립된 후 단둥 조선인 금융계의 중심 기관이 되어 그 전도가 유망해 보이니 무한히 기뻤다.

총독부와 만철(남만주철도주식회사)에 교섭한 결과 학생 수백여 명을 수용할 만한 보통학교가 건설되어 이번에 만철에서 경영하게 되었다. 직원 일동의 얼굴에 기쁨이 가득 찬 것을 보니 어찌 만족이 없으랴. 과거에 과한 실수가 없고 현재에 한 사람의 적이 없으니, 단둥현 여러분의 인심이 후덕하신 것을 축하하는 바이다.

금곡원이라는 중국 요릿집에서 조선인회 일동이 송영회送迎會를 베풀어주셨다. 실로 1백여 명이 참석하여 만주에 있는 조선인 생활로는 드문 예였다.

다음 날에는 지인을 방문하고 남편은 오카야마 제6고등학교 동창회의 환영회에 참석하였다. 저녁에는 미즈마 마키코 일행의 음악회를 구경하고, 그다음 날에는 일행에 섞여 채목공사 증기선蒸船을 타고 압록강 위에서 오전을 허비하게 되었다. 감개무량하였다. 그날 저녁은 채목공사 이사장 부인의 초대로 만찬을 먹었다. 다음 날 아침에 고별인사를 마치고 11시 30분에 단둥을 떠나 친한 벗 50여 명의 배웅을 받으며 선양으로 향했다.

나혜석, 〈만주 봉천 풍경(滿洲 奉天 風景)〉, 합판에 유채, 23.5×32.5cm, 1923년경, 개인 소장
중국 랴오닝 성의 성도 선양 풍경을 그린 그림. 이 지역의 옛 이름은 봉천(奉天)이다.

선양

　오후 7시에 선양에 도착하니 오빠 내외와 친한 벗 몇몇이 마중을 나와 있었다. 일주일 동안이나 사람에게, 또 길에 시달린 몸을 오빠 집에서 편히 쉬게 되었다.

　선양은 실로 둥산 성東三省(중국 북동부 랴오닝 성, 지린 성, 헤이룽장 성)의 수도인 만큼 신구 시가지의 굉장한 건축이며, 성벽의 사대문, 궁궐의 황금기와, 청기와, 각국 영사관의 나부끼는 깃발 등 눈에 띄는 것이 많았다.

장춘

　밤 9시에 장춘에 도착했다. 호텔 정원에서 더위를 피하다가 남은 시간을 시가 구경으로 채웠다.

　장춘만 해도 서양 냄새가 난다. 신시가는 물론이요, 중국 시가는 선양이나 단둥현에 비할 수 없이 정돈되고 깨끗한 곳이다. 러시아인이 아침저녁으로 출입하는 만큼 러시아식 건물이 많고, 러시아 물품이 많으며, 러시아인 구역까지 있다. 고무바퀴로 된, 소리 없이 세게 구르는 마차는 덜컥덜컥 구르는 중국식 만만디 마차와는 별다른 기분을 느끼게 하였다. 여하튼 장춘이란 깨끗한 인상을 주는 곳이다.

　밤 11시에 청색 기차[기차 전체가 청색이다]를 타게 되었다.

부산에서부터 신의주까지는 정거장마다 백색 제복에 빨간 테두리의 제모制帽를 쓴 순사가 한 사람 혹은 두 사람씩 번쩍이는 칼을 잡고 소위 불령선인*이 타고 내리는지 주의하고 있다. 단둥현에서 장춘까지는 누런 복장에 약간의 붉은 빛을 띤 누런 제모를 쓴 만철 지방 주임 순사가 피스톨 가죽 주머니를 혁대에 차 메고 서서, 이곳이 비록 중국이지만 기차 연선은 만철 관할이라는 자랑과 위엄을 보이고 있다. 장춘에서 만주리滿洲里까지는 검은 회색 무명을 군데군데 누빈 복장에 3등 군병 별표를 어깨에 붙이고, 회색 제모를 비스듬히 썼으며, 일본 메이지 유신 시대에 버린 칼을 사다가 질질 길게 차고 가슴이라도 찌를 듯한 창검을 빼들고서 멀거니 쉬고 있는 중국 보병이 기차가 도착하고 출발할 때에 두 발을 꼭 모아 차렷을 하고 있다. 이것은 몽고로 침략하려는 마적을 방어하는 모습이겠다. 러시아 관할 정거장에는 매표소에 종이 하나씩 매달려 있다. 그리하여 기차가 도착하면 그 즉시 종을 한 번만 때린다. 그리고 출발할 때에는 두 번 울리고, 곧 호각을 불면 어찌할 새 없이 바퀴가 움직이기 시작한다. 이 종소리와 호각소리는 호의를 가지고 보면 간단 명백하고, 악의를 가지고 보면 방정맞고 까부는 것 같았다. 늘씬한 러시아 사람과는 도무지 조화가 되지 않는다. 하얼빈 정거장에 도착하니 이상우 씨가 마중 나왔다. 그만 한 정도에도 사람이

---

* 　불령선인(不逞鮮人): 불온하고 불량한 조선 사람이라는 뜻으로, 일본 제국주의자들이 자기네 말을 따르지 않는 조선 사람을 이르던 말.

그리워 반가웠다. 곧 북만 호텔에 투숙하게 되었다.

6일간 하얼빈

하얼빈은 북으로 유럽에 속한 러시아歐露(우랄 산맥 서쪽의 러시아 땅)와 유럽 각국으로 통하는 세계적 교통로가 되어 있고, 남으로 장춘과 이어져 남만주철도와 연결된 곳으로 세계인의 출입이 끊이지 않는다. 러시아 혁명 이후 구파, 즉 백군파*가 망명하여 여기에 상당수 모였다. 내가 본 대로라면, 당시는 세계적 음악가, 미술가, 그 외 각 분야의 기술가가 많이 모여들어 곳곳에서 좋은 구경을 할 수 있었다.

과연 하얼빈은 시가가 번듯하고 인물이 번화한 곳이다. 그러나 도로에 사람 머리만 한 돌이 깔려 굽 높은 구두로 걸으려면 매우 힘이 든다. 마침 7월 극심한 더위인 때라 돌발적으로 검은 구름이 하늘을 덮으면, 대륙적 마우慶雨가 자못 맹렬히 쏟아진다. 곧 모피 외투라도 입어야 할 만큼 선선해졌다가, 삽시간에 볕이 쨍쨍하게 나서 다시 푹푹 찐다. 오후 4시쯤 나가보면, 형형색색 모자와 살이 비치는 옷을 입은 미인들이 길가에 늘어섰다.

---

* 　백군파: 1917년 러시아 혁명 당시 공산당(적군)에 대항하여 정권을 찾으려고 왕당파가 조직한 반혁명군을 가리키며, 백위군이라고도 한다.

부녀 생활과 오락 기관

부녀 생활의 일부분을 쓰면 이러하다. 아침 9시쯤 일어나서 모든 식구가 빵 한 조각과 차 한 잔으로 아침을 먹는다. 주부는 광주리를 옆에 끼고 시장으로 간다. 점심과 저녁에 필요한 식료품을 사가지고 와서 곧 점심 준비를 한다. 대개는 소고기를 많이 쓴다. 12시에서 오후 2시까지 식탁에 모여 앉아 담소를 나누며 점심을 진탕 먹는다. 이 시간에 각 상점은 철문을 꼭꼭 닫는다. 그리하여 점심시간에는 인적이 단절된다. 주부는 가사를 정돈해놓고 낮잠을 한숨 잔다. 저녁은 점심에 남았던 것으로 먹고 화장을 하고, 활동사진관(영화관), 극장, 무도장(댄스홀)으로 가서 놀다가 새벽 5~6시경에 돌아온다. 부녀의 의복은 자기 손으로도 해 입지만 그보다도 상점에서 해놓은 것을 많이 사 입는다. 겨울철에는 여름철 의복에 외투만 입으면 그만이다. 여름이면 다림질, 겨울이면 다듬이질로 일생을 허비하는 조선 부인이 불쌍할 뿐이다.

오락 기관이 많이 생기는 원인은 구경꾼이 많기 때문이다. 구경꾼 중에 남자보다 여자가 많은 것은 어느 사회를 막론하고 마찬가지다. 서양 각국의 오락 기관이 번창해지는 것은 오직 부녀 생활이 그만큼 여유가 있고 시간이 있다는 것이다. 내가 전에 경성에서 어느 극장 앞을 지나가며 동행하던 친구에게 말한 적이 있다. 극장 경영을 하려면 근본 문제, 즉 조선 부녀의 생활을 급선무로 개량할 필요가 있다고, 실로 여자 생활에 여유가 없는 사회에서 오락 기관이 번영할 수 없는 것이다.

인도극과 영국 사진을 보고

친한 벗 몇몇과 더불어 제일 번화가에 있는 상무구락부商務俱樂部 부두 공원에 갔다. 이 공원은 동포 최 모 씨와 러시아인이 합자 경영하는 관계로 매표소에는 러시아인과 조선인이 각기 한 사람씩 있었다.

정원에는 꽃이 무늬 있게 피었고, 극장이 있으며, 식도락과 무도장이 있고, 저편 수풀 사이에는 활동사진관이 있어 관중으로 채워져 있다. 초인종 소리가 나자 서고 앉고 걷고 놀고 하던 사람들이 일시에 모여들어 극장으로 들어간다. 극장 안의 좌석은 입장권에 따라 앉게 되어 있다. 작품은 인도극이었다.

인도 왕자는 프랑스 유학을 갔다가 졸업을 하고 돌아온다. 인도 국민 전체가 환영한다. 그러나 오직 교회 문지기만 국법에 외국을 출입하는 자는 나라의 국적國賊이라 했다고 왕자를 비웃는다. 왕자가 프랑스 미인을 데리고 와서 부왕께 연애 철학을 아뢰니 부왕은 크게 노하여 그 여자를 때리고 발로 찬다. 이 장면에서 과도기 조선 사회를 연상하지 않을 수 없었다.

또 하나는 영국 사진이었다. 당시 명성이 자자하던 일류 여배우가 공작의 총애를 받으면서도 그것에 만족하지 못하고 한낱 천한 어부를 사랑했다. 그 어부는 매우 솔직하고 천진난만했다. 어부는 드디어 공작을 죽이고 10년 징역형을 받는 동안에도 여배우를 잊지 않았다. 여배우도 한때 악마굴에 빠지긴 했으나 어부를 잊지 않았다. 그리하여 두 사람은 기쁘게 만나게 되었다. 금전이 만능이 되고 겉치레가 사교술이 되어가면 갈수록 끊임없는 노력과 진정한 사귐이 그리워진다.

송화강 구경

3일은 마침 일요일이라, 일요일이면 거의 송화강으로 모여든다는 말을 듣고 구경을 갔다.

이쪽 기슭에서 저쪽 기슭까지 5정(약 545미터)쯤 되는 탁류를 건넜다. 강변에는 휴게소가 수없이 있을 뿐 아니라, 여름철 한때 피서를 위해 나무판자로 지은 집과 장막이 깔려 있다. 수풀 위에서 맛있는 음식을 즐기는 가족 일동, 두 다리를 엇갈려놓고 두 손을 한데 모아 정답게 속살거리는 연인 동지, 포실포실한 나체로 배회하는 여자들, 작은 버드나무 사이로 종횡무진 삼삼오오 짝을 지어 거니는 자들이 타이양 섬(하얼빈 부근에 있는 섬)을 덮었다. 실로 이 송화강은 하얼빈 시민에게 없어서는 안 될 피서지다.

저녁밥은 조선인회 회장 집에서 먹었다. 그리고 그 부인과 구경을 갔다. 그는 하얼빈에 온 후 구경이 처음이라고 매우 좋아한다. 나는 언제든지 좋은 구경을 많이 한 사람과 다니는 것보다 도무지 구경을 못한 사람과 다니는 것을 좋아한다. 그리하여 그 사람이 좋아하고 기뻐하는 것을 보면 퍽 유쾌하다. 이날도 매우 상쾌하였다.

여러 친한 벗과 함께 공동묘지를 구경하러 갔다. 정면에 있는 납골당 옥상에는 금색 십자가가 번쩍이고 있어 멀리서 오는 상여를 보고 종을 울려 환영의 뜻을 표한다. 넓은 묘지에는 무덤 모양이 형형색색이고 아직도 푸른 잔디로 있는 곳은 누가 주인이 될는지 때를 기다리고 있다. 오는 길에는 중국식 건물로 유명한 극락사에 들렀다. 청황색 기와에서부터 진홍색 벽, 남색 무늬가 찬란한 강한 색이었다. 마치 내 몸이 그 안에서 좁여지는 듯싶었다.

하얼빈에서 만주리까지 갈 동안 지낼 준비를 하였다. 6일 밤 8시 10분에 하얼빈을 떠나게 되었다. 우리는 배웅해주시는 친한 벗 스무 명가량에게 감사의 뜻을 표하면서 동지東支 철도 1등실에 오르게 되었다. 중국이 만국철도회의에 참가하지 않았으므로 만주리에 가서는 와곤리* 만국 침대차로 환승하게 되었다. 이 선로에는 기관사가 역장에게 전하는 통행표 모양이 철봉과 같았다.

기차는 일면 황무지로 한없이 굴러가는데 좌우 수풀 속에는 흰색 천연 작약이 흐드러지게 피어 있다. 한없이 넓은 들 잔디 위에 청색, 황색, 적색, 백색, 갖은 화초가 혼잡하게 피어 있어 마치 청색천아계青色天鵝戒 위에 봉황으로 수를 놓은 것 같았다. 곧 뛰어 내려가 데굴데굴 굴러보고 싶은 데도 많았다. 하천이 드무니 농사에 부적합함인가, 산악이 험악하니 넘어오기가 곤란함인가. 쓰고 남은 땅이거든 우리나 주

---

* 와곤리(wagon-lit): 프랑스어로 '침대차'를 뜻한다. 오리엔트 특급열차로 유명한 '국제 침대차 회사(Compagnie Internationale des Wagons-Lits)'를 지칭하는 것으로 보이며, 흔히 '와곤 리 회사'라고 부른다. 벨기에 출신의 조르주 나겔마케르가 설립했다.

었으면……. 우리 일행이 시베리아 자연에 취했을 때, 옆 칸 객실에서 서양인의 유창한 독창 소리가 난다. 기차나 기선 여행 중에 음악처럼 좋은 것이 없는 것 같다. 실제 경치를 보고 그것을 찬미하여 부르는 자야말로 행복할 것이다.

오후 3시에 유명한 흥안령을 넘게 되었다. 여기가 벌써 해발 수천 척이다.

밤 8시에 러시아와 중국의 국경인 만주리에 도착하였다. 1시간 동안 시가를 구경하였다. 국경인 만큼 군영이 많고, 조그마한 시가지나마 조선인 밀매음녀까지 갖추고 있다. 여기서 세관 검사가 있었으나 우리는 공용 여행권을 가진 까닭에 언제 어떻게 지나갔는지 몰랐다. 왼쪽 차에서 오른쪽 차로 짐을 옮기는 보이가 행장 한 개에 대양大洋 80전씩 받는 데에는 놀라지 않을 수 없었다.

베를린과 파리

스위스 행

27일 오전 8시에 스위스를 향해 떠났다. 스위스와 프랑스의 국경 베시(독일, 프랑스와 맞닿아 있는 스위스의 국경 도시. 지금의 바젤) 검문소에서는 휴대품 검사를 할 때 구내의 정해진 장소로 행장을 가지고 내린다. 인가 없는 벌판에도 누런 보리가 깔려 있고 진홍색 양귀비꽃이 피어서 섞여 있는 것이 가관이었다. 쿠어(스위스의 도시)에서부터 산천이 시작되더니 경치가 확연히 아름다워진다. 여기서부터 제네바 호수로 흘러 지중해로 흘러드는 냇물이 기차선로를 따라 이어진다. 두세 시간을 질주하는 동안에 혹 낮아지고, 혹 높아지며, 혹 가까이 보였다가, 혹 멀리 보이기도 하여, 태양에 번쩍이는 폭포도 되었다가, 어두운 청색의 깊은 못도 되었으며, 잔잔한 남색의 연못도 되었다가, 비누 거품 같은 수포가 이는 혼탁한 물도 된다. 절벽 위나 아래에는 산천가옥이 끊임없이 늘어서 있어 조화를 겸비하고 있다. 멀리 바라보면 우뚝 솟은 산봉우리

나혜석, 〈무희〉, 캔버스에 유채, 39×33.5cm, 1927~1928, 국립현대미술관 소장

가 끊이지 않고 이어져 흑색, 자주색, 남색이 된다. 볼 수 있는 대로 보지만 열차 창으로 보기에는 모든 것이 너무 간지러웠다. 터널을 많이 지나지만 전기철도라서 연기가 없다. 경치에 취했을 때 어느덧 오후 7시 제네바 역에 도착하였다.

이왕 전하*

페지나 호텔 48호실에 투숙하였다. 저녁 식사 후에 궁금해서 산책을 나섰다. 우리가 있는 호텔 앞이 곧 제네바 호, 스위스 전국의 수많은 호수 중 제일 큰 호수다. 호반에는 한창 무성한 가로수가 있다. 그 사이로 저녁 식사 후에 그리운 남녀 여럿이 뒤섞여 있다. 곳곳의 레스토랑에서는 음악 소리가 울려 나오고, 댄싱홀 난간에는 전등 장식을 찬란하게 꾸며놓고, 관현악곡으로 손님을 청한다. 저편 호수 난간에는 계란만 한 전구를 줄에 끼워 굼틀굼틀 꾸며놓았다. 그것이 검은 호수 위에 비쳐 흔들거리는 야경이란 이루 말할 수 없이 좋아 보였다. 호수 위에는 나지막한 다리가 이리저리로 걸려 있어 오가는 사람이 끊이지 않는다.

마침 군축회의가 있는 때라 나는 일본 전권全權(외교사절)과 마루야

---

* 　이왕 전하: 영친왕 이은(李垠, 1897~1970)을 일컫는다. 고종의 일곱째 아들이며, 1926년 순종이 죽은 뒤 이왕으로 즉위했다.

마 씨 부부, 후지와라 씨 부부를 만나 기쁘게 놀고, 점심까지 같이 먹었다.

금강산을 보지 못하고 조선을 말하지 못할 것이며, 일광日光을 보지 못하고 일본의 자연을 말하지 못할 것이요, 쑤저우나 항저우를 보지 못하고 중국을 말하지 못하는 것같이, 스위스를 보지 못하고 유럽을 말하지 못할 만큼 유럽의 자연 경색을 대표하는 나라가 스위스요, 그중에도 제일 화려하고 사람이 많이 모이는 곳이 이 제네바다. 과연 제네바는 문인묵객文人墨客의 유람지인 만큼 교통기관이 편리해 전차선로가 가로세로 헤아릴 수 없으며, 자동차, 마차가 도심에 꽉 차서 언제 어디서든지 탈 수 있다. 실상 타고 다닐 만한 곳도 아니지만 원래 돈 많은 영국, 미국인들이 돈 쓰러 오는 곳이라 다른 곳과는 다르다. 끊임없이 오고가는 사람들 가운데는 일본 전권 60여 명이 섞여 있어 황인을 많이 볼 수 있다. 이로부터 찾아오는 사람이 점점 늘어서 9월 중순경에는 절정에 달한다고 한다.

스위스의 명산물은 다 아는 바와 같이 시계다. 그 외 목조와 보석물 등이 명물인 듯하며, 갖가지 빛깔의 아름답고 묘한 세공은 여행객의 발길을 머물게 하고 눈을 끌며 마음을 녹인다.

저녁 무렵, 호텔에 돌아오니 책상 위에 박석윤 씨의 명함이 놓여 있다. 너무 의외라 놀랍고 반가웠다. 오래지 않아 문을 두드리더니 박 씨가 들어온다. 실상 이국에서 동포를 만나면 조상으로부터 받은 피가 한데 엉키는 것 같은 감회가 생겨나 감사함을 더욱 느끼게 된다.

다음 날 아침에는 9시 20분 출발 증기선으로 호수를 한 바퀴 돌았다. 출발 동시에 갑판 위에서 관현악곡이 나온다. 태양빛이 흐르는 호수 위에 둥실둥실 떠 음악 소리에 몸이 싸였을 때, 아 - 행복한 운명에 감사드리지 않을 수 없었고 삶에 허덕이는 고국 동포가 불쌍하였다.

라구 구레곤 등지를 지나 몽트뢰Montreux(스위스 보 주의 레만 호 동쪽 연안에 있는 휴양지)에 상륙하여 부근을 산책하니 제네바 호수가 한눈에 들어왔다. 앞 언덕에는 몽블랑 최고봉이 구름에 둘려 하늘에 우뚝 솟았으며, 왼쪽에는 연이어진 알프스 산이 올록볼록하여 어지러이 서 있고 그림자가 호수 위에 비쳐 아름다운 풍경이 말할 수 없이 좋았다. 과연 산자수명山紫水明하고 유수한아幽邃閑雅*한 자연미에 몹시 기이하고 묘한 인공을 더했으니, 그 경치의 찬미를 어찌 표현할까.

이곳에 시옹 성**이 있다. 이 성이야말로 바이런의 「시옹 성의 죄수」라는 유명한 역사적 유서를 가진 곳이라 오후 4시 돌아오는 길에 들렀다. 흰 구름과 같은 갈매기 떼가 기선을 따르면서 선객들이 던지는 빵을 받아먹는 광경이야말로 가히 볼 만도 하였거니와 지루한 줄 몰랐다. 중간에 음악대가 오르더니 한 곡을 연주하고 그릇을 가지고 다니면서 선객들에게 돈을 청한다. 그들은 영업을 하며 이 배 저 배로 다닌다.

---

*   산빛이 곱고 강물이 맑으며, 깊숙하고 그윽하여 한가롭고 아름다운 경치를 뜻한다. 원문에는 '산자수청(山紫水淸)'이라고 표기됐으나, '산자수명(山紫水明)'의 오기로 보인다.
**   시옹성(Château de Chillon): 스위스 발레주 시옹에 있는 성으로, 원문에는 '고성(古城)'으로 표기됐다.

제네바 호수 색의 특색은 녹음색이다. 거기에 햇볕이 쬐면 황색이되어 삼림의 색과 분간하기 매우 어렵다. 다음 날 아침 31일은 일요일이라 박 씨를 비롯해 지인 몇몇과 프랑스 영토 낭시Nancy로 구경을 갔다. 여기도 역시 호수가 있는 아름다운 곳이다. 호숫가 광장에 어우러진 나무 그늘 아래에는 수만 군중이 모여 박수 소리가 중천에 떴다. 높은 단상에는 십자가 국기가 있고, 백발노인 시장의 수여식 연설이 있으며, 그 아래로는 각양각색으로 분장한 남녀 학생이 줄지어 앉았다.

다음 날은 사교계에서 유명한 서 부인, 박 씨와 동행하여 제네바 전경을 볼 수 있다는 사레브 산에 갔다. 이 사레브 산은 프랑스와 스위스두 나라 사이에 있는 조그마한 산인데, 두 나라가 서로 갖겠다고 말썽을 부리다가 결국은 프랑스 영토가 되고 만 산이다.

오늘은 이왕 전하께서 인터라켄Interlaken('호수의 사이'라는 뜻을 가진 베른 주 남동부의 관광도시)을 통과하옵신다. 전하는 하차하시면서 우리 말씀으로 언제 왔느냐고 우리에게 말씀해주셨다.

오후 8시에 프리바자 식당에서 사이토 총독이 전하께 만찬을 올리게 되었다. 더불어 군축회의 각 수석, 차석 전권을 비롯하여 군축회의 관계로 체재 중인 대사, 공사 및 칙임관勅任官을 초대하게 되었다. 관등으로는 감히 참석하지 못할 우리 부부도 참가하였다.

내빈 70여 명 중에는 영국 전권全權 프리지만(현 해군 대신) 부부, 미국 전권 레비손 씨 부부 외 함께한 부인이 5~6명에 불과하였다. 부인이 적을 때는 여자가 상석에 앉을 수 있다. 그리하여 상관上官에게 그 부인은 익숙하고 통달한 것을 알리게 된다.

외교에서 외교관의 부인이 중요한 임무를 가지고 있다는 것은 이러한 경우가 많이 있기 때문이다. 그러므로 외교관의 부인일수록 애교가 있고 날렵해야 한다. 내 오른쪽에는 캐나다 대표가 앉았고, 왼쪽에는 영국 차석 전권이 앉게 되었다. 이런 좌석에서 어학이 능통했다면 유익한 소개가 많으련만, 큰 유감이었다. 어학이란 잘하면 도리어 결점이 드러나지만 못하면 귀엽게 봐주는 수가 있다. 그리하여 맞으면 다행이요, 안 맞으면 웃음이 되어 오히려 애교가 되고 만다. 참 무식한 것이 한이 된다.

다음 날 밤에는 전하께서 칙임관 이하 20여 명에게 만나볼 기회를 주셨다. 우리 부부도 또 참석하게 되었다. 식사 후 사담 중에 전하께서 특별히 나에게 그림을 그려달라고 하셔서 매우 황송스러웠다.

전하는 영국 황제와 인사를 하시러 이날 밤에 떠나셨다.

다음 날 오후에는 마루야마, 후지와라 두 부부와 이전에 인천공사로 왔던 미망인 집에 가서 전골(스키야키)을 먹고 나와 그 길로 3시에 개최하는 군축회의 총회를 방청하러 갔다. 회의가 파열破裂될 것이라고 예상되자 전체 분위기는 긴장되어 있었다. 회의장은 어느 호텔 식당이라 매우 협소했으며 방청객으로 입추의 여지 없이 꽉 찼다. 의장인 미국 전권이 취지를 말한 후 영국 전권의 연설이 있었다. 뒤를 이어 아일랜드 대표의 반대 연설과 일본 전권 및 미국 전권의 연설이 있었고, 서로 인사를 나눈 뒤에 회의는 파열되고 말았다.

나혜석, 〈스페인 국경〉, 합판에 유채, 23.5×33cm, 개인 소장

　12일에 친한 벗 열 명 정도의 배웅을 받으며 제네바를 떠나게 되었다. 기차는 산을 넘어 또 산을 넘고, 터널을 나와 또 터널로 들어간다. 거듭 포개진 산악 사이를 질주하는 동안 알프스 봉우리에 점점 가까이 올라간다. 대체 스위스 철도는 뻥뻥 돌든, 언덕을 오르든, 10분, 20분씩 터널 속으로 가든 경치가 이루 말할 수 없이 좋다. 문인묵객文人墨客을 상대하는 만큼 산촌수곽山村水廓 이르는 곳마다 호텔이 수없이 많고, 케이블카가 곳곳에 보인다. 기차 연선의 좌우 언덕은 솔로 빗은 듯 잔디가 고르고 군데군데 말뚝 박은 목축지와 목재를 좌우로 아무렇게나 걸쳐서 지은 시골의 흥취가 난다. 붉은 수건을 쓰고 조선 여인네의 치마같이 옷을 길게 입은 농가 부녀들이 나무 위에 올라앉아 과일 따는 모습도 눈에 띄었다. 이곳의 돌과 흙 색깔 모두, 해가 나뭇잎 사이로

보이는 가느다란 길, 흰빛깔조차도 다른 곳에서 보지 못하던 진귀한 경치였다.

이제 브리엔츠 호수(베른 주에 있는 호수)를 횡단하게 된다. 이 호수는 스위스 특유의 높은 산이 주위에 솟아 있어 그 그림자가 비치니 풍경이 극치에 달했다. 두 시간 동안 기차를 탔는데, 호수를 내달리는 듯 호수 주변으로 질주하는 곳곳마다 기이한 산봉우리가 나타나고 괴상하게 생긴 바위가 나오니, 푸른 산 맑은 물이 다할 곳 없이 영영 이어지니 못내 기뻐하였다. 때는 마침 저녁 해질 무렵이라 연이어진 산봉우리는 백옥 같은 눈의 보석 왕관으로 혹은 자주색, 청색, 적색으로 변화한다. 보는 동안에 연기 같은 구름과 안개에 싸여버리고 갈 길을 바삐 하는 돛단배가 노질을 자주 한다. 난간에 한 줄 낚시를 던져놓고 앉은 맑고 아름다운 풍광은 실로 선녀가 노는 자리라 할 만했다. 오후 7시에 인터라켄에 도착했다.

인터라켄의 하루

저녁을 먹고 그냥 잠들기가 아까워서 야경을 보러 나섰다. 시냇물을 앞에 두고 곳곳에 공원을 꾸며놓은, 일직선의 산속 시가지였다. 여기에는 특히 야간 상점이 있다. 각양각색 명산물 조각을 진열해놓아 길이 빽빽하게 오고 가는 손님의 발길을 멈추게 한다. 다음 날 아침에 구경을 나섰다. 정거장에는 어딘지 모르게 가는 차도 많고 오는 차도 많다. 천으로 발을 감고 배낭을 짊어지고 작대기를 짚은 등산객이 많은데 대부분이 학생이요, 부자 피서객들로 큰 혼잡을 이룬다.

우리가 탄 차는 아래는 절벽이요, 위는 까맣게 보이는 산속으로 한없이 급속하게 질주한다. 공기가 매우 희박해지고 기후가 추워졌다. 폭포 구경을 가니 근처는 물거품으로 소낙비가 쏟아지고 폭포는 무섭게 돌구멍으로 뿜어 나온다. 그 아래는 무시무시한 절벽이요, 짙은 푸른빛의 깊은 연못이 되어 있다. 굴속으로 난 큰 철문 속으로 들어섰다. 입구는 엘리베이터가 있어 옆으로 산을 뚫고 올라간다. 아까 보던 폭포의 주위를 보기 위해 빙빙 돌아 구경하게 된다. 흰 명주를 드리운 듯한 푸른 절벽에 부딪치는 옥처럼 하얀 물방울이 굴러가는 광경이며 빙빙 돌아서 다시 돌구멍이 되어 기염을 토하는 기이한 샘물은 천하의 절경이 아닐 수 없다.

융프라우

알프스 산봉우리 중 제2고봉, 즉 1만 1,340척 되는 융프라우로 향했다. 개미도 쉽게 오르지 못할 만한 높은 산봉우리를 케이블카를 타고 가만히 앉아서 올라간다. 산을 넘어 아이거 산(융프라우, 묀허와 함께 알프스의 3봉) 터널에 들어간다. 길이가 70리나 되는 터널 경로 안에 돌로 만들어진 두세 개의 역이 있어 매우 기이하다. 산 절벽이 뚫린 사이로 아래를 굽어보니 아, 소름이 끼친다. ☀☀한 뭉게구름이 천 길 골짜기에 묻

나혜석, 〈스페인 항구〉, 합판에 유채, 37×44cm, 개인 소장

혀 있고 쳐다보니 융프라우의 맑고 깨끗한 눈 덮인 바위는 아주 가까이
에 나타나 있다. 첩첩산중에는 사계절 눈이 쌓여 있어서 이것이 빙하가
되고, 빙하가 녹아 물이 되며, 물이 흘러 폭포로 떨어지고, 폭포가 내려
냇물이 되며, 냇물이 흘러 곳곳에 호수가 된 것이 스위스의 생명이다.
이것을 보러 각국의 사람들이 모여들고 이것을 팔아서 스위스 국민들이
살아간다.

스위스는 큰 나라들 사이에 있어서 정치상으로나 군사상으로 그다
지 할 일이 없으니, 하늘의 은혜를 입은 자연 경치를 이용하여 수입의
대부분을 번다고 한다. 우리나라도 강원도 일대를 세계적인 피서지로
만들 필요가 절실하다. 동양인은 물론이요, 상하이, 베이징, 톈진 등
동양 각지에 있는 서양인을 끌 필요가 있다. 그들은 매년 거액을 들여

스위스로 피서를 간다. 강원도에는 삼방약수가 있고, 석왕사와 명사십리 해수욕장, 내금강, 외금강 등의 절승지가 있으니 이렇게 구비된 곳은 세계상 없을 것이다.

스위스는 어느 곳을 막론하고 경치가 좋지 않은 곳이 없다. 스위스 전체가 절승지이다. 화제가 될 만한 곳이 무궁무진하다. 누구든지 스위스에서 구경을 원한다면 숙소를 정하지 말고 배낭 하나 짊어지고 나서는 것이 좋을 듯하다. 이것이 스위스를 알기에 제일 상책이다.

베른

스위스 수도 베른에 도착하니 오후 7시경이다.

토마스 쿡(토마스 쿡이 만든 세계 최초의 여행사)을 이용하는 것 대신 마중 나온 베른 호텔에 투숙하였다. 마침 비가 와서 방 창문으로 야경을 보다가 쉬었다. 실상 돈 주고 구경하기도 힘이 든다. 한 달이나 돌아다니고보니 구경만 멈추면 곧 피로를 느끼게 된다. 다음 날 아침에는 시내 교통 지도를 들고 나섰다. 우선 미술관과 박물관을 찾았다.

호텔 문 앞에는 옥상에 십자가가 있는 의회당이 있다.

이곳이 베른 명소 중 하나인 국회의사당이다. 정문에 들어서면 이집트 인형 조각이 마주 서 있고 이것을 중심으로 좌우 층계가 있다. 거기에는 프록코트frock-coat를 입은 풍채 좋은 안내자가 있어서 빙빙 돌아다니며 문을 열고 설명을 해준다. 실내에는 의회가 열릴 때 쓰는 의자와 책상이 질서 있게 놓여 있고 대통령 좌석은 부드러운 비단으로 꾸며져 있다. 비밀회의에 쓰는 별실도 많다. 중앙집회실에는 고대 풍속화가 벽 전부에 그려져 있다.

스위스는 입헌공화국으로 상하 양원이 있어 상원은 44명이요, 하원은 보선에 의해 198명의 의원이 있으며, 대통령은 매년 선거하고 국가의 중대 사건은 국민투표로 결정하게 된다. 언어는 고유 국어 없이 독일에 접한 곳은 독일어, 프랑스에 접한 곳은 프랑스어, 이탈리아에 접한 곳은 이탈리아어를 사용한다. 이 나라는 아름다운 자연을 가진 만큼 매우 평화롭다. 그리하여 살인이라든지 강도 사건이 거의 없다고 한다. 또 국가의 재정이 비교적 공고하다.

스위스 미술

스위스의 미술은 미술사에 이름난 부류가 없는 만큼 아직 세계적으로 자랑할 만한 명화는 없다. 진열한 작품 수가 위아래 층에 약 9백 점이나 되는 것은 어쨌든 소국민으로서의 노력을 볼 수 있다. 작품 연대는 16세기 말부터 현대에 이르기까지지만, 품고 있는 이상이 확실치 못하고 색채가 농후하지 못하였다. 그러나 갖고 있는 자연이 아름다운지라 풍경화가 많았고 절승지가 많았다. 근대화 중에는 아직 성숙하지 못했으나 프랑스 화가 마티스 그림에 영향을 받은 것이 많다. 대작품도 네다섯 개 있으며, 고대 직물織物도 있었다. 우리 것은 무엇이든 부끄럽지 않은 것이 없으나, 소국민의 정황을 비교하지 않을 수 없다. 거기서 나와 광물 진열관으로 들어섰다. 알프스에서 산출된 형형색색의 광석물이 많았다.

오후에는 마차를 타고 시가지 구경을 나섰다. 시가지 주위는 시냇물로 둘러싸여 있고 우뚝 솟은 언덕에 삼림이 우거져서 도시라는 느낌보다 교외 같은 기분이 들었다. 교통은 매우 번잡했으며, 오고 가는 사람들 중에서 다른 도시에서 보지 못했던 노부인들의 고대식 의복이 간간히 눈에 띄었다. 건물은 대개 색이 바래 있고 도로 좌우 측은 다른 도시같이 가로수가 있는 것이 아니라 각 상점의 처마 끝이 길어서 인도로 나와 있다. 그리하여 아무리 태양이 쬐더라도 덥지 않다. 도로 중간 중간에는 소규모의 여신 동상이 있어 그 여신의 물그릇에 물이 한 방울 또 한 방울 떨어지는 것은 말할 수 없이 평화로운 조화를 일으킨다. 예수의 가시면류관 모양으로 된 사원의 정면 벽에 반육조(반양각)로 된 인물 조각은 동양적인 색채를 보이고 있다.

역사적 박물관에 갔다. 석기·토기 시대 생활 방식은 동서양이 대동소이한 듯싶다. 돌아 나오는 길에 사람들의 뒤를 따라 숲 속으로 들어섰다. 광장이 있고 많은 수의 남녀가 술과 과자를 먹고 있는 피서지였다. 앞에는 넓은 냇물이 흐르고 물 밑으로 높게 떨어지는 폭포를 만들어놓았다. 거기서 다시 걸어 또 어떤 신기한 것이 걸려들까 하고 둘레둘레 보는 중에 케이블카를 만났다. 대관절 거기에 탔다. 거기에는 공원이 있을 뿐이었다. 조금 산책하다가 돌아왔다.

다시 파리로

밤 11시 파리에 도착했다. 11시만 되면 택시가 불과 얼마 되지 않아 곤란하다. 비용도 배가 된다. 본래 파리에는 무엇을 배우러 온 것 같은 느낌이 들어서 별로 구경할 맛은 없고 빨리 주소를 정하고 불편한 프랑스어를 준비하려고 했다. 우리는 다시 여행을 떠났다.

벨기에

8월 24일에 벨기에를 향해 파리 북정거장을 떠났다. 프랑스에서는 세관 조사가 없었는데 벨기에는 있다. 여행 물건 조사에서 담배와 초콜릿이 없냐고 묻는다.

벨기에 농촌은 프랑스 농촌과 대동소이하다. 색이 바랜 건물이 많고 도시에 가까이 갈수록 세계대전의 영향으로 무너져 상한 흔적이 많고 쇠약한 기색이 보였다. 대륙적인 기분도, 목장도 없으며, 산과 작은 개천, 그리고 늪이 어느 정도 있을 뿐이다.

브뤼셀

오후 5시 30분에 수도 브뤼셀에 도착했다. 택시비가 원가의 배를 넘는다 하니 놀랍게 비쌌다. 정거장은 굉장히 크고 장엄하며 화려했고, 플랫폼은 시가지보다 일단 높아서 거대한 타원형의 모양을 이루고 있다. 다음 날 아침에는 토마스 쿡 자동차로 시가지 구경을 나섰다. 안내자는 적어도 대여섯 개 국어에 능통해서 손님에 맞춰 각 국어로 설명을 해준다. 건물 구조 시설이 프랑스와 달리 굉장히 크고 땅에 굴곡이 많으며, 언덕과 연못과 늪이 많다. 가지런히 정돈된 건물은 각종 공장이다. 공업국의 면모가 보인다. 건축 양식이 풍부한 것은 프랑스 이상이다. 자작나무의 녹색과 연색煉色을 같이 쓴 것은 아름다웠다.

박물관에는 다이크의 〈아담이브〉, 브뤼헐의 〈창 앞에 선 남자〉, 루안의 〈천사와 은자〉 그림이 있다.

비에르츠 박물관*에는 〈그리스도 승리〉〈아이의 잠〉과 우오다로의 〈사자〉〈19세기 혁명〉〈목욕하는 여자〉〈비밀의 부르짖음〉〈처녀의 종교〉〈그리스도의 졸음〉 그림이 있었다.

명소 중에서 세계 제일가는 건물로는 재판소가 있다. 안내자에게 재판하는 것도 세계 제일이냐고 물으니 그건 모르겠다고 한다.

---

* 비에르츠 박물관(Wiertz Museum): 19세기에 활약한 벨기에의 화가 비에르츠(1806~1865)를 위한 미술관이다.

나혜석, 〈스페인 해수욕장〉, 캔버스에 유채, 32.5×43cm, 1928, 개인 소장

베를린에서 런던까지

　남편은 이미 3개월 전부터 베를린으로 가서 머무는 중이었다. 나는 12월 20일에 칼노디를 떠나 베를린을 향해 홀로 나섰다. 차 속에는 독일 사람이 많이 탔다. '야야Ja Ja' 소리는 프랑스인의 '위Oui'와 영국인의 '예스Yes'보다는 다른 어수룩한 맛이 돈다. 국경에서는 여행권 조사가 심했다. 산간에는 작은 역이 많으나 타고 내리는 사람이 드물고 산과 같이 쌓인 짐이 많았을 뿐이다. 독일 농촌은 프랑스보다 토지를 잘 이용한다. 그리고 간간히 라인 강의 물줄기가 흐르는 것이 아름다웠다. 삼림 중에서도 자작나무가 많이 보인다.

　다음 날 오후 7시 베를린 역에 도착하였다. 택시를 타고 남편의 숙소를 찾아가 짐을 풀려고 하자 정거장에서 헛걸음을 한 남편과 S군이 들어온다.

　그때 베를린 시는 쌓인 눈으로 인해 눈바람이 심하고 추위가 혹독했다. 한 달간 있었으나 한 겹으로 지은 옷을 입고 외출하기가 추워서 구경도 별로 하지 않고 중요한 것만 보았다.

베를린의 도로

물론 전차와 버스, 택시, 지하철은 끊임 없이 오간다. 통행을 지도하는 경찰은 방망이를 들고 휘두르며, 사거리에는 반드시 공중이나 지하에 전기등을 해놓아 붉은 불이 나오면 진행하고 푸른 불이 나오면 정지하게 되어 있다. 모든 것에서 과학 냄새가 난다.

카이저가 거주하던 궁

세계대전 당시 천하를 움직이던 카이저(독일의 황제를 지칭하는 말)가 거주하던 궁이다. 2층에는 황제실, 황후실, 접견실, 화장실이 있고, 황제와 황후가 사용하던 기구가 있다. 건물이 의외로 좁고 내부도 간소했다.

궁전과 국회의사당 앞의 동상은 늠름한 자태의 비스마르크였다.

포츠담 궁전

파리 근교에 베르사유 궁전이 있는 것과 같이 베를린 근교에 포츠담 별궁이 있다.

포츠담은 브란덴부르크 주의 수도이다. 하펠 강 위에 높게 놓인 빌헬름 다리를 건너면 빌헬름 1세의 동상과 양측에는 여덟 개의 부르샤 군인 동상이 보인다. 포츠담 시가지는 둥그런 지붕 모양의 사원이 많고 퇴락한 기분이 가득하다. 공동 식당에서 점심을 먹고 다시 구경하러 나설 때 프리드리히 대왕 당시 하루에 한 번씩 쳐서 백성의 민심을 수습하던 종소리가 높이 울려나온다.

공원 정문에 들어서니 좌우에 있는 동상은 군대와 같이 정렬해 있고, 그때는 마침 눈이 내린 뒤라 은빛 세계가 되어 충신열사의 초상을 목판으로 가려서 볼 수가 없었다. 문학자, 음악가들의 기념 조각도 많았다.

언덕 위 정상에 건설된, 프리드리히 왕이 설계한 상수시Sanssouci 궁에 이르렀다. 이 궁은 대략 180년 전의 건물로 규모라든지 내부 장식이 프랑스 베르사유에 비할 것은 아니나, 방마다 색채와 장식이 달랐다. 공작의 방孔雀間, 황색 광물의 방琥珀間, 벳고 방이 있다. 왕 자신이 철학가요, 미술가로 박식하여 건물 내외부의 설계를 다 하였단다. 이 별궁에는 특히 여자의 출입을 엄격히 금지하고 왕은 독서에 몰두했다고 한다. 정원에는 왕이 사랑하던 개의 무덤이 있고 풍차집이 하나 남아 있다. 이 궁을 건축할 때 풍차집을 헐어버리려 하니 주인이 애걸하며 이것으로 가족이 살아간다고 하여 왕이 허락한 것이 지금까지 남아 있다.

마르크 박물관, 구박물관, 신박물관, 국회의사당, 프리드리히 기념 박물관*을 보았으나 특별한 것은 없었고 오직 앞의 두 곳에는 옛 유물 조각이 많으며, 뒤의 두 곳에는 회화가 많았고, 프리드리히 기념박

---

*   프리드리히 박물관(보데 박물관, Bode Museum): 독일 베를린의 박물관섬(Museumsinsel)에 있는 박물관으로 1904년에 카이저 프리드리히 박물관으로 개관했다.

물관에는 루벤스, 반다이크, 지시안의 그림이 많았다.

베를린 구시가지에 구경 갔다. 니콜라이 당시 궁전이었던 조그마한 집과 사람이 사는 낮은 집, 좁은 도로는 과연 오늘날의 독일 문명에 비교되지 않을 수 없다.

프리드리히 윌리엄 궁전은 윌리엄 1세 궁전으로 실내에 금은보석을 많이 진열해놓았다.

음악회 구경

독일의 유명한 음악회에 구경을 갔다. 연주는 베토벤과 바그너의 작곡인데, 악단으로 수백 군중이 나와 관현악곡을 합주하니 관객의 마음은 서늘해지고 몸은 하늘 높이 떠오르는 느낌이었다.

크리스마스[예수 탄생 기념일]

크리스마스가 가까워오니 곳곳에서 소나무, 참나무를 꺾어다 팔고 있다. 이날 저녁에 베를린에서 제일 큰 중앙교회로 구경을 갔다. 교회 안에 장식한 크리스마스 트리, 남녀 코러스의 청아한 찬송가 소리에 싸인 몸은 행복했다. 이날은 1월을 포함해 축하하는 날이라 선물이 많고 식탁에는 성대한 연회를 베풀고 술을 서로 권하며 한껏 논다. 주인 여인은 죽은 남편 생각을 하고 운다. 인정은 동서양이 다를 것이 없다.

섣달 그믐날

이날은 1년 중 마지막 날이라 하여 유럽 각국에서는 크게 기념한다. 식탁에 음식을 풍성하게 차려놓고 늘어앉았다가 밤 12시가 되면 축배를 나눈다. 동시에 각 예배당에서는 종소리가 울리고 유리창으로 색종이를 던져 이 집 창에서 저 집 창까지 걸치도록 하고 누구에게든지 신년 축하를 한다. 그렇게 한 뒤 모두 길에 나가서 춤을 추든지, 카페에서 차를 먹든지, 이상한 모자, 괴이한 옷을 입고 왔다 갔다 하는 사람, 허리라도 부러질 듯이 깔깔 웃는 여자, 남자가 여자를 쫓아다니며 입 맞추려 하면 [이날 밤은 누구에게든지 입을 맞출 수가 있다] 여자는 꼬챙이로 찌르는 소리를 내며 쫓겨 달아나는 광경. 대혼잡을 이룬다. 도로에는 사람이 빽빽하게 오가고 길바닥은 갖은 색종이 가루가 발에 차인다. 이렇게 이날 밤을 길가에서 새는 것이 유럽 각국의 풍속이라 한다.

오페라

활동사진관에도 가서 오페라 구경을 갔다. 마침 오페라 〈카르멘〉이 있어서 기뻤다. 내가 제일 좋아하는 오페라였다.

독일인은 이상주의자고, 충실·친절하며, 강한 명예심이 있고, 활동력이 있으며, 참고 견디는 굳은 의지와 조직적·계획적 성향이 있고, 자기희생의 관념이 있으며, 강한 의무 관념과 복종심이 있다고 한다.

1월 4일에 독일을 떠나 다시 파리로 돌아왔다.

영국 런던행

7월 1일 오전 10시 36분에 칼상나자르를 출발해 오후 1시에 도버 해협을 건너 딥에 내렸다. 연락선으로 5시 10분에 뉴헤븐, 즉 영국 땅에 내렸다. 여행권 및 여행 물건 조사가 심해서 입국하기가 매우 까다로운 것 같았다. 기차를 타고 6시 43분에 빅토리아 정거장에 도착하였다. 거기에는 이미 와 있던 남편과 Y군이 마중 나와 매우 반가웠다.

시가지에서 눈에 띄는 것은 2층으로 된 전차와 붉은 버스였다. 건물은 낮고 가벼워 보인다.

런던 시가지

런던 건물은 낡은 회색 벽돌집이 많고 오래된 도시인 만큼 정돈이 되지 않아 집은 되는 대로 아무렇게나 꾹꾹 박아놓은 것 같았다. 거리는 각각 그 계급에 따라 상업 중심부, 정치 중심부, 공업 혹 농업, 또는 부자 혹 빈자의 중심부로 구별되어 있다. 도로는 전부 캐나다에서 가져온 흙과 나무로 깔고, 전차는 시내에는 없고 시외에만 있으며, 2층 버스는 무수히 오고 가고 지하철도 있다. 시민 7백만 명의 주택은 모두 별 장식이오, 정원 없는 집이 없다. 식민지에서 뺏어온 것으로 시가지

시설이 모두 풍부하다. 곳곳에 공동 변소는 지하실로 되어 있다.

공원

공원은 전부 돈 덩어리다. 도로만 남겨놓고 잔디며 화초를 가꾸는 규모가 꽤 컸다.

하이드 공원

이 공원은 런던 중앙에서 약간 서북쪽에 있다. 피커딜리 거리에서 꺾으면, 버킹엄 궁전 부근 광장에 이어진 그린 공원과 한곳에 붙어 있고, 반대 방향으로 켄싱턴 가든스에 이어져 있다. 자작나무, 떡갈나무, 느티나무 등이 많고, 그 아래는 전부 잔디여서 청년 남녀들이 서로 끼고 드러누워 있는 모습이 마치 누에가 잠자는 것 같다. 지나다니는 사람은 별로 놀라는 일도 없이 너는 너요, 나는 나라는 태도로 지나가고 만다. 일요일에는 유명한 야외 연설이 있었으니 청중은 고요하고 이성적이고 지혜로 비판은 하지만 감정적으로 흥분하지 않는다. 공원에 왔다는 생각보다 교외 시골에 온 느낌이 생긴다.

큐 가든

큐 가든은 세계적으로 손꼽히는 공원이다. 자연 그대로 두고 꾸며놓았다. 세계에서 제일 크고 좋다는 식물원이 있으니 온실에는 무성하게 기른 거대한 파초와 종려 등이 있다. 로즈 가든에서는 향기가 뿜어 나오고 힘차게 자란 푸른 나무와 향기로운 풀이며 깎은 머리 같은 수풀 모두가 풍부한 맛이 돈다. 이 공원은 조지 3세가 모 귀족의 정원을 사서 후에 별궁으로 삼은 것인데, 일영日英박람회 때의 유물로 일본 오층 탑도 보인다.

이 공원 근처에 높은 대리석 탑이 있으니 이 탑에는 세계적으로 유명한 시인, 화가, 법률가, 조각가 등의 조각이 있고 이름이 쓰여 있다. 우리 일행 세 명은[남편, Y, 나] 2층 버스를 타고 런던의 중심지인 차링크로스를 지나 중국 반점에서 저녁을 먹으며 피곤한 다리를 쉬었다.

켄싱턴 가든스

이 가든은 하이드 공원과 이웃해 있는데 옛날에는 귀족 공원이었다. 고목이 울창하고 동물원, 황실 식물원이 있다.

세인트제임스 공원

이 공원은 버킹엄 궁전 전면에 있는데 규모는 작으나 곳곳에 광장이 많다. 영국 왕실 별궁의 흔적으로 크고 넓으며 깊고 그윽한 공원이다. 학생을 데리고 와서 야외 강의를 하는 것, 테니스 혹 야구 등의 시합이 있다. 여자 경찰이 이리저리 다니며 돌아보고 있다.

로열 아카데미

여기는 근대화近代畵를 진열해놓았는데 로열 아카데미(영국 왕립미술원)에서 입상한 그림을 모은 것이다. 인상파적 영향을 많이 받은 것 같아서 프랑스에 비하면 1세기쯤 뒤떨어진 느낌이 든다.

빅토리아앨버트 미술관[*]

이 박물관은 여왕 및 여왕 남편의 위세, 은덕을 기념하기 위해 건설한 것이다. 소품이 많았으며 주목할 것은 풍경화의 시조로서 프랑스 19세기 인상파에게 큰 영향을 끼치고 미술사상 저명한 지위를 가지고 있는 컨스터블의 작품이다. 광선의 방향과 구도와 색채가 활기 있었다. 컨스터블 그림을 카피하기 위해 여러 번 다녔다.

영국 박물관

이 박물관은 170년 전에 한스 슬론 경(1660~1753, 박물학자)의 소장품을 사서 국가의 소유로 만든 것이 기초가 되어 이집트, 그리스, 로마, 일본, 중국 물건이 많이 수집되어 있다. 특히 그리스 조각이 많이 있다.

---

*   빅토리아앨버트 미술관(Victoria and Albert Museum): 영국 런던의 사우스켄싱턴에 있는 미술관이다. 1851년 하이드 파크에서 세계 최초로 열린 만국박람회의 수익금과 전시품을 토대로 하여 1852년 창립되었다. 1899년 빅토리아 여왕이 현재의 건물에 주춧돌을 놓음으로 인해, 여왕과 여왕의 남편인 앨버트 공의 이름을 딴 현재의 명칭으로 변경되었다.

내셔널 갤러리

이 화랑은 프랑스 루브르 박물관만큼 크다. 역대 이탈리아 미술이 많고 현대 연합국合國 작품도 많이 수집되어 있다. 그중에는 라파엘로의 〈마돈나〉, 렘브란트의 〈노파〉, 다빈치의 〈암굴巖窟 중의 처녀〉, 반 다이크의 〈두건의 노인〉, 산오스다드의 〈화학자〉, 티치아노의 〈삼림森林 중 희롱戲弄〉, 고야의 〈처녀〉, 그레코의 〈초상화〉도 있고, 틴토레토의 그림도 많았다.

초상화 진열관

영국 회화 중 초상화는 세계적으로 인정한다. 초상화가 약 3천 점 있었는데 모두 세밀한 그림이다. 영국 박물관은 진열 방법과 이용 방법이 교묘하며 풍부한 표본과 수집에는 놀랐다.

웨스트민스터 사원

웨스트민스터에는 유명한 국회의사당과 사원이 있다. 이 사원에는 역대 황제와 위인들의 무덤으로 가득하다. 그중에는 셰익스피어의 무덤도 있다. 또 여기서 역대 황제 대관식을 거행한다.

그리니치 천문대

템스 강 밑을 뚫은 터널을 지나 그리니치 천문대를 찾아갔다. 지구의 영도零度가 영국, 즉 그리니치 천문대를 지나간다. 정문 앞에 표준시계가 걸려 있고 별을 보고 시간을 맞추는 큰 망원경이 있어 베개를 베고 드러누워서 보도록 되어 있다.

윈저 성

이 별궁은 런던 서쪽 약 20마일 되는 높은 언덕 위에 있는 건물로 전체가 돌로 만들어졌다. 14세기 건물인데 앞쪽은 템스 강 상류에 꺾어져 있다. 원래는 사원이었고 빅토리아 여왕이 태어난 곳이라고 한다. 문을 들어서면 여왕을 기념하기 위해 지은 예배당과 성 조지 예배당이 있으며 나폴레옹 1세의 침실도 있다. 또 각국 황제가 여기서 숙박하고 있었다.

옥스퍼드와 케임브리지 대학

남편이 여름 강좌에 참석하기 위해 옥스퍼드를 찾아갔다. 옥스퍼드는 오래된 학문의 도시인만큼 건물이 낡았고 그리스, 로마식 건물인 사원이 곳곳에 보인다. 하여간 따뜻한 시가지로 느껴졌다. 케임브리지는 가보지 않았으나 이 두 학교는 보트, 연극, 음악을 잘한다고 한다.

후견인 야나기하라 기쓰베 부부와 함께

"염치없는 청이어서 죄송합니다만 댁이 사 주시면 행복하겠습니다. 가격은 3백 원이 되어 있지만 250원쯤에도 괜찮습니다." 1931년 서른다섯으로 이혼한 나혜석이 그해 일본인 지인에게 보낸 편지 내용이다. 제10회 조선미술전람회에서 특선을 수상하고 뒤이어 일본 제국미술대전에 입선한 〈정원(庭園)〉을 팔기 위해서였다. 편지의 수신인은 일본의 실업가로서 조선 여학생들을 후원했던 야나기하라 기쓰베 부부였다. 나혜석은 조선 최초 여성 서양화가였지만, 그녀의 삶과 생각을 당시 식민지 조선 사회는 받아들이지 못했다.

구세군

우리가 있는 집 주인인 과부 부인은 구세군* 신자이므로 이 집에는 대령, 중령이 있고 출입하는 사람들도 구세군 군인의 수가 많았다. 그러므로 주일날에 그들을 따라 자연스럽게 구세군 본부를 구경하게 되었다. 구세군은 1863년 부스 대장이 영국에서 처음 군인제도로 만든

---

* 　　구세군(救世軍, Salvation Army): 1865년 7월 2일 런던에서 당시 감리교 목사이던 윌리엄 부스와 그의 부인 캐서린 부스가 창시했다. 원문에는 1863년으로 표기되었으나, 이는 필자의 오기이다.

것이다. 물론 포교가 목적이나 사회사업도 많이 한다. 병원도 있거니와 타락한 여자들이 낳은 사생아를 위한 고아원도 있다. 여기 간사로 일본인 야마무로 군페이 씨의 따님이 있어 방문한 일이 있었다.

영국인

영국인은 말수가 적고 침착하며 고상하고 자제력이 많다. 규칙적이고 강한 의사와 활동력이 있으며 강고한 의지와 있는 힘껏 노력하는 정신을 가지고 외부에 대해 자기를 긍정하고 타인에게 굴복하는 것을 즐기지 않는다. 헛된 이론이나 공상을 즐기지 않고 언제든지 실리, 그것도 자기 이익뿐 아니라 공공의 이익을 중요하게 안다. 영국인은 수집욕이 많아서 대개 어릴 때부터 세계 우표와 금전을 모은다. 또 담뱃갑 속에 한 장씩 있는 명소 사진도 모은다.

런던에는 거지가 많아 곳곳에 성냥을 가지고 서 있거나 악기를 가진 자, 인도에 앉아 땅바닥에 색깔 있는 뾰족한 것으로 셰익스피어의 시, 새 등을 쓰고 그려 행인에게 보여주고 돈을 달란다.

런던에는 술집이 많은데 손님 절반이 여자로, 여자의 출입이 많다.

런던 명물은 짙은 안개이니 대낮에도 컴컴하여 전차 통행이 정지된다고 한다.

피커딜리 광장

내셔널 갤러리 앞에 영웅 넬슨(나폴레옹 전쟁 때 영국의 해군 제독)의 동상이 하늘 높이 있으며, 광장 좌우에는 해군성, 외무성, 내무성, 인도印度성, 상공무성, 육군성, 재무부, 농업국, 수산국, 지방 정무국이 있다. 경시청警視廳 입구에는 예법에 맞게 몸가짐을 정숙하게 한 기마경찰이 통행을 감시하고 있는 것이 하나의 훌륭한 구경거리며, 총리 대신의 관저는 10(다우닝가 10번지)이라고 하면 누구나 다 안단다. 옥스퍼드 거리가 유일한 광장이며 건물은 모두 매연으로 덮여 오래되고 예스러운 모습이 그윽하다. 프록코트에 실크햇(남성용 정장 모자) 차림으로 지나가는 사람의 대부분은 주식거래소 외교원, 런던 시장관저에 출입하는 소위 젠틀맨이다.

템스 강은 맑은 물일 줄 알았더니 흐린 물, 검은 물이라 놀랐다.

내가 런던에 체류할 동안 영어를 배우기 위해 여선생 하나를 정했다. 방금 예순 살 된 처녀로 어느 소학교 교사요, 독신 생활을 하는 가장 원기 있는 좋은 할머니였다. 팽크허스트* 여자 참정권 운동자 연맹회 회원이요, 시위운동 당시에 간부였던 분이다. 지금도 여자의 권리 주창만 내놓으면 열심히 한다. 그는 이러한 말을 한다. "여자는 좋은

---

* 팽크허스트(Emmeline Pankhurst, 1858~1928): 영국의 급진파 여성 참정권론자이다. 여성사회정치동맹(WSPU)을 결성하여 여성 참정권운동을 전개했다.

의복을 입고 맛있는 음식을 먹는 것을 조절하여 은행에 저금을 하라. 이는 여자의 권리를 찾는 제1항목이 된다." 나는 이 말이 늘 잊혀지지 않고 영국 여성들의 깨달음에 존경하지 않을 수 없다. 8월 15일에 파리로 다시 돌아갔다.

프랑스 가정은 얼마나 다를까

나는 여기에 프랑스인의 한 가정을, 내가 몸담아 있던 집의 생계 상
태를 보고 느낀 대로 쓰고자 한다.

파리 안에 약소국 민족을 위하여 세운 인권옹호회가 있다. 이 회會
에서 매년 한 차례 혹은 임시로 각국 대표자가 모여 약소국민을 위해
회의를 연다.

작년 12월에도 벨기에 수도 브뤼셀에서 개최되었다. 내가 머물렀던
이 집 주인 샬레 씨*는 이 회의 부회장이요, 두세 군데 고등중학교 철
학과 교수요, 유명한 저작가이다. 일본에는 세 번이나 갔다 왔고 중국
이나 조선도 잘 안다. 더욱이 여러 가지 사건을 목격한 후, 조선에 대
해 많은 이해를 갖는 친구가 되었다. 며칠 전에 그는 어느 책에서 광화

*　　펠리시앙 샬레(Felicien Challaye, 1875~1967): 소르본 대학 철학과 교수이며, 아시아 문
제 권위자이다. 사회주의자, 반식민주의자이자 평화주의자이며, 1919년 '한국의 친구들(Ami
de la Corée)'이라는 협회를 조직해 사무총장직을 맡으면서, 파리의 한국 공보국에 대한 지원을
아끼지 않았다.

문을 헐었다는 것을 보고 거기에 대한 기사를 썼다고 한다. 조선과 기타 기행문을 쓴 책이 학교 교과서로 쓰일 만큼 유명하다고 한다.

집의 설비

이 집은 파리 [상라자르] 정류장에서 전차로 25분밖에 걸리지 않는 파리 가까운 시외에 별장 많기로 유명한 르베지네라고 하는 곳에 있다. 시외인 만큼 나무가 많고 정원도 꽤 넓다. 정원에는 높은 고목이 군데군데 서 있고 푸른 잔디 위에는 백색 화초가 피어 있다. 우거진 수풀, 엉켜 오르는 덩굴, 작약화, 월계화 등 꽃이 피어 있고, 그 옆에는 채소밭이 있어 딸기, 감자, 상추, 파, 콩이 심어져 있다. 마당 한켠에는 토끼와 비둘기, 꿀벌을 기른다. 그리하여 꽃 꺾어 방에 치장하고, 채소 뜯어 반찬하고, 가축 잡아 신께 바친다. 외형 차림차림만 보아도 얼마나 재미있는지!

집은 조그마하다만 들어서면 주인이 세계 일주하면서 사다놓은 각국 물건이 없는 것이 없다. 중국 것, 조선 것, 일본 것 그 외 인도 것, 영국 것을 벽에 걸어놓고, 찬장 속에 늘어놓고, 탁자 위에 얹어놓았다. 정문을 들어서서 문 하나만 열면 식당이다. 식당을 거쳐서 들어서면 주인의 서재 겸 응접실로 쓰는 비교적 넓은 방이 있다. 우선 화로 위 거울 주위를 꾸며놓은 중국물산 "무덕수복내사武德壽福來沙"라는 글자가 눈에 번쩍 띄고, 방 주위에는 오래된 문법 서적을 비롯하여 중국 백화白話 서

나혜석, 〈불란서 마을풍경〉, 유채, 30×45.5cm, 1928, 개인 소장

적, 남의 작품, 자기 작품으로 꼭꼭 찼다.

그리고 책상 위에는 편지가 산처럼 쌓여 있다. 이 집 아이들은 각국 우표 모으는 것이 올해 안으로 2천 장이라 하는데, "이것이 다 너의 아버지에게서 얻은 것이냐?"고 물으니 그렇다고 한다. 이것만 보아도 이 사람이 사교계에서 얼마만 한 지위에 있는지를 알 것이다.

다시 나와서 식당을 거쳐 정문 맞은편으로 주방이 있다. 2층에는 부부 공동 침실, 목욕실, 화장실이 있고, 3층에는 두 딸의 방, 8세 된 아들 방이 따로따로 있다. 그리고 주인 부부의 방은 그럴 듯이 점잖게 차려져 있고, 딸의 방은 산뜻하게 차려져 있고, 어린아이의 방은 벽, 의자, 장롱 등에 모두 붉은색, 갈색을 썼는데, 이는 색채 교육을 암시한다. 그 외 동요, 동화 잡지, 장난감으로 잔뜩 늘어놓았다. 여기서 그 아이는 혼자 자고, 자기 것은 자기가 다 한다.

집안의 지위와 식구

프랑스 집안의 지위가 어찌 되는지 상식을 얻지 못해 확실히 모르겠으나, 이 집은 원래 리옹*[제2도시]에서 있다가 샬레 씨와 부인부터 파리지앙[파리 출생인]이라 한다. 식구는 세 아들, 부부, 두 딸인데, 성인이 된 아들들은 이제 막 영국으로 가서 항해회사와 전기회사의 사원으로 있으며, 이 집 식구 다섯 명과 손님으로 나 하나뿐이다.

가정의 구성

이 집뿐만 아니라 여러 사람의 말을 종합해 유럽 각국의 가정을 살펴보면 예외도 있겠지만, 일반적으로는 부모와 미성년자로 성립된다고 말할 수 있다. 그리하여 보호자와 피보호자의 가정이므로 별로 의사가 충돌될 까닭이 없다.

남녀 간 성인이 되면 자기 의사를 당당히 주장하고, 또 남자는 돈 벌 줄 알며 여자도 될 수 있으면 자립적으로 살아간다. 그렇지 못하고 부모의 보호를 받는다 해도 그다지 간섭을 받지 않는 것이 관례다. 이

---

*   리옹(Lyon): 프랑스 남동부 론알프 주 론 데파르트망의 수도.

집 장녀도 스무 살 된 성인인데, 활동 분야라든지 손님을 대접하는 태도가 열여덟 살 된 아우와는 딴판이다.

가풍

이 집의 가풍은 꾸밈없고 수수하며 질서가 있고, 정신을 쓰는 사람들인 만큼 조용한 것을 좋아한다. 그리고 주인을 비롯해 아이들까지 자립적이다. 자고 난 이불도 다 각각 치우고, 먹고 난 그릇도 다 각각 들고 나간다. 의복, 모자도 다 각각 만들어 입는다. 여덟 살 된 남자 아이가 살림살이를 다 하다시피 하는데, 아침, 저녁 때면 상 보기, 누나들이 설거지하면 행주질하기, 아침에 일어나면 층층 대걸레질하기, 식구들이 다 나가면 집 보기, 과연 놀랄 만큼 제 할 일을 꼭꼭 하고 만다. 이와 같이 어렸을 때부터 독립심을 기르고 노력 없이 먹고 놀 것이 아니라는 것을 가르친다. 그리고 밤에 잘 때나 아침에 일어나서 부부는 입을 맞추고 아이들도 부모에게 입 맞추며 잘 잤느냐 잘 자거라 인사를 꼭꼭 한다. 물론 자는 시간, 일어나는 시간, 식사 시간은 일정한 시간이다. 아침밥은 잠자리 속에서 차와 빵으로 겨우 때우고, 점심은 토끼 잡고 계란 삶고 샐러드를 해서 포식하며, 저녁은 남은 것을 가지고 그럭저럭 먹는다. 낮에는 다 각각 흩어져 있다가 저녁밥 때면 식탁에 늘 어앉아 종일 보고 듣고 한 것을 그대로 흉내 내어 웃긴다. 때로는 내가 잘못 알아듣고 딴청을 하면 주인 부부는 웃음을 참느라고 애를 쓰고 애들은 깔깔 웃는다. 라디오로 음악을 들으며 식사를 하고 식사 후에는 딸이 피아노를 치며 춤도 춘다. 오후 4시에 차 마시는 시간 외에는 절대로 간식이 없다. 때로는 가족 모두가 연극 구경을 간다.

주부의 권위

어느 나라든지 중류, 상류의 점잖은 집안은 주인 남자가 집안 살림에 간섭하지 않는 것이 일반적이다. 이 집도 그러하여 주부의 권위가 절대적으로 있다. 어머니가 아이들을 꾸짖으면 남편은 슬슬 꾸짖으며 말린다. 이 집 부인은 열렬한 여권 주창자요, 잡지에 기고를 많이 하는 만큼 늘 독서를 한다. 날마다 하는 일은 아침마다 가축에게 밥 주기와 뜨개질, 재봉, 독서 사교다. 자식을 많이 기르고 살림살이를 오래 한 사람인 만큼 때때로 큰소리가 날 때도 있다. 이는 동서양을 막론하고 사람의 진을 빼는 살림살이를 겪은 여성에게는 피하지 못할 사실이다.

이 집 주인은 나이가 쉰이나 되었으나 아직도 건장하고 다산한 사람인 만큼 낡았다. 부부 사이에는 세 시기가 있다고 한다. 청년기에는 정情으로 살고, 중년기에는 예禮로 살고, 노년기에는 의義로 산다고 한다. 이 부부는 의로 살 시기이지만 정으로 산다. 남편은 늘 부인의 얼굴을 엿보아 기쁘게만 해주고 입 맞추기, 단둘이 레스토랑 가기, 연극장 가기, 지방 연설하러 가면 동반해 가기, 한시라도 떨어지는 일이 없다. 아이들은 오히려 따로 돈다. 저녁 후에는 모두 각각 밤 인사를 마

이혼한 직후인 1932년 자신의 화실에서 작품 앞에 서 있는 나혜석
좌측에서부터 〈소녀〉 〈금강산 망상정〉 〈창가에서〉가 보인다.

치고 방으로 올라가고, 부부만 서재실에 남아서 남편은 신문을 읽고 부인은 그 옆에서 뜨개질을 하고 있다. 그리고 종일 지낸 일, 내일 할 일을 상의하다가 자러 들어간다. 유럽인의 생활은 오로지 성_性적 생활이라고 볼 수 있다. 더구나 파리같이 외부의 자극과 유혹이 많음이랴. 이들의 내면을 보면 별별 비밀이 다 있겠지만, 외면만은 일부일처주의로 서로 사랑하고 아끼는 것은 사실이다. 아무래도 자유로운 곳에 참사랑이 있는 듯싶다.

나혜석, 〈파리 풍경〉, 목판에 유채, 23×33cm, 1927~1928, 개인 소장

조선에 여성 인권을 그리다

1948년 12월 10일 서울 시립 자제원慈濟院 무연고자 병동에서 행려병자 한 명이 세상을 떠났다. 조선인으로서 누구보다도 화려한 삶을 살았던 나혜석(1896~1948)이었다. 최초의 여성 서양화가였으며 여성해방론자이자 작가였던 그녀는 시대를 앞서갔던 열정만큼이나 세상과 타협하지 못한 채 초라하게 생을 마감했다. 그녀의 성공과 몰락 가운데는 세계여행의 경험이 아로새겨져 있다.

세계여행은 나혜석이 정체성을 형성하는 중요한 결절점이자 이후의 삶을 파국으로 치닫게 하는 계기였다. 이미 일본 유학 시절부터 나혜석은 자신이 추구하는 인간관과 여성관을 피력해왔으나, 현실과의 괴리는 너무나 컸다. 세계여행은 그런 나혜석에게 자신이 지향하는 것의 실제 모습을 확인시켜주는 계기였다. 미국, 프랑스, 독일, 이탈리아, 스페인, 러시아 여성들의 이미지와 특징, 성향, 지위 등을 열거하며 여성의 자각과 의식의 중요성을 상기시키고, 주부의 권위와 참사랑에 대한 가치가 무엇인지를 제시하는 나혜석에게 세계여행의 경험은 삶을 해석하고 이해하는 하나의 준거 틀로 작용했다.

구미 만유기 1년 8개월간의 나의 생활은 이러하였다. 단발을 하고, 양복을 입고, 빵이나 차를 먹고, 침대에서 자고, 스케치 박스를 들고 연구소(아카데미)를 다니고, 책상에서 프랑스 말 단어를 외우고, 때로는 사랑의 꿈도 꾸어보고, 장차 그림 대가가 될 공상도 해보았다. 흥이 나면 춤도 추어보고 시간 있으면 연극장에도 갔다. 왕 전하와 각국 대신의 연회석상에도 참가해보고, 혁명가도 찾아보고, 여자 참정권론자도 만나보았다. 프랑스 가정의 가족도 되어보았다. 그 기분은 여성이오, 학생이오, 처녀로서였다. 실상 조선 여성으로서는 누리지 못할 경제상으로나 기분상 아무 장애되는 일이 하나도 없었다. 태평양을 건너는 배 속에서조차 매우 유쾌히 지냈다.[2]

세계여행으로 얻은 정체성의 변화와 감각의 해방은 '조선 여성으로서는 누리지 못할' 것들이었다. 조선이 아닌 곳에서 발견한 자신의 지향점은 당연하게도 조선에서의 삶과 융화될 수 없는 것이었다. 생각과 행동의 낙차는 더욱 극심해졌고, 이상을 품었으되 실현할 수 없었으니, 귀국 후의 삶은 꿈속에 사는 것과 같았다. 그런데다 프랑스에서 만난 최린(1878~1958, 종교인으로 천도교 장로와 《매일신보》 사장을 지냈다)과의 짧은 연애가 그녀의 발목을 잡았다. 나혜석은 귀국한 지 1년 7개월 만에 이혼 서류에 도장을 찍어야 했다.

경기도 수원의 부유한 집안에서 태어난 나혜석은 진명여학교를 우등으로 졸업하며 일본 도쿄의 사립 여자미술학교에 입학했다. 유학 시절부터 우수한 성적과 문인으로 활발히 활동한 덕에 세간의 이목을 집중시켰으며,

3·1운동 당시에는 김마리아, 황애시덕과 함께 옥고를 치르기도 했다. 결혼을 약속한 시인 최승구가 폐병으로 죽은 뒤, 오빠 나경석의 소개로 1920년에 김우영과 결혼하게 된다. 당시 나혜석은 결혼 조건으로 "일생을 두고 지금과 같이 나를 사랑해주시오, 그림 그리는 것을 방해하지 마시오, 시어머니와 전실 딸과는 별거케 하여주시오"라는 것과 함께, 연인이었던 최승구의 무덤에 비석을 세워달라는 다소 파격적인 요구를 제시했다. 결혼 후, 1921년 9월 만주 단둥현 부영사로 부임한 남편을 따라 거처를 옮긴 나혜석은 그곳에서 국경을 오가는 독립운동가들의 편의를 봐주는 등 민족주의 운동에도 일정하게 닿아 있었다.

그리고 1927년, 약 6년간의 임기를 무사히 마친 데 대한 일종의 포상 휴가로 세계여행의 기회가 주어졌다. 칠십 노모에 젖먹이 어린애까지 세 아이가 있었지만 여행을 포기할 수는 없었다. 무엇보다도 자신의 삶이 그림 그릴 때를 제외하고는 "전혀 남을 위한 생활"이었다는 데 회의를 느꼈고, 이로부터 벗어나고자 했다. 다시금 "어린애가 되고, 처녀가 되고, 사람이 되고, 예술가가 되고"싶었다. 게다가 오랫동안 자신을 붙잡고 있었던 물음, 즉 사람은 어떻게 살아야 잘 사나, 남녀 간은 어떻게 살아야 평화롭게 살까, 여자의 지위는 어떠한 것인가, 그림의 요점이 무엇인가에 대한 답을 구하기 위해서라도 세계여행은 꼭 필요한 경험이었다.

시베리아 대륙 횡단 열차를 타고 러시아를 지나 파리에 도착한 이들 부부는 그곳에 머물며, 스위스, 벨기에, 네덜란드, 독일, 런던, 이탈리아, 스페인을 여행한 뒤, 미국으로 건너가 뉴욕, 샌프란시스코, 하와이, 요코하마를 거쳐 귀국한다.1927년 6월 19일 부산을 출발해 1929년 3월 12일 다시 부산에 도착하기까지 1년 8개월가량 세계여행을 한 경험은《동아일보》와《삼천리》두 곳에 연재되었다. 여기에 실은 「소비에트 러시아로 떠나는 구미 여행기, 그 첫 번째」, 「베를린과 파리」, 「베를린에서 런던까지」, 「프랑스 가정은 얼마나 다를까」은《삼천리》에 게재된 여행기 중 네 편의 글을 선별한 것이다.[6]

여행 기간 동안 나혜석은 미술관과 박물관에서 소장하고 있는 거장들의 그림을 감상하는 데 정성을 쏟았고, 여성 참정권론자도 만나보았으며, 각국 여성들의 삶을 통해 여성의 지위와 권위에 대해서도 적극적으로 생각하게 되었다. 남편 김우영이 독일에서 법률 공부를 하는 동안에는 파리에 머물며 비시에르[7]의 연구소에 나가 작품 연구에 몰두했고, 프랑스 가정생활을 직접 경험하기 위해 3개월간 하숙을 하기도 했다. 최린과 연애에 빠진 것도 이때였다.

세계여행 경험은 나혜석에게 여성이 "일 사회의 주인공이요, 일 가정의 여왕이요, 일 개인의 주체"[8]라는 점을 자각하게 했고, 그로 인해 "여성은 위대한 것이요, 행복된 자인 것"[9]을 깨닫게 해주었다. 여행에서 맛본 해방감과 여성으로서의 자부심은 귀국한 조선 사회에 적응하는 것을 더욱 곤혹스럽게 만들었다. 게다가 남편 김우영은 변호사 개업을 했지만 수입이 전무했고, 과부가 된 시누이에 시삼촌 둘과 그 식구까지 한집에 살게 되었다. 경제적 곤란은 극심해졌고, 급기야는 세계여행 경험담을 듣고자 찾아오는 지인과 각 매체의 기자들을 대접하는 것조차 어려울 지경이었다. 취직을 하기 위해선 경성으로 가야 했으나, 출산과 과로로 인해 몸도 쇠약했고, 네 명의 아이와 살림을 제쳐둘 수도, 경성에 집을 마련할 경제적 여유도 없었다.

그때 생각난 것이 최린이었다. 무엇이라도 경영을 해보고자 도움을 청하는 편지를 보냈으나, 이로 인해 새삼 파리에서 최린과 맺은 관계가 문제가 되었다.

결국 김우영은 이혼을 요구했고 승낙지 않으면 간통죄로 고소하겠다고 위협했다. 나혜석은 위자료 한 푼 없이 친권을 박탈당한 채, 이혼 서류에 도장을 찍어야 했다. 고통과 충격은 이루 말할 수 없었다. 조선 사회제도가 원망스럽고, 조선의 인심은 동정과 이해가 없었다. 그러나 나혜석은 불행 속에서도 재기의 끈을 놓지 않았고, 1931년 "미술전람회에 작품 세 점을 출품하여 전부 입선되었을 뿐 아니라, 그중 〈정원〉은 특선"[10]을 수상하였다. 하지만 "불행에서 행복"을 찾고, 고통이 "풍부한 감정"[11]을 가져다준다는 나혜석의 긍정적 인식은 그리 오래가지 않았다.

> 이혼 사건 이후 나는 조선에 있지 못할 사람으로 자타 간에 공인하는 바이었고, 4~5년간 있는 동안에도 실상 고통스러웠나니, 제일, 사회상으로 배척을 받을 뿐 아니라 나의 이력이 고급인 관계상 그림을 팔아 먹기 어렵고 취직하기 어려워 생활 안정이 잡히지 못하였고, 제이, 형제 친척이 가까이 있어 나를 보기 싫어하고, 불쌍히 여기고, 애처로이 생각하는 것이요, 제삼, 친우 지인들이 내 행동을 유심히 보고 내 태도를 눈여겨보는 것이다.[12]

사회적 비난과 경제적 어려움은 그녀의 삶을 피폐하게 만들었다. 거기에다 자신의 결혼 생활과 여성에게 불합리한 조선 사회제도를 고발하는 「이혼 고백서」(1934)와 정조 관념의 해체를 주장하는 「신생활에 들면서」(1935)를 발표하고, 정조 유린죄로 최린에게 손해배상 청구소송을 하는 일련의 사건으로 나혜석을 향한 사회의 시선은 더욱 차갑고도 혹독해졌다. 그녀의 생활은 "각국 대신으로 더불어 연회하던 극상 계급"에서 "남의 집 건넌방 구석에 굴러다니게" 되었고, "연극, 활동사진에 특등석이던 것이 전당국 출입"을 해야 했으며, 건강은 "마비에 이르렀고", 정신은 "천치 바보가" 되었다. 급기야 자신의 존재가 "해독물이 될지언정 이로운 물이 되기"는 어렵다는 회의감마저 들었고, "과거와 현재와 미래를 다 알고 있는 조선"이 싫었다. "가자, 파리로, 살러 가지 말고 죽으러 가자. 나를 죽인 곳은 파리다. 나를 정말 여성으로 만들어준 곳도 파리다. 나는 파리 가 죽으련다"[13]라고 외쳤지만, 나혜석의 삶은 이마저도 허락되지 않는 것이었다.

세계여행을 계기로 나혜석은 여성으로서 정체성과 인생관을 발견했으며 스스로를 어머니, 연인, 아내, 예술가, 지식인으로서 모든 역할에 위치시키고자 했으나, 어디에도 구속되지 않으려는 코스모폴리탄적 감수성은 조선 땅에서 뿌리내릴 수 없었다.[14] 나혜석이 경험한 해방감과 정체성의 발견은 아직 조선 사회에서는 때 이른 것이었다.

4장

조선 여자 박인덕,
세계의 강단에 우뚝 서다

미국　　　독일　　플로리다　　워싱턴

박인덕 (1896~1980)

세계를 누빈 신여성 연사

 기독교 활동가, 여성운동가, 농촌 사업가, 교육자 등
다양한 방면에서 활동한 조선의 대표적인 신여성이다.
국제기독교청년회의 간사를 맡으면서 미국과 캐나다
로 순회강연을 떠나게 되다.

5년 2개월 동안 유럽과 중동, 아시아 등 32개국을 여행
하며 강연을 260회 했다. 귀국한 뒤에도 외국에서 초
청이 끊이지 않았는데, 귀국한 지 4년 만인 1935년 세
계기독교대회 참석차 미국을 방문하고 캐나다와 멕시
코 등지로 강연을 이어갔다.

3·1운동에 참여하는 등 독립운동을 했지만, 일제시대
말기에는 친일 활동 논란이 있다. 해방 뒤에는 우익 여
성단체에서 활동했고, 인덕대학의 전신인 인덕실업학
교를 설립하는 등 교육 활동에 힘썼다.

6년 만의 나의 반도,
미국으로부터 돌아와서 여장을 풀면서
옛 형제에게

반도의 흙을 밟는 나의 기쁨이여

기나긴 6년 동안이나 밟아보지 못했던 사랑스러운 내 땅의 흙을 밟게 될 때에 내 맘이 얼마나 기뻤을까요! 남의 나라가 아무리 좋다 한들, 잘 길렀든 못 길렀든 오랫동안 나를 길러준 내 고향만 할 수 있겠습니까? 고운 하늘 아래 삼천리강산 그 속에 푸르게 물든 초목! 맑은 강물! 어느 것이나 내 가슴을 뛰놀게 하지 않는 것이 없었습니다.

내가 다녀온 여러 다른 나라보다도 우리 조선은 어떤 점으로 보든지 뒤떨어진 것만은 사실입니다. 그러나 '못하다' '뒤떨어졌다'는 그 점이 나에게 무쌍한 '쇼크'를 던져주었습니다. 다시 말하면, 자기가 낳은 자식이 눈이 멀었다든가 귀가 먹었다든가 또는 다리가 병신이 되어서 남에게 뒤떨어진 불구의 자식이란 말을 들을 때 불쌍하게! 가엾게! 애처롭게 생각하듯이, 내가 조선의 땅을 밟으면서 무엇보다도 먼저 '가엾은 조선아! 애처로운 내 땅아!' 하고 부르짖었습니다. 내가 사랑하는 조선은 지도해줄 사람이 없기 때문에 언제나 한 모양으로 쓸쓸한 꿈속에서 깰 줄 모른다는 것을 절실히 느꼈습니다.

긴 세월을 보내고 돌아온 나에게 이 땅은 변화의 느낌을 주지 못하니 얼마나 섭섭했겠습니까. 그중에도 내가 여성인 것만큼 무엇보다 깊이깊이 느끼게 된 것은 여성들의 비참한 지위였습니다. 모든 것이 남성을 편하게 하기 위해서 만들어놓은 남성 본위의 조선 사회제도니까, 그도 그렇겠지만 너무나 여성을 남성의 부속물로만 여기는 것이 어찌 분하지 않겠습니까? 남편은 하루 종일 돌아다니면서 별별 짓을 다 하고 밤늦게 돌아와도 아내는 아무 말 한마디 못 하게 되어 있지만, 남편 있는 여자가 남의 남자를 보고 웃기만 해도 야단나니 이렇게도 불공평한 사회제도가 조선 말고 또 어디서 찾아볼 수 있겠습니까?

이번 돌아오는 길에 여러 나라에 들러서 여러 가지 견학을 했지만, 그중에도 제일 나의 눈을 뚱그렇게 만든 것은 스웨덴의 여성들이었습니다. 물론 그들은 가정에서도 남자와 꼭 같은 지위를 가지고 있는 것을 알지만, 사회에 나와서도 남자 지위보다 조금도 떨어지지 않는 자리를 점령하고 있었습니다. 어떠한 모임이든지 그들은 남자와 꼭 같이 앉아서 담배를 피우는 것을 보고 놀랐습니다. 여러 나라를 돌아다니며 봐도 여자가 담배 피우는 것은 보지를 못했습니다.

스웨덴 여성들은 이렇게 겉으로만 남성과 꼭 같은 지위를 가지고 있는 것이 아니라, 다 각각 자기의 할 바, 일을 해서 자기 자신의 지위를 보전하고 있습니다. 그들은 첫째로 경제적 독립을 하고 있습니다.

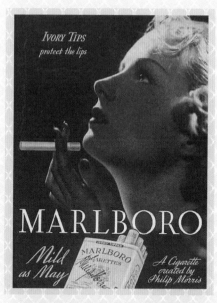

1930년대 담배 광고들

제1차 세계대전 이후 미국의 담배 회사들은 여성의 흡연을 '자유'의 상징으로 이미지화하며 담배 광고를 통해 여성 흡연을 장려했다. 1930년대 럭키 스트라이크, 말보로, 체스터필드, 필립 모리스의 광고 포스터. 체스터필드의 광고 카피는 "여성들이 투표하기 시작하자 흡연도 시작되었다"였으며, 필립 모리스는 "당신 자신을 믿어라!"라는 카피를 내세웠다.

물론 우리 조선 여성들도 남성에게 압제를 받지 않으려면 어떠한 조건을 구비해야 한다는 것을 알아내야 할 것입니다. 그러면 우리들은 무엇보다도 먼저 배워야 할 것이 아니겠습니까? 그다음에는 경제적으로 독립을 해야 할 것입니다.

경제적으로 훌륭한 지위를 가지고 있는 러시아 여성들의 사정은 최근 들어 신문 잡지로 우리 조선에 많이 소개되므로 내가 이야기하지 않아도 잘 아시겠기에[지면상 관계도 되고 해서] 그만두기로 합니다. 하여간 여성으로서 지위를 가지고 있는 나라를 보면, 다들 몇백 년씩 맹렬하게 싸워온 역사를 가진 나라라는 것을 힘 있게 말해둡니다.

내가 여러 분들의 지극한 환영을 받게 되는 것도 역사가 없는 조선의 여성이기 때문인 줄 압니다.

미국에 있는 동포의 소식

이제 여러분께 알려드리려고 하는 것은 미국에 있는 우리 동포의 소식입니다. 알려고 궁금해하시는 이들이 많으실 줄 믿고 대강만 이야기하겠습니다.

우리 조선 사람이 미국에 약 1천여 명이나 되는데 3백 명가량이 학교에 다니는 학생이고, 그 밖의 분들은 실업계나 혹은 농사에 종사하는 사람들입니다. 우리 형제들 중에 자랑할 만한 일을 하는 분들도 많이 있습니다. 첫째, 실업계에서 명성이 높은 분을 열거한다면 김경 씨,

강용흘
1898년 함흥남도 흥원 태생으로 1919년 3·1운동 직후 중국을 거쳐 미국으로 건너가 보스턴 대학에서 의학을 공부하고 하버드 대학에서 영미문학을 전공했다. 1931년 자신의 성장기를 배경으로 한 자전적인 영문 장편소설 『초당(The Grass Roof)』을 발표하면서 문단에 데뷔했는데, 이 작품은 독일, 프랑스, 옛 유고슬라비아, 옛 체코슬로바키아 등 10여 개 언어로 번역되었다. 원문에서는 단행본을 잡지로 착각한 듯하다.

정양일 씨 등이며, 또 황창하 씨 같은 분은 아주 큰 은행에서 일을 보고 계신답니다. 그리고 시카고에는 우리 사람의 손으로 경영하는 큰 상회가 있다고 합니다. 그런 까닭에 일반 경제적으로 보더라도 미국에 있는 조선 사람의 생활 정도가 조선 내에 있는 일반 동포의 생활 정도보다 훨씬 낫다고 보겠습니다.

그다음 문화운동에서는 강용흘 씨 등이 무한히 힘쓰시는 바이며, 그가 직접 《초당草堂》이라는 잡지를 발간하는 한편 뉴욕 전문대학 강사로 계신답니다. 또 정치계에는 이승만 씨 등 여러 분들이 끊임없는 활약을 보여주고 있습니다.

그리고 미국에 있는 우리 조선 사람의 단체가 어떻게 되어 있는가를 여러분께 알려드리겠습니다. 물론 학생을 중심으로 한 학생회가 있

서재필과 국민회 회원
서재필이 1925년 범태평양 회의에 참석했을 때 국민회 회원들로부터 환영을 받고 있다.

어서 오천석 씨 등이 많은 활약을 하고 계시며, 그다음 국민회[*]가 있습니다. 이 단체는 조선 사람이면 어떤 계급층을 막론하고 가입할 수 있습니다. 그리고 흥사단[**]이라는 것이 있는데, 이것은 수양단修養團과 마찬가지 역할을 합니다. 조선에도 이 단체가 있어서 그 사업의 하나를

---

[*]　국민회(國民會): 1909년 미국에서 조직되었던 독립운동 단체. 1908년 장인환, 전명운 등이 샌프란시스코에서 친일 미국인 스티븐스를 저격한 사건이 발생하자, 미국 교포들의 항일 애국열이 고조되었다. 이에 박용만, 이승만 등이 주동이 되어 미국 내 애국 단체를 규합해 통합 단체를 결성할 것을 결의하였고, 1909년 2월 1일 국민회가 창립되었다.

[**]　흥사단(興士團): 1913년 5월 13일 도산 안창호가 미국 샌프란시스코에서 창립한 민족운동단체. 흥사단은 민족부흥을 위해 민족의 힘을 기르는 데 그 설립목표가 있다. 1926년 월간지 《동광》을 창간하여 1933년까지 40호를 간행했다.

들어 소개한다면, 《동광》이라는 잡지가 그 계통인 줄 압니다. 그 외에 동지회가 있습니다. 이 단체는 순전히 정치운동을 하는 단체인데, 이 승만 씨 등이 이 단체에서 주요한 책임을 가지고 계십니다.

미국에 계신 우리 동포들이 조선 사람을 위해서 끊임없는 노력을 보여주는 것입니다. 우리는 그들에게 감사를 표하는 동시에 그들의 뜻을 어기지 말고 분투, 노력하자는 것입니다.

여성에게 부탁하는 몇 마디 이야기

나는 누구보다도 나와 같은 조선의 여성들을 위해서 노력하려고 합니다. 우리는 정치적 지위도 아무것도 없습니다. 지위를 못 가졌다기보다는 확실히 인간 취급도 받지 못합니다.

근래에 와서는 여성해방을 부르짖고, 남녀평등을 부르짖는 것은 여성의 약점을 발로시키는 것이니 그것은 벌써 시대에 뒤떨어진 일이라고 하는 논설도 있습니다. 그러나 내 생각에는 조선에서는 여성해방을 부르짖는 것이 가장 적당한 일이라고 생각합니다[그렇다고 함부로 해방을 부르짖으라는 말은 아닙니다]. 우리가 할 바 일을 하자는 것입니다.

다른 나라 역사를 보더라도 그것을 확실히 증명할 수 있는 바입니다. 문명한 나라일수록 여성운동이 심합니다. 독일, 영국, 미국, 아일랜드, 러시아 등 여러 나라의 여성은 다들 참정권까지 가지고 있습니다.

우리가 얼른 생각하기에는 어리석은 나라일수록 여성운동이 더욱

미국의 여성 참정권 운동
1914년 5월 2일 여성 참정권의 날에 케이트 리차즈 오헤어(Kate Richards O'Hare)가 군중 앞에서 연설을 하고 있다. 미주리 역사박물관 소장.

심할 것 같지 않습니까? 왜 그러냐 하면, 어리석은 나라는 예로부터 내려오는 인습, 관념을 버리지 못했음이 사실이니까요. 여성에 대한 압제가 막심할 것입니다. 한쪽에서 심한 자극이 있으면, 반응이 일어날 것은 자연적 법칙이겠지만, 어리석은 나라에서 그러한 실례를 찾아보기는 매우 어려운 일입니다.

우리는 이러한 실례를 보고서 어떻게 해야겠습니까. 셋째로는 싸워야 할 것입니다. 나는 먼저 귀국한 황애시덕(황에스터) 형과 손을 맞잡고 여러분을 위하며, 나를 위하고, 우리들의 자손을 위해서 싸우려고 합니다. 남을 부러워만 하고 가만히 앉아 있는 것은 매우 부끄러운 일입니다. 끝으로 여러분에게 많은 기대를 가지면서 붓을 던집니다.

내가 본 독일 농촌

1.

세계대전 이후에 독일은 여지없이 경제적 파산을 당했건만, 표면으로는 그들의 살림이 여전해 보이고, 그들의 행동이나 표정은 한층 더 씩씩하고 활기 있어 보입니다. 한편 감탄하며 '어떻게 이런가?' 하고 오래 생각해보고 방문했습니다. 독일 사람이 가진 기계공학의 특별한 재능이라든지 음악의 천재성도 훌륭하지만 그들의 담력, 그들의 철두철미함은 무엇보다도 놀랍습니다. 독일 사람은 조직적이어서 그 자신이 어디로 가는지를 멀리 볼 수 있는 데까지, 가는 길에 사고 당할 것까지, 여행 끝에 편의의 확실까지 정밀히 보려 하고, 한번 경험한 뒤에는 용맹스럽게 돌진합니다. 그리고 이 나라 사람들은 자연을 어느 민족보다도 몹시 사랑하여 걸핏하면, 틈만 있으면 등산을 하거나 야외 산책을 합니다. 이렇게 운동을 하는 것이 독일 사람의 육체를 튼튼하고 건강하게 만들며 생기를 주고 활기가 생기게 합니다. 과거에 로마가 중유럽보다 문화의 발전은 더 되었으나, 독일 삼림 속에서 벌떼같이 몰려나오는 굳센 사람들의 용기에는 기운이 눌리고 말았습니다. 도시 사람이나 농촌 사람을 물론하고, 누구나 토요일 오후에는 가족끼리 친구끼리 남녀노소 떼를 지어 등산복을 가뿐히 차려입고 나섭니다. 지팡이 짚고, 등에는 이미 익힌 음식이나 혹은 만들 거리, 기구, 물병, 천막, 책, 악기 이런 것을 둘둘 말아가지고 들로, 산으로, 바다나 시냇가로 아름다운 자연을 찾아 그 품에 안겨 하루 종일 마음대로 먹고, 놀고, 즐기다가 늦어서야 집으로 돌아옵니다. 어떤 날 저녁 때 남녀소년 한 떼가 등에는 짐을 지고, 손에는 지팡이를 짚고, 피곤한 다리를 끌며 노래 부르고 오는데 피곤해 보이기는 하나 그들의 얼굴에는 만족한 기운이 가득 찼습니다.

2.

독일 농촌은 이렇듯 철저하고 산수를 사랑하는 사람들의 손에 있으니, 벌써 말하지 않아도 독일 농촌 생활을 짐작할 것입니다. 기차에 가만히 앉아서 유리창으로 내다보면, 군데군데 네다섯, 예닐곱 호에서 4~5백 호까지 되는 작은 마을들이 멀지 않은 거리에 서로 떨어져 있습니다. 마을을 둘러 논밭이 있는 것이며, 아침에 남녀 농부들이 일하러 농장으로 나갔다가 저녁 무렵 집으로 돌아오는 것이 우리나라와 유사합니다.

독일 농가에서는 식구마다 한 사람도 노는 이가 없습니다. 동이 훤하게 틀 때부터 어두워질 때까지 하루 종일 분주히 농사를 지으며 가축을 기르고 우유를 짜고, 채소밭을 부치며, 과수원을 하고, 화초를 가꾸며, 술을 만듭니다. 날마다 1년 열두 달 집안 식구대로 무엇이고 할 일이 있습니다. 일거리가 없으면 만듭니다. 그중에도 농촌 부녀들이 몹시 힘든 노동을 합니다. 남자가 풀을 깎아놓으면 여자는 묶어서 마차에 실어 집으로 끌고 가고, 남자가 포도 넝쿨을 나무에 붙들어 매고 있으면 여자는 산비탈로 돌아다니며 나뭇가지를 꺾어서 한 짐씩 메고 돌아옵니다. 그 외에 가정 살림을 여러 나라 여인들 중에서 제일 잘하나 봅니다.

집 안과 밖을 놀랄 만큼 깨끗하게 청소하는 것이라든지, 해진 옷을 꿰매고 또 꿰매서라도 온 집안 식구를 깨끗이 뽀송뽀송하게 입혀놓습니다. 손수 장을 봐다가 같은 재료 가지고도 남보다 맛있게 음식을 만들며, 가정 예산을 세우고 그대로 꼭꼭 실행하는 것과 아이를 양육하는 것 모두가 경탄할 만한 점입니다.

3.

독일 사람들은 모든 것을 이용하고 무엇이나 함부로 버리지 않습니다. 한 치의 땅이나, 일 분의 시간이나, 한 점의 음식이나, 떨어진 나뭇잎이나, 썩은 나뭇가지나 모조리 사용합니다. 그들에게는 모든

20세기 초 독일의 표현주의 화가 막스 페흐슈타인의 〈아침의 농가〉(1927)

것이 귀중하고 값이 있습니다. 그중에 제일 중요하게 여기는 것은 비료입니다. 토지는 그들의 은행이요, 은행 저금은 그들의 토지가 점점 비옥해지는 것이라고 합니다. 보통 농가를 2층에서 3, 4층까지 나무나 벽돌, 콘크리트로 짓고, 아래층은 흔히 외양간으로 씁니다. 외양간 앞에는 으레 비료가 집채같이 쌓여 있고, 그 옆에는 채소와 화초를 심었습니다. 이 사람들 말이 "가축과 같이 사는 것이 건강하고 비료 냄새는 정신에 좋다"고 합니다. 비료 더미의 크고 작음으로 말과 소를 몇 필 가졌는지 표시하고, 재산은 옛날 로마 사람들처럼 말과 소의 수효에 따라 인증됩니다. 그래서 저마다 비료를 그 마을에서 제일 많이 만들려고 하고, 이 나라의 농촌 청년들은 비료 많은 집 딸과 결혼하는 것이 평생소원이랍니다.

4.

독일 농촌은 거의 다 자작자급하는 단위입니다. 농부들이 농사짓고 남은 시간에는 가내공업에 노력합니다. 한 가족이 생산하는 단위로 하여 조수 한두 사람과 더불어 집 안에서 손으로 물건을 만들어내기도 하고, 또는 공장을 따로 지어 직공 열 명을 두고 공장 주인이 자신의 가족과 공장 한 곁에서 살림하며 물건을 제조하기도 합니다. 대개 만드는 물건은 구두, 과자, 의복, 농기구, 금은세공, 목공, 도자기 등입니다.

독일은 공업이 발전하여 공장에서 대규모로 많은 분량을 생산하건만, 그래도 농촌에서는 가내공업을 붙들고 기계의 정복을 받지 않습니다. 언제까지 붙들고 있냐면 농민들 스스로가 대규모로 하게 될 때까지입니다. 다시 말하면, 그들은 본디 가진 것 대신에 훨씬 나은 것이 오기 전에는 이미 가진 것을 죽을지언정 내놓지 않습니다.

농촌마다 학교가 있어서 아이들이 한곳에서 같이 장난하고 노래하며, 명절과 국경일이 되면 같이 춤추고 마을 악단과 같이 연습하며, 다른 사람과 어떻게 협동적으로 생활하는지 어려서부터 배우고 실행합니다. 이렇게 마을의 어른들과 아이들이 서로 익숙해져서 서로의 품성과 인격을 알게 됩니다.

독일 농촌에는 농민신용조합이 있어서 금전을 융통합니다. 독일 농민의 협동판매조합과 협동구매조합은 덴마크에 비해 뒤떨어졌습니다. 그러나 그들은 농업의 근본적인 필요성을 제일 먼저 보고 협동신용조합을 조직했습니다. 그리하여 신용이 농업 번창의 제일 조건이라고 그들은 역설하며, 누구든지 신용조합원이 되는 것을 자신의 큰 영광으로 생각합니다.

5.

우리 농촌에 돌아와 살펴보면, 첫째 우리는 농사를 다 짓고 나서 다시 시작할 때까지 그동안에 너무 시간을 낭비하는 듯합니다. 대체로 우리는 농촌 사람, 도시 사람 할 것 없이 너무 한가히 지냅니다. 가령 각각의 모든 사람이 매일 평균 한 시간씩 공연히 허비한다면, 하루에 우리는 2천만 시간을 낭비하는 셈입니다. 이것을 해와 달과 날로 계산하면 2,283년 1달 8일 8시간이나 됩니다. 그러면 우리 역사의 반을 만든 2천여 년이란 긴 세월을 날마다 우리가 허비합니다. 이렇듯 귀중한 시간을 저마다 이용해 즐거운 삶, 풍부한 삶, 희망의 삶, 농민의 이상향을 만들기에 진력하면 우리 당대에 불가사의한 효과를 볼 것입니다. 농촌에서 한가한 틈을 타 지방을 따라 농촌 농촌마다 가정 부업을 대대적으로 장려했으면? 이미 있던 것이 폐지되었으면 부흥시키고, 현재 있는 것이 완전하지 못하면 완전하게 만들고, 없으면 새로 시작합시다! 예를 들면 우리 조선에 광목, 옥양목, 서양목이 들어오면서 집에 놓였던 물레, 베틀은 저절로 세력이 없어지게 됩니다. 그 이유는 광목을 사다 입는 것이 무명을 짜서 입는 것보다 경제적이기 때문입니다. 사실 경제적인지 깊이 생각해볼 문제입니다. 무명을 짜는 대신에 보충할 무슨 일을 해서 광목 살 돈을 얻는다면 모르겠지만, 그렇지 않고 있던 것만 잃어버리고 광목 사오는 돈은 자본에서 쓰게 되니 이러한 두 가지 손해가 어디 있습니까? 그러니 우리 스스로가 대규모로 광목이나 서양목 같은 것을 기계로 짜서 조선 가정에 배달하기 전까지는 우리의 물레, 베틀에서 필목 짜는 것이 물론 자본에 이자를 더하게 될 것입니다.

그다음으로 우리는 우리의 토지를 금은보다도 소중히 알고 더욱 비옥하게 만들어야 할 것입니다. 우리에게 있는 소유물을 다 팔게 되고 우리의 노동까지 팔지언정 우리의 토지는 최후까지 붙들고 놓지 않아야겠습니다. 얼마 전 어떤 친구 집의 가정부를 만나서 아래와 같은 대화를 하였습니다.

"어떻게 남의 집에 살게 되었소?"

"내 아들이 작년에 집을 새로 짓고 부채에 몰려 땅을 팔아 갚겠다기에 내가 기를 쓰고 안 된다 하여, 몸소 노동을 해서라도 이자를 갚아가려고 이렇게 나섰습니다. 내 목이 달아나면 났지, 내 토지는 못 내어놓겠소" 하는 굳고 뜻깊은 대답을 들었습니다.

마지막으로 내 농촌, 내가 아는 농촌, 아는 곳이 없으면 사귀어서라도 그 농촌 사람들과 협동하여 마을의 발전책을 연구하고 그에 따라서 구체적 순서를 만들어 반드시 고칠 것은 고치고, 깨트려 부술 것은 부수고, 찾을 것은 찾되, 방식은 그들이 앉은 곳에서 차츰차츰 먼 데로, 아는 데서 모르는 것까지, 이렇게 우리의 배운 것, 아는 것을 우리 농촌에 투자하여 우리 민족 전체의 여유 있는 살림, 만족한 결과를 얻길······.

미국 자유종각 방문기

자유종! 자유종! 얼마나 듣기에 반가운 이름이며, 부르기에 귀한 이름인가? "온 세상, 전 인류에게 자유를 알려라." 이것은 귀여운 존재인 자유종에 새겨 있는 문구였다.

이 자유종은 미국 내에 있는 관청에서 1753년 영국에 주문했던 것이라는데 중량이 2,080파운드요, 높이가 2척 3촌, 둘레가 12척이며, 두께 3촌, 종 두드리는 방망이 길이가 3척 2촌이고, 그 가격은 6백 원 정도였다고 한다.

내가 이 종을 보러 갔을 때는 늦가을이어서 한철 붉은 단풍도 제 빛을 잃었을 때, 바로 지금으로부터 3년 전이었다.

뉴욕에서 특급차로 한 시간쯤 가면 필라델피아 성에 이른다. 필라델피아 성에 있는 자유종의 존재를 이미 알고 그 성을 한번 찾으려고 퍽 애를 썼으나 기회를 얻지 못했다. 그러다 마침 그 성에 있는 주립대학 학생들과 이야기할 기회를 얻게 되어, 오랫동안 동경했던 그 성으로 가게 되었던 것이다.

자유의 종(Liberty Bell)
미국의 자유를 상징하는 종으로 1776년 7월 8일 필라델피아 시 펜실베이니아 식민지 의사당
(현재의 인디펜던스홀)에서 미국독립선언이 공포되었을 때 이 종을 쳐서 축하했다. 1839년
노예해방론자들이 '자유의 종'이라고 부르기 시작했는데, 1846년 조지 워싱턴 탄생일에 치다
가 균열이 생겨 이후부터 사용하지 않는다. 미국의 중요한 애국적 상징의 하나다.

학생들과 이야기를 마친 뒤 그 성의 명소를 보여달라 청했더니, 제일 처음으로 인도하는 데가 독립관이라는 몹시 낡은 건물이었다. 집은 비록 몹시 낡았다고 하나, 그 안에 들어앉은 귀하고 아름다운 자유종만은 어떤 관광객에게나 말 못 할 무거운 감상을 줄 것이다.

지금으로부터 1백여 년 전에는 자유종이 물론 높다란 종각에 매달렸을 것이지만, 내가 갔을 때 자유종은 자유를 잃어버린 것같이 낡은 집 안에 쓸쓸히 그 큰 몸뚱이를 들여놓고 있었다. 표면에 새겨진 문구 "온 세상, 전 인류에게 자유를 알려라"는 것만은 그때까지도 똑똑히 쓰여 있었지만, 소리만은 낼 줄 모르는 반벙어리! 세로로 길게 가로로 짧게 금이 났다. 그러나 이 종은 자기의 임무를 다했으며 사명을 다했던 것이다. 그제야 반벙어리가 되든 자기의 큰 몸뚱이가 부서져서 가루가 되든 그는 애달파하지 않는 듯싶었다.

얼마 전까지는 유리 진열장에 보관되어 있었으나, 누구나 역사가 많은 그 큰 몸뚱이를 만져보고자 하는 까닭에 유리 진열장에서 끄집어냈다고 한다. 나도 보기 전에는 꼭 만져보리라 생각했으나, 어쩐지 곁에 가서는 만져보기가 망설여졌다. 그 몸뚱이가 너무나 크고, 위대해 보였던 까닭인지는 몰라도! 내 가슴은 그저 텅 빈 것 같기도 하고, 또 꽉 막힌 것 같기도 했다.

영국에서 주문해 왔을 때 처음 방망이로 때렸더니 깨졌기에 미국에서 다시 만들었다고 한다. 만들어서 82년 동안 슬픈 일이나 기쁜 일이나 또 적이 들어올 때나 어떤 때를 막론하고 특별한 경우에만 잘잘

울었다. 그리고 미국이 독립해서 자유의 선언을 발표하던 날도 이 종이 몹시 울었다. 1백여 년 전 큰 종이 우렁차게 울어서 맑은 하늘에 높이 퍼질 때! 군중이 행렬을 지어 큰길에 행진하며 날뛰던 광경이 자유종 앞에 선 내 눈에 보였다.

자유종은 미국이 독립한 뒤에도 23년이나 계속 울더니 미국의 재판장 마셜* 씨가 죽어나갈 때 쳤던 방망이에 깨지고 말았다. 그래서 자유종은 마셜과 함께 영영 소리 내지 못하게 된 까닭에, 달렸던 종각에서 독립관으로 옮겨진 것이라고 한다.

자유종은 얼핏 보기에 자유를 잃은 몹시도 가련한 종같이 보였다. 그러나 그는 자유를 잃은 것이 아니고, 그 몸뚱이에 쓰인 문구와 같이 온 세상, 전 인류에게 자유를 선포했던 것이다.

늦가을, 햇살이 서쪽에 기울어질 때, 나는 이 종 앞을 떠났다. 1929년 마지막이 가고, 1930년을 맞아들이는 새해의 첫 아침에 나는 뉴욕 시에서 15분간 울려 나오는 종소리에 또 한 번 이 자유종을 연상하면서 눈을 감았다.

---

* 존 마셜(John Marshall, 1755~1835): 미국의 법학자이자 정치가로, 미국 제4대 연방 대법원장을 역임했다.

태평양을 다시 건너며,
세계기독교대회에 참석하고자

　작년 12월 28일부터 1월 2일까지 6일간, 나는 미국 인디애나 주 중부의 인디애나폴리스에서 열리게 되는 세계기독교대회[이 대회의 본명을 직역하면, 세계학생선교사 양용국養勇國이라고 할는지]에 출석하게 되었습니다. 그래서 지난 11월 초순경 벌써 떠날 준비를 마치고 미국으로 건너갈 배편도 요코하마에 미리 예약해두었습니다.

　내가 미국 생활에서 옛 고향으로 돌아온 지 이제 겨우 3년에 불과하지만, 어쩐지 또다시 태평양 건너 저 나라 미국으로 가게 된다는 것이 퍽이나 기쁩니다.

　더구나 내가 머물렀던 예전의 미국과 지금의 미국은 퍽 달라졌을 줄로 생각됩니다. 이제 모든 것이 꽤 달라졌을 미국으로 건너가게 될 기회를 다시금 가지게 된 것은 무한히 반가운 일입니다. 고향에 돌아와 이 땅의 모든 문화와 종교운동을 살펴볼 때, 나는 퍽 놀랐고 한껏 기뻐했습니다. 내가 미국에 있으면서 생각하던 바와는 달리 놀랄 만큼 모든 것이 발전되고 있었습니다. 그때가 바로 4년 전 1931년경이었지요.

처음 돌아보니, 오랫동안 말썽 많던 조선 내의 남북 양 감리교는 합동하여 조선 감리교가 되는 등 조선의 종교운동은 장족의 발전을 한 셈이었습니다. 그러더니 이제 불과 3~4년이 지난 오늘에 와서는 솔직히 말한다면, 이 땅의 종교운동은 발전은커녕 도리어 퇴보를 걷는 형편입니다. 한쪽에서는 내부 파벌의 분쟁과 아울러 남을 시기하고 비방하는 극도의 좋지 못한 여러 가지 조류가 흐르고 있어서 실로 오래지 않은 동안에 다른 세상이 된 듯한 현상입니다.

이러한 조선 안의 종교계에서 널리 전 세계의 진실하고 훌륭한 종교가들이 모두 한자리에 모여 자기 나라 종교운동의 정세와 자세한 사실 등을 보고하고 말하는 이번 세계기독교대회에 소위 조선 대표라는 명칭으로 떠나는 나 자신을 생각해보면, 참으로 얼굴이 뜨끈하고 부끄러운 게 사실입니다.

그러나 내가 이번 세계기독교대회에 출석하게 된 것은 조선 종교계를 대표하거나, 또는 조선 기독교계에서 나를 대표로 파견한다든가 하는 것은 절대 아닙니다. 다만 나는 나 자신 한 사람 기독교인의 입장으로 출석하게 되는 것이며, 더구나 미국 본부에서 특히 나에게 와달라는 청도 있으니 건너가는 것뿐입니다. 그러니 말하자면 한 사람의 기독교 개인으로 저쪽의 초청을 받아서 가는 것입니다.

이제 그리운 제2의 고향이라고도 할 만큼 오랫동안 머물러 있던 미국으로 다시금 건너가게 되었습니다. 그 옛날 한자리에서 이야기하며 지내던 옛 동무들이며 서로 손목을 잡고 유쾌하게 즐겁게 지내오던 모든 친구, 선배들이 하나하나씩 머리에 떠오르고, 그 시절에 지내던 모든 일이 잇달아 생각나며 추억의 실마리가 풀리기 시작합니다.

바로 이번에 열리는 세계기독교대회는 미국 내에서 4년에 한 번씩 열리는 대회입니다.

이 대회에 내가 관계를 맺기는 벌써 오래전 일입니다. 1928년 미국 동부 뉴욕 시 근교에서 개최됐을 때의 일이었습니다. '미국의 석유왕'이라고 하는 모 부호가 자기 개인 재산을 쏟아부어 건축했다는, 5천 명 이상 수용해도 넉넉한 대강당이 그때의 대회장이었습니다. 이 대회로 말하면, 한 해를 미국 동부에서 개최했으면 그다음에는 중부, 또 그다음에는 서부, 이러한 순서를 따라간다고 합니다. 그래서 1932년에 개최되었던 곳은 서부 로스앤젤레스였으며, 이번에는 중부인 인디애나폴리스라고 합니다.

1928년에 열린 같은 대회에서 처음으로 나는 극동 대표로 출석하였습니다. 그리고 소아시아 대표로는 인도인이, 아프리카 대표로는 흑인 한 분이 역시 제각각 대표로 출석하였던 것입니다. 모두 발언권은 허락되어 있지만, 워낙 많은 사람들이 모인 집회인 만큼 오래 말할 시간이라고는 없습니다. 꼭 한 사람에 15분씩 결정되어 있으므로 미리 내가 무슨 말을 할 것인지 딱 마음먹고 있다가 한번에 짝 토해야 합니다.

그때 소아시아 대표였던 모 인도인 청년 한 사람은 "나의 기독교관에 대하여"라는 연설 제목을 걸고 간단명료하게 열변을 토해, 거기 모였던 4천여 군중에게서 대환호와 갈채를 받던 일이 아직도 머리에 떠오릅니다. 그 대회에서 나도 나의 기독교관에 대해 15분간의 여유를 빌려서 연설해 여러 사람들에게 박수를 받던 일이 생각납니다.

나는 동양인 최초로 동 대회 간사직에 있었던 것입니다. 그 뒤 1931년 조선 땅이 그리워 나와버렸습니다만, 내가 미국에 있던 때는 미국으로 말하더라도 호경기好景氣 시대였고 자본주의가 발전하던 시기였으므로, 반反종교 사상이 비교적 왕성했습니다. 그래서 미국은 물론이고 캐나다나 그 밖에 여러 나라로 전도 사업을 하러 다녀보면, 종교를 배척하는 소리가 이 구석 저 구석에서 들렸습니다. 그러더니 직접 가보지는 못했지만 들리는 바에 의하면, 요사이 와서는 그 당시보다 불경기 시대가 따라옴에 따라 그 반대 현상으로 도리어 종교계 일반이 발전을 보이고 있다고 합니다. 과연 어떠한지 이번 길을 떠나면서 제일 먼저 궁금하고 알아보고 싶은 것이 바로 이 미국 종교 사상계의 과거 시절과 지금의 상태입니다.

실로 내가 미국에 있을 때와 지금이 얼마큼 변천과 차이가 있는지, 하루바삐 알고 싶습니다. 물론 글로나 전해오는 말로는 잘 듣고 있지만 직접 내 눈으로 보는 것만 하겠습니까. 지금 내 상상으로도 퍽 변한 데가 여러 가지로 많으리라고는 생각됩니다만.

그다음으로는, 조선에 들어와 이제 고작해야 3~4년에 지나지 않았지만 너무나 울적하고 쓸쓸하고 낙망되는 나의 머리와 마음을 이번 미국행으로 말미암아 깨끗하게 씻고 가다듬어서 새로운 정신적 수양을 쌓아가지고 돌아올 생각을 하니 여간 기쁜 일이 아닙니다. 나는 여행을 좋아합니다. 과거 3~4년간 조선 땅에 쏙 박혀 있는 동안 너무나 정신상의 피로를 느꼈던 것이며, 또한 모든 것에서 뒤떨어진 듯한 느낌을 가졌습니다.

그러했으므로 나는 늘 기회만 있으면 또다시 세계를 여행하며 내 정신의 피로를 풀고 세계에서 새로운 정신적 양식을 얻어보리라는 생각을 늘 먹고 있었던 것입니다. 내가 제일 좋아하는 것도 여행이고, 나의 일생을 통하여 생명과 끝을 같이할 것도 여행으로 압니다. 또한 그리되기를 늘 빕니다. 그러므로 나는 내 품속에 커다란 세계지도 한 장만은 늘 가지고 있습니다. 그리고 틈틈이 꺼내서 펼쳐보고 세계를 머릿속에 그려봅니다. 이런 나에게 이번 길은 가장 큰 희망과 행복의 기쁨을 주는 것입니다.

또한 나는 제2의 고향이 미국인 만큼, 그곳에는 나의 가장 친한 친구들이 여간 많지 않습니다.

예전부터 선교 사업으로 미국은 물론이고 캐나다, 영국 등 여러 나라로 돌아다니면서 사귄 동무들이 도리어 조선 안에 있는 내 친구보다 많으면 많았지 적지는 않을 것입니다. 이만큼 많은 외국의 여러 친구들과 오래간만에 손목을 쥐어보고 다시금 반가운 이야기를 나눠볼 것을 생각하니 여간한 기쁨이 아닙니다.

오는 12월 28일부터 내년 1월 2일까지 열리는 금년 대회에 우리 동양에서는 중국 대표로 왕징웨이汪精衛니 쑹칭링宋慶齡(정치인, 쑨원의 부인)이니 쑹메이링宋美齡(정치인, 쑹칭링의 동생이자 장제스의 부인)이니 하더니만,

쑨원과 쑹칭링

장제스와 쑹메이링의 1927년 결혼 사진

T·G·공孔이라고 하는 사람이 대표로 확정되었다고 하며, 일본 대표로는 가가와 도요히코*이고, 그 밖에도 인도 대표, 필리핀 대표 등이 건너갈 것입니다

나의 이번 길은 순전히 이 대회에 출석하기 위한 것보다도, 위에 말한 바와 같이 미국 종교운동의 현재를 살펴보고, 또한 그곳의 많은 친구들을 만나보며, 미국을 널리 돌아다니면서 나의 종교관에 새로운 정신적 수양을 얻으려는 데 그 이상의 기쁨이 있습니다.

벌써 나의 미국행을 기회로 해서 미국에 있는 여러 친구들에게서나 혹은 여러 기독교회의 단체에서 나에게 초청장을 보내 이번 기회에 자기들이 있는 곳에 와서 강연을 해달라는 등 한번 기어이 들러달라는 등의 부탁과 초대를 하는 곳이 여러 곳 있습니다. 그래서 오랫동안 그립던 정든 미국으로 이번 길을 떠나면 아무리 바삐 돌아와도 1년이란 세월은 걸릴 듯합니다.

그러나 이번 세계기독교대회에 조선의 한 기독교인으로 떠나면서 마음 아픈 일은, 세계의 기독교인들이 많이 모인 그 앞에 나서서 우리나라의 종교운동은 이만큼 발전되어간다든가, 우리의 기독교운동은 이만한 성장을 이루고 있다고, 힘 있게 얼굴을 쳐들고 외쳐볼 아무런 재료도 못 가지고 떠나감이 퍽이나 섭섭한 일입니다. 만약 이번 대회에

---

* 가가와 도요히코(賀川豊彦, 1888~1960): 일본의 종교가이자 사회운동가이다. 원문에는 '賀用豊彦'으로 표기됐으나, '賀川豊彦'의 오기로 추측된다.

모이는 여러 사람들이 나에게 "너의 나라의 기독교 운동은 어떠하냐?" 하고 묻기 시작한다면, 나는 다만 얼굴을 붉힐 수밖에 없는 바입니다.

그러므로 이번 길은 내가 우리의 종교운동 현장을 세계에 알리거나 우리의 주장을 많은 사람들 앞에 말하기보다, 나는 이번 기회에 널리 세계에서 새로운 기독교의 정신을 배워 오고, 세계 기독교의 참된 사람들 앞에서 그들의 행동과 이상을 배워가지고 돌아오겠다는 것뿐입니다. 여기에서 장차 우리 땅의 종교운동에도 새로운 깨달음을 줄 거라 믿고 있습니다.

— 11월 중순, 한양을 떠나면서.

형제여, 잘 있거라

　　지금 이 글을 쓰는 이곳은 미국에서도 동남쪽 아열대 지방이라고 하는 플로리다 주의 세인트피터즈버그입니다. 나는 오늘도 여기에서 조금 떨어져 있는 거리와 마을 몇 군데를 돌아다니면서 여러 차례의 강연을 끝마치고, 이곳에 와서 사귄 두세 명의 동무들과 같이 플로리다 해변가 해수욕장에서 두 시간 동안이나 흰 모래사장 위에서 뒹굴다 돌아와서 붓을 잡았습니다.

　　내가 처음 조선 땅을 떠날 때에는 미국에 도착하는 즉시 붓을 잡아 오랜만에 보고 느낀 바를 적어서 곧 부쳐드리리라는 약속을 하고 떠나왔습니다. 그러나 지금의 내 생활이 워낙 바쁘기도 하거니와 하루 이틀 미뤄온 것이 어느새 1~2개월 동안이나 잠자코 있다가 이제 붓을 잡게 되었으니, 마음속으로 여간 미안하지 않을 수 없습니다.

　　내가 오늘도 이곳 해수욕장에서 목욕을 하고 돌아왔다 하니, 고향에 계신 이들은 퍽이나 이상하다고 하겠지요. 미국 동남쪽에 있는 이곳 플로리다는 조선의 3분의 1밖에 안 되는 반도半島로서 한쪽으로는 한없이 넓은 대서양을 바라보고 또 한쪽은 멕시코 만에 인접해 있는 아열대 지방입니다.

늘 여름이 계속되는 나라 플로리다 해변가 백사장 위에 뒹굴면서 이름 모를 물새들만이 한가로이 떠도는 끝없는 태평양 바다의 아물아물거리는 수평선 너머를 물끄러미 바라보노라니, 불현듯 내 고향 조선의 하늘 밑이 그리워집니다.

종려나무 우거진 그늘 밑에 포인세티아의 붉은 꽃송이며, 부겐빌레아의 보랏빛 꽃들이 만발한 이 플로리다는 실로 겨울의 무릉도원입니다. 그래서 북아메리카의 부유한 집 젊은 남녀들이 겨울만 되면, 이 계절은 으레 여름이 계속되는 플로리다로 몰려오는 것이라 합니다. 나 역시 그들과 같은 생활환경이 아닐망정, 아름다운 낙원의 따스한 품속에 안겨 마음껏 팔다리를 쫙 펴고 훈훈한 바닷바람을 호흡하게 되어 마음 속 시원하기 그지없습니다만, 겨울 고향 땅의 여러 가지 그림자가 번갈아 내 머리에 떠오르고 있습니다.

이제 고향의 하늘 밑에도 2월이 절반 가까이 가니 북악산 허리에 쌓였던 눈도 거의 녹아내려버리겠지요? 그리고 창경원의 벚꽃도 오래지 않아 피게 되겠구려! 또한 우울하던 종로 거리에도 봄빛은 깃들겠지요? 더구나 남산 밑 언덕에는 새싹이 파릇파릇 움터 오르고, 아지랑이 아물아물 떠돌겠구려!

나는 오늘 하루 할 일을 끝마치고 즐겁게 플로리다 바닷가에서 온몸을 쫙 씻고 노곤한 몸으로 여관에 돌아오니, 어쩐지 오늘은 유독 조

가노마루

선의 하늘 밑이 더욱 그리워져 자연히 이 붓을 잡았습니다.

　정작 붓을 잡고보니, 오랜만에 보는 미국, 오랜만에 하는 여행으로 마음속 느끼는 바도 많고 말하고 싶은 것도 많으련만, 그것을 생각나는 대로 전부 적을 자리가 아니기에 먼저 고향을 떠나 지금 이 플로리다에 와 있는 동안의 사실을 대강대강이나 적어볼까 합니다.

　지난해 11월 14일 나는 요코하마 항구에서 가노마루鹿野丸에 올랐습니다. 그곳에는 나의 먼 길을 전송하기 위해 네다섯 명의 친구들이 부두까지 나와주었습니다. 그때는 아직도 점점 깊어가는 겨울이어서 배 안은 퍽이나 쌀쌀했습니다. 나는 언제든지 망망한 대해를 바라보는 것이 가장 좋아서 갑판 위에 나서기를 몇 번이나 했다가 그냥 들어가고 말았습니다. 다만 북쪽에서 거칠게 불어오는 찬바람만이 맹수와 같이 거친 물결을 호령함에 나는 몸이 오싹하며, 소스라치기를 몇 번이나 했습니다.

내가 파나마 운하를 지나던 때는 12월 6일이었습니다. 조선에서 12월 6일이라면 함박눈이 송이송이 날리고 서릿바람이 살점을 도려내는 추위에 떨 때였건만, 열대지방 파나마의 이때는 더운 여름철로 녹음이 우거져 있었습니다.

며칠 후 뉴욕에 도착했을 때에는 역시 조선이나 마찬가지로 눈 오고, 바람 부는 추운 곳이었습니다. 나는 그길로 인디애나폴리스행 기차를 타고 목적지에 이르렀습니다. 내가 인디애나폴리스에 이르렀을 때는 벌써 미국 전 지역과 캐나다에서 대표로 온 대학생들이며, 중국의 고자인 씨, 영국의 템프리, 베스 매튜스 대표, 미국의 스피야 니버 등 여러 대표들이 모여 있었습니다.

바로 12월 28일에 인디애나폴리스 대공회당에는 3천여 명의 각국 대표자와 전미 학생 대표들로 꽉 찼습니다. 대회는 1월 2일까지 계속될 것으로 첫날부터 각 대표들에게는 20분, 30분씩의 지정 시간을 주어 강연하게 되었습니다. 그러나 첫날 회의에서 결정하기를 절대로 박수 같은 것은 안 하기로 했습니다. 퍽이나 정중하고 엄숙한 대회였고, 모든 대표자들의 열변은 가슴을 찌르는 때도 있었으며 마음을 상쾌하게 열어주는 때도 있었습니다.

1월 1일 이날에서야 내가 강연할 순서는 다가왔습니다. 나는 힘 있는 대로 마음먹고 있던 바를 말하였습니다. 듣고 있던 여러 사람들은 일시에 박수를 쳐주었습니다. 나는 다시금 연단에 올라서고야 말았습니다. 이때의 내 마음은 퍽이나 기뻤습니다. 통쾌하였습니다. 나는 눈물이 나올 듯하였습니다.

대회가 끝나는 길로 뉴욕 시로 갔습니다. 그곳 방송국에서는 [전체 도시 42개 방송국에서 중계하는] 나에게 방송해주길 간청해왔었습니다. 나는 30분간의 방송을 하고 7백 불[우리 돈으로 환산하면 2천여 원]을 받았습니다. 그 방송은 이곳[미국] 사람들에게 퍽 호감을 줬다는 소문을 들었습니다. 그런데 뉴욕은 바닷바람이 꽤나 세차게 불어옵니다. 나는 문득 고향 땅 한양의 겨울이 연상되며 그리워지더이다. 그 7백 불은 뉴욕 시의 공공단체에 기부하였습니다. 그리고 이곳 전기연맹협회에서는 하룻밤 만찬회를 열고 나를 초대하였습니다. 나는 이들의 호의에 다만 감사할 뿐이었습니다.

그다음에는 워싱턴으로 왔습니다. 오랜만에 바라보는 백악관의 위풍은 여전히 나의 시선을 머물게 하였습니다. 이곳에서는 직업부인협회의 초청으로 여러 차례의 강연을 하였습니다. 4~5년 전 그때와 지금의 그들은 퍽이나 다른 점이 많았습니다. 한마디로 말하면 침착한 듯한 느낌이 듭니다.

지금 있는 이 플로리다로 온 것은 약 2주일 전입니다. 이 플로리다는 앞에서도 잠깐 말했지만 겨울이면 미국 전체의 청년 남녀들이 모여서 즐겁게 추위를 피하는 곳인 만큼, 지금 이곳에서 모든 대회가 열리는 것입니다. 미인경연대회 등의 모임도 무수하게 개최되지만 그 밖에도 허다하게 모임이 있습니다.

나는 이 지방에 와서 2주일간 4백여 곳에서 강연을 맡았습니다. 이것이 끝나면 약 1개월간 시간의 여유를 얻어가지고 좀 쉬겠습니다. 지금 북아메리카의 여러 대학에서 강연을 해달라는 청이 자꾸 옵니다만 프로그램이 어찌 될는지는 몰라도 이제 발을 떼면 아마도 북쪽으로 갈 듯합니다.

나는 이곳 미국에 온 지 불과 2~3개월에 지나지 않습니다만 봄, 여름, 겨울을 모두 치렀습니다. 아마도 한 2~3년은 지난 듯한 느낌이 듭니다. 간단간단히 여기까지 적어오니, 벌써 너무 장 수가 많아진 듯해 이번에는 이만 붓을 놓습니다.

창경원에 벚꽃이 만발하고 근역槿域[*] 삼천리에 새싹이 푸르거든 고향 땅 형제들의 마음속에도 새로운 희망이 돌아오기를 바라나이다.

---

[*]　　근역: 한국의 별칭으로 근원(槿原)이라고도 한다. 예로부터 한국은 무궁화가 많아 근역이라 하였다.

조선의 이슈메이커, 세계를 누빈 명강연자

조선의 대표적 신여성이었던 박인덕(1896~1980)은 식민지 시기 두 번의 세계여행을 했다. 1926년 7월부터 1931년 10월까지, 그리고 1935년 11월부터 1937년 9월까지 박인덕은 해외여행을 통해 소위 "6대주의 경계선을 모조리 지나보는"[1] 경험을 하게 된다. 첫 번째 여행의 목적은 유학이었지만, 국제기독교청년회의 간사직을 맡으면서 미국과 캐나다 일대를 무대로 순회강연을 하게 된다.[2] 이후 영국과 파리 등 유럽 각지의 대학과 회합의 초청이 이어지면서 그녀는 귀국하기까지 총 32개국을 순회하며 260회에 달하는 강연을 했다.[3]

구체적으로 박인덕은 1931년 6월에 영국을 떠나 프랑스, 벨기에, 독일, 덴마크, 스웨덴, 모스크바, 오스트리아, 스페인, 이탈리아, 터키, 시리아, 이집트, 인도, 싱가포르, 홍콩, 난징, 베이징, 텐진, 다롄, 펑톈, 단둥, 평양을 거쳐 10월 6일이 되어서야 여의도 비행장에 도착했다.[4] 모두 합치면 장장 5년 2개월간의 외국 생활이었다. 그리고 이 순회강연이 계기가 되어 귀국한 지 4년 만에 다시 해외로 향한다. 1935년 12월 28일부터 1936년 1월 2일까지 미국 인디애나 주 인디애나폴리스에서 열리는 세계기독교대회의 초청을 받은 그녀는, 대회 참석 후 미국 전체를 순회하고 멕시코와 캐나다로 강연을 이어나갔다. '조선 농촌 여자 기독교운동 현상'에 대한 박인덕의 강연은 '비등적 인기'를 끌었으며,[5] 유럽 각국에서 보내는 초청장도 끊이질 않았다.

일찍이 조선에서도 여류 거물로 주목을 받던 박인덕은 두 번의 해외 강연을 통해 세계적 인물로 발돋움하고 있었다. 그녀의 순회강연에 대한 소식은 조선 언론의 뜨거운 관심사이기도 했다. 그러나 그 관심이 단지 박인덕의 세계적 성공에만 국한된 것은 아니었다.

그녀가 첫 번째 외유를 끝내고 조선에 돌아올 즈음 언론은 "그 풍부한 신지식, 그 놀라운 웅변!"을 지닌 박인덕에게 "기대할 바가 특별히 많은 것을 느낀"다며 귀국에 대한 부푼 기대를 감추지 않았다.[6] 그리고 그녀의 귀국은 곧 조선을 떠들썩하게 한 사건이 되었다. 당시 조선 여성으로는 보기 드문 학력과 세계 순회강연 경험을 가졌지만 언론이 박인덕에게 언론이 주목한 까닭은 다른 데 있었다. 그녀가 남편과 아이가 기다리는 집으로 돌아가지 않고 서울 필운동에 있는 양주삼 목사의 집에 체류했기 때문이다.[7] 이미 귀국 전부터 박인덕과 남편 김운호 사이에는 별거설이 불거졌던 터라 언론은 그녀의 사회적 성공보다 가정사에 귀추를 주목하고 있었다. 기자들은 김운호와 박인덕을 오가며 기사 쓰기에 분주했고,[8] 여권 존중과 부인 해방에 대한 박인덕의 사상은 한낱 자유이혼 문제로 윤색되었다.[9]

그러나 박인덕에 대한 세상의 관심은 비단 이 시기에만 한정되지는 않았다. "노래 잘하는 박인덕, 인물 잘난 박인덕, 연설 잘하는 박인덕"[10]이라고 회자된 것에서도 알 수 있듯이, 그녀는 남녀노소를 불문한 선망의 대상이었으며, 소위 '반도의 여인'이었다. 또한 3·1운동과 대한애국부인회 사건으로 옥고를 치르면서, 김마리아, 황애시덕과 함께 여류거물로 칭송되기도 했다.[11] 그야말로 박인덕은 "재색을 겸비"하고도 "대의를 위해 목숨을 아끼지" 않는 "철혈적 여성"[12]으로 모든 이들의 기대를 받고 있었다. 특히 여성 문제에 많은 관심을 가졌던 박인덕은 여성운동가, 농촌사업가, 교육자로서 다방면의 활동을 했으며, 유학 생활과 순회강연을 통한 세계여행 경험이 그 계기가 되었다. 여기에 실은 기행문은 「6년 만의 나의 반도, 미국으로부터 돌아와서 여장을 풀면서 옛 형제에게」(1931), 「내가 본 독일 농촌」(1932), 「미국 자유종각 방문기」(1933)와 「태평양을 다시 건너며, 세계기독교대회에 참석하고자」(1936), 「형제여, 잘 있거라」(1936)로 총 다섯 편이다. 앞의 세 편은 첫 번째 여행 후 쓴 글이고, 뒤의 두 편은 두 번째 여행과 관련된 것이다.

평안남도 진남포 억양기리에서 태어난 박인덕은 집안이 가난했지만 학구열이 강했다. 어린 시절 남장을 한 채 서당에 다니기도 했던 그녀는 열두 살에 삼숭학교를 졸업하고 무작정 상경해 이화학당을 찾아갔다. 학비가 없다는 이유로 입학을 거절했던 교장은 공부에 대한 박인덕의 강한 의지를 꺾을 수 없었으며, 공부, 노래, 운동 등 모든 것에서 뛰어났던 박인덕은 장학금을 받으며 우수한 성적으로 졸업했다.[13] 졸업 후 모교에서 교사로 재직하던 박인덕에게 드디어 유학 기회가 찾아온다. 미국의 선교사였던 아펜젤러(Alice R. Appenzeller, 1858~1902)의 주선으로 미국 오하이오 주 웨슬리언 대학에서 공부할 수 있는 절호의 기회였다. 그러나 당시 박인덕은 김운호와의 결혼을 이유로 유학을 포기한다. 배제학당 출신의 청년 부호였던 김운호는 박인덕의 환심을 사려고 "호화찬란한 집을 짓고"[14] 자동차와 피아노까지 준비했다. 박인덕에 대한 주변의 기대가 컸던 터라 결혼에 대한 반대도 만만치 않았다. 이화학당의 선교사들은 그녀가 독신으로 남아 학교와 조선 사회를 위해 헌신하기를 기대했지만, 박인덕은 1920년에 김운호와 결혼식을 올렸다. 그러나 결혼한 지 얼마 지나지 않아, 김운호의 사업 실패로 극심한 경제적 곤궁에 빠지게 된다. 박인덕은 배화학교, 여자신학교(감리교 여자신학교) 음악교사로, 가정교사로 숨 돌릴 틈 없이 일하며 가정의 생계를 유지해야 했다.[15] 훗날 박인덕은 이 시절을 다음과 같이 회고했다.

> 어쨌든 하루에 14시간 노동으로 몸은 피로할 대로 피로하고, 마음도 또한 그 이상으로 피곤하고, 우울하고, 괴롭고 했습니다. 지옥에서 사는 것이었습니다. 유쾌한 시간이라곤 없었습니다. 이렇게 6년을 사는 사이에 아이가 둘이 났습니다. 두 아이를 기르면서 그날그날을 밑 빠진 항아리에 물 부어가는 격으로 살아왔습니다. 많은 날이 갈수록 나는 결혼 생활에서 오는 지옥보다 더 무섭고 싫은 감정을 억누를 수 없었습니다. 나를 살리자. 아랫돌을 빼어 윗목에 막고 윗돌을 빼어 아랫목에 막는, 밤낮 마찬가지 공허한 생활에서 뛰쳐나가자. 결국 나는 이렇게 결단을 짓고 여장을 꾸려 미국으로 떠났던 것입니다.[16]

박인덕의 미국 유학은 이렇게 결정되었다. 당시 그녀의 유학행 기사를 전하는 《동아일보》에는 "남편은 일본으로 공부를 가게 되었고, 두 어린아이는 시어머니께서 맡아 기르시게 되었"으며, "떠나가는 것이 매우 섭섭하나" 미래를 위해 "현재의 슬픔을 잊으려"[17] 한다는 심경을 밝히고 있다. 그러나 박인덕에게 미국 유학은 지옥 같은 결혼 생활에서 벗어날 도피처였다. 그녀는 미국 조지아 주 웨슬리언 여자대학과 컬럼비아 대학에서 3년간 공부하는 사이 "발목에 항상 얽혀" 걸음을 방해하던 쇠사슬이 끊겨 나간 듯했으며, "완전히 웃을 줄 아는 사람"[18]이 되었다고 한다.

순회강연을 통해 세계 곳곳을 돌아다니면서 박인덕이 가장 주의 깊게 살핀 것은 여성의 지위였다. 과거 자신의 삶이 그러했던 만큼 조선 여성에게 부과된 사회적 억압과 남녀평등의 문제는 그녀에게 더욱 예민한 것으로 다가왔다. 이에 대한 고민은 기행문 「6년 만의 나의 반도, 미국으로부터 돌아와서 여장을 풀면서 옛 형제에게」에서도 잘 드러나 있다. 박인덕은 여권 존중과 부인 해방을 주장하기 위해서는 여성의 교육과 경제적 자립이 우선시 되어야 한다고 보았고, 귀국 후에 농촌여자사업협찬회를 조직하여 본격적인 활동을 시작한다. 순회강연 당시, 각국의 농촌과 농민 생활을 관찰한 박인덕은 특히 덴마크와 독일 농촌에서 조선 농촌의 나아갈 방향을 타진했고, 이를 조선의 현실에 접목시키고자 했다. 1932년 조선기독교청년연합회를 통해 『정말(덴마크)국민고등학교』를 간행한 것은 이러한 고심의 산물이었다.[19]

그러나 박인덕의 의욕에도 불구하고 조선에서의 생활은 그녀에게 그리 녹록지 않았다. 적극적인 노력을 기울였던 농촌사업은 독립운동의 온상이 된다는 이유로 강제 해산을 당했고, 남편 김운호와의 이혼 문제는 세간의 관심을 집중시키며 그녀의 발목을 잡았다. "조선의 노라로 인형의 집을 나온 박인덕"이라든지, "최근 가장 많이 이야기거리"가 되었고, 그로 인해 "한동안 노상 재료가 아쉬운 조선의 저널리스트의 좋은 일감"이 된 여성이라는 표현은 박인덕을 끈질기게 따라다니는 수식어였다.

> 무정하다. 경성이여! 너는 나에게 그리 즐거움을 주지 못하였고 내 포
> 부를 알아주지 못하였고 내 부름을 들어주지 않았다. 번민과 초조와
> 방황, 나는 이제 이 땅을 떠나는 하나의 실향자라고 할까?[20]

순회강연을 위해 다시금 미국으로 떠나면서 남긴 이 말은 조선에서 보낸 4년이라는 시간이 그녀에게 어떠했는지 고스란히 드러내준다.

5장

청년 의학도 정석태,
역사의 현장을 찾아가다

로마　　베르됭　　파리　　인도양

정석태 (1901~1975)

따뜻한 감성과 세심한 시선을 가진 의학도

도쿄 의학전문대학을 졸업하고 1923년 독일로 유학을 가 프랑크푸르트 대학에서 세균학을 전공했다. 일본에서 출발해 상하이, 홍콩, 싱가폴, 인도를 지나 수에즈 운하를 통과하여 프랑스 마르세유 항으로 무려 48일 동안 배를 탔다. 유럽에 머무는 동안 역사적인 현장과 유적지들을 돌아다니기도 했고, 그 기행문이 《삼천리》에 실렸다.

3년 동안 유학 생활을 마치고 1926년에 조선에 돌아와 경성 시내 다옥정(지금의 서울 중구 다동)에 지성내과를 개원했다.

이탈리아, 순교자 1백 주년 기념 대제례성관,
가톨릭교*의 성대한 기념제 광경

포교의 참혹한 흔적

1925년 봄이었다. 지중해에 면한 남유럽의 풍광을 보기 위해 나는 파리에서 출발해 이탈리아 로마에 이르렀다. 일찍이 장화 같은 모양의 나라요, 또 일대의 풍운아였던 나폴레옹을 산출한 맑고 아름다운 경치를 간직한 곳인 줄 소년 때부터 알아왔다. 르네상스, 즉 문예부흥의 발상지로 인류 문화의 모태 노릇을 한 이탈리아를 동경한 지는 오래였으므로 이번 여행을 어떻게나 기쁘게 계획하고 실행했는지 모른다. 여기에는 남유럽 기행을 쓸 필요가 없으므로, 문제의 가톨릭교도 순교자 1백 주년 기념제례의 광경만을 적기로 하겠다.

누구나 알 테지만 로마라 하면 가톨릭 교주인 로마 교황이 있는 곳

---

* 가톨릭교: 원문에는 기독구교(基督舊敎) 혹은 구교(舊敎)로 표기됐다. 여기서 '구교'는 로마 가톨릭교를 개신교(신교, 新敎)에 상대하여 이르는 말이다.

이라. 교황의 치하에 유럽과 아메리카, 일본, 조선, 중국 등 세계의 어떤 나라든 지방이든 가톨릭교의 선교사가 가 있어서 전 세계 가톨릭교도를 통솔하고 있다. 그런데 이번 로마 교황은 동서양 각국의 포교 상황을 일제히 모아서 박람회를 개최하는 한편, 포교를 하다가 애처롭게 죽은 수만을 헤아리는 순교자의 1백 주년 기념제례까지 하기로 하였다고 한다. 그렇지 않아도 봄이면 그 풍광에 취하여 사방에서 유람객이 몰려드는 로마는 곳곳에 들어선 구경꾼으로 빽빽했다. 이 속에 나도 끼었다. 이탈리아 말과 글을 몰라서 겨우 영어와 독일어만 가지고 밥 달라, 물 달라 소통해가며 다녔으니, 이탈리아 말을 알았더라면 아래에 기록하는 제례의 광경도 분명하고 자세했으련만. 그때 미처 옆 사람에게도 설명을 잘 얻어듣지 못한 관계로 다소 주마간산 격이 된 것이 부끄러울 뿐이다.

로마의 조선관

박람회는 로마 시가의 중앙에 있는 유명한 산피에트로 성당*과 그 앞 대광장에서 개최되었다. 그런데 그곳 박람회장 안에는 여러 나라의 전시관이 따로따로 떨어져 있는데 동양에 관한 것으로는 중국관, 일본

---

* 산피에트로 성당(San Pietro Basilica): 원문에는 '페-돌'사원으로 표기됐으나, 피에트로(Pietro)를 지칭하는 것으로 보임. 산피에트로 성당은 성베드로 성당으로도 불리며, 이탈리아 로마의 바티칸 시국에 있다.

지노 알비에리(Gino Albieri), 〈산피에트로 성당의 풍경-부분〉, 1926

관, 말레이 반도관, 필리핀관, 인도관과 또 조선관이 있었다. 이탈리아 말을 모르는 관계로 그 발음이 조선관으로 되었는지 또는 코리아관으로 되었는지는 잘 분간할 수 없었다. 어쨌든 그 내부에 들어가보니 조선의 지도를 비롯하여 평양과 경성의 큰 시가 사진이 걸려 있고, 명동에 있는 뾰족탑의 천주교당이 조그만 모형으로 놓여 있었다. 그리고 그 좌우 옆에는 조선의 풍속, 습관을 알려주기 위해 수염이 나고 팔자걸음을 걷는 풍채 좋은 조선 사람이 사람 크기의 모형으로 진열되어 있고, 방갓, 저고리, 치마, 옥관자(옥으로 만든 망건 관자), 도포, 돋보기, 안경집, 장구, 가야금, 피리, 나막신, 짚신, 담뱃대 등 일상생활에서 쓰는 모든 기구가 정연하게 놓여 있는 데에 놀라지 않을 수가 없었다. 그리고 일찍이 역사책에서 보던 남 신부, 박 신부 등 대원군의 손에 평양 대동강 기슭과 서울 명동에서 학살당했던 그 순교자들의 사진이 하나 빼놓은 것 없이 수십 장 걸려 있었다. 또 가장 주목을 끄는 사실로는 로마와 무슨 수호조약이나 선교 자유의 은밀한 약속이라도 있었던 것인지 태황제, 즉 고종의 친필이라 기록한 백지 문서들이 진열되어 있는 점이다. 이것을 통해 수만 리 먼 곳인 조선에서조차 이렇듯 포교에 진력했음을 표시하는 것이니, 종교인이 아닌 내가 보기에도 그 순교자들의 공적에 눈물겹거늘, 하물며 같은 가톨릭교도들이야 얼마나 감개무량할 것인고.

이 밖에 일본관이나 중국관들도 둘러보았으나 모두 조선관같이 포교의 역사를 보여주는 것이 대부분이었다. 아마 생각건대 말레이 반도 같은 미개 지방의 포교에도 무척 참혹한 역사가 숨겨 있을는지 모르지만, 대원군 집정 당시 조선의 포교도 그네들이 볼 때 상당히 참혹한 역사가 아닐 수 없을 것이다. 우리들도 근대사를 펼쳐볼 때, 당시 집정자의 극단적인 미친 행동에 전율을 금치 못하며, 내외국인의 순교자가 조선 팔도에 20여 만을 헤아렸다는 소리를 듣는다. 그러나 이 박람회장에서 옛 역사의 파편을 들춰보니, 훨씬 그 이상의 피살자가 있었던 듯한 감개를 갖게 된다.

백의의 수녀군

조선관에서 자못 감개가 깊어 박람회장 밖으로 나오니 멀리서 북소리가 둥둥 울리며 많은 사람의 발자취 소리가 들리기에 나도 여러 사람 틈에 끼어 산피에트로 대성당 앞 광장으로 내달렸다. 조금 있다가 흰 은종이를 붙인 기다란 창을 쥔 수백의 교도가 여덟 줄 행렬을 맞춰 엄숙하게 행진하는 것이 보였다. 이것이 순교자 1백 주년 제례의 행렬인 듯하다.

교도들은 모두 눈처럼 하얀 수건 같은 것을 머리에 두르고 몸에는 발끝까지 끌리는 검은색 수도복을 입었는데 가슴에는 묵주에다가 십자가 상을 하고 있었다. 이것은 일찍 고국에 있을 때, 프랑스 교회당(명동성당)이나 아현리의 교회당(약현성당, 지금의 서울 중림동 성당)에서 가끔 보던 일이어서 그렇게 신통할 것이 없었으나 은종이를 붙인 긴 창을 멘

약현 성당
지금의 중림동 성당. 조선 최초의 서양식 성당이다. 아현(애오개)으로 넘어가는 언덕은 약초를 재배하는 밭이 많아 약전현 또는 약현이라 불린 데서 이름을 따와 '약현성당'이라 불렸다. 명동성당을 설계한 코스트 신부에 의해 1891년 건축을 시작하여 1892년 완공되었다.

것은 같지만 다른 듯한 기분에 눌림을 깨달았다. 그 선두가 한 걸음 두 걸음, 엄숙하게 장엄하게 걸어오자 좌우에 인산인해를 이루었던 수십만의 군중들은 대부분이 교도인 모양으로 대개는 머리를 숙이며 입으로 "막달라 마리아, 막달라 마리아" 하고 기도하고 있었다. 다른 사람들도 기침 한마디, 말소리 한마디 하지 않고 꼿꼿한 자세로 엄숙하게 행렬을 맞고 있었다. 그 뒤로는 각국에서 보던 모양으로 동정녀의 일군이 섰고, 그 뒤에는 교도가 섰으며, 또 애도의 곡을 연주하는 악대도 섰다. 아마 행렬의 길이가 4~5리에 이를 듯, 마지막에 산피에트로 성당 앞에 모여 묵념하고 갈라지더라. 이날 전 로마에 있는 모든 성당에는 참예자가 쇄도하고 기적과 종이 하루 종일 쉴 새 없이 둥둥 울렸다.

그런데 로마 교황도 이 행렬에 참여하였다는 말이 들렸으나 어떤 분인지 나는 끝내 발견하지 못하고 만 것이 섭섭하다면 섭섭하다 할까. 어쨌든 이 구경은 이탈리아 기행의 선물이었다.

시체의 베르됭*
세계대전을 치른 옛 전장을 기행

1924년 11월 11일 이날은 묻지 않아도 저 살육과 혼돈으로 만국을 뒤덮던 세계대전이 끝나 콩피에뉴 고성古城에서 휴전 조약이 체결된 지 만 6년을 맞는 평화기념일이다. 나는 수백만 망령 위에 핀 한 떨기 꽃 같은 아름다운 이날을 파리에서 맞게 되었다. 벌써 아침부터 파리의 거리거리에는 수많은 남녀노소가 깨끗한 옷에 아름다운 리본을 달고 비둘기같이 뛰어나와 평화를 축하하는 마음을 표하노라고 야단이다. 일반 시민들도 만세를 부르면서 떠들썩한 모양이 여간 아니었다. 나 역시 자아를 잊어버리고 그들과 같이 고함도 질러보며 뛰기도 하고 웃어도 보았다. 이것이 일종의 임시적 발광 같기도 하다만은 인생에서 자연히 억제하지 못하는 표정이요 정서일 것이다. 실로 전쟁, 살상, 평화 이 모든 현상이 무엇을 말함인가.

---

* 　베르됭(Verdun): 프랑스 동북쪽에 있는 작은 도시. 요새 도시로 제1차 세계대전 중 프랑스군과 독일군이 격전을 벌인 곳이다.

이러한 겹겹의 잡념이 내 고요한 머리를 어지럽히고 있을 때 벌써 나의 몸은 파리를 출발해 서부전선지에 해당하는 베르됭으로 줄달음치는 기차에 실려 추억의 실마리를 풀고 앉아 있었다. 때는 1924년 11월 12일, 평화기념일 바로 그날이었다. 열차 속에는 물론 다수의 승객이 앉아 있었지만 그래도 나는 고독을 느끼지 않을 수가 없었다. [동양인으로는 혼자인 까닭에] 외로이 영자신문을 뒤적거리고 앉아 있노라니 뜻밖에 내 어깨를 부드럽게 흔들며 "헬로" 하고 부르는 이가 있다. 이역만리에서 나를 알아줄 사람이 없을 것이라 놀라지 않을 수 없었다. 뒤를 돌아다보니 의외로 거기에는 나와 같은 동양인 신사 한 분이 미소를 띠고 있었다. 그이 또한 혼자서 나를 보고 반가움에 참지 못하여 그리한 듯 우리는 반갑게 인사를 나눴다. 그는 가나자와 의과대학 교수 가와무라 박사로 나와 같이 대전쟁을 구경할 목적으로 베르됭에 가는 길이었다. 우리는 이내 십년지기같이 마주 앉아서 평화기념일을 싸고도는 이야기와 전란으로 황량해진 프랑스 산천의 이야기로 정신이 담뿍 취하였다. 이러는 동안 어느덧 두 사람은 베르됭 역에 내려 그때부터는 자동차로 곧 바꿔 타고 바로 전쟁의 흔적이 남은 요새지로 직행하였다.

베르됭 부근의 지형은 끝없이 너른 벌판이다. 이 베르됭의 요새로 말할 것 같으면 실로 많은 역사가나 전술가의 비평과 같이 프랑스 전체 국방의 최전선이므로 프랑스 정부에서는 이 지점을 가장 중시하고 수억의 군사비를 투자하였다. 평야와 고지대 여기저기에 수없이 견고한 포루를 설치하고 그러고도 부족하여 이중삼중으로 방어 전선을 늘어놓

베르됭 전투
제1차 세계대전 당시 프랑스 북동부의 조그만 도시 베르됭에서 치른 가장 격렬했던 전투. 프랑스군을 몰살할 목적으로
독일이 계획한 이 전투는 독일과 프랑스 양쪽 모두에게 치명적인 피해를 끼쳤으며, 독일군 33만 명, 프랑스군 37만 명
이 사망했다.

았는데 이 포루는 시가에서부터 2~3리 이상 떨어져 있었다.

세계대전의 축도는 이 베르됭 전쟁이었다고 할 만큼 참담한 피가 흘렀던 곳이니, 만일 이 베르됭 요새지가 함락되었다면 오늘의 평화가 없었을 것이요, 독일의 패권은 전 세계를 마음대로 휘둘렀을 것이니 그 얼마나 놀라운 운명의 고개였던가. 그러므로 이때 독일 군대는 전력을 다해 이 베르됭을 함락하고자 1915년부터 가장 맹렬한 공격을 개시하였고, 프랑스 역시 죽음을 무릅쓰고 지켰다. 독오동맹군(독일과 오스트리아 동맹군)과 영·불(영국과 프랑스) 등의 연합군은 여기에서 가장 치열한 대치를 보았던 것이다. 이러는 동안에 독일군은 전사자 33만 명을 냈고 프랑스 역시 30만으로 총 70만에 가까운 생명을 이 베르됭의 거친 들, 벌판에 매장해버렸던 것이다. 어찌 전율하지 않을 수 있으랴. 그뿐인가. 후일에 '평화의 전투'라 일컫던 고금 초유의 전투가 한바탕 일어나 세계대전의 승리를 결정케 하였다. 즉 1917년 7월 독일 명장 루덴도르프가 최후의 공격을 개시하여 한 번에 프랑스군을 격파할 작정으로 약 25개 사단의 대병을 이끌고 약 90킬로미터에서부터 정면공격을 하였던 것이다. 그러나 프랑스군은 사력을 다해 1914년 때의 전선으로 퇴각해서 독일군이 준비한 포격을 무효로 만들었고 다행히 독일군의 맹렬한 습격을 방어했던 것이다. 이때에 독일 황제 카이저[*]도 프롬르빌 Fromeréville이라는 고지까지 가까이 와서 전쟁을 감독하고 사기를 북돋워주는 데 게으르지 않았으니 독일군 필승의 의기는 자못 컸었던 것이나, 결과는 이 한 시대의 교만한 영웅을 눈물 뿌리게 하고 말았을 뿐이다.

이 베르됭 부근의 여러 포루 중에서 가장 유명하다고 세계적으로 크게 소개된 곳이 있으니, 두오몽** 포루로부터 서쪽 비탈면에 위치한 소위 '총극銃劇의 삼森'이라 칭하는 곳이다. 이곳은 독일군이 맹공격할 즈음에 프랑스군의 1개 대대가 단 이틀간 실로 한 명도 남지 않고 배낭을 멘 채, 총자루를 멘 채로 전부 땅속에 매몰당하고 말았다고 한다. 수년 전에 미국 어떤 부호가 관광차 이곳을 와보고 개인의 자금으로 보존 공사를 착수하여 총흑銃釖의 기념탑을 만든 것이라 한다. 아직도 그들이 최후의 순간까지 두 손에 굳게 쥔 총과 칼이 지상에 노출된 채로 있어 보는 이의 가슴을 서늘케 하였다. 물론 이 총과 칼을 따라 지하를 파보면 용사들이 죽는 순간까지 분투하던 자태가 그대로 가리고 있음을 볼 수 있다. 나는 알 수 없는 감개에 싸여 저절로 머리가 숙여지며 그들의 영혼에 진심으로 묵도를 하였다.

이 부근 일대에는 참호와 철조망 등이 아직도 남아 있으며, 그 토굴 속에서 수십만 프랑스군이 숨어서 생활하던 곳을 보게 되었다. 물론 그 속은 수많은 줄기로 가지 찢어서 벌집같이 서로 오고가게 되어 있다.

---

* 　　카이저(빌헬름 2세 Wilhelm II, 1859~1941): 독일 황제 겸 프로이센 왕으로 1888~1918년에 재위했다.

** 　　두오몽(Douaumont): 프랑스 로렌 주 뫼즈 강 연안의 국경 지역 베르됭에 있다. 두오몽 요새는 베르됭 최후 전방 보루였으며, 1916년 2월 25일 독일군에 의해 함락되었다. 두오몽과 그 주변 지역은 제1차 세계대전 시기 프랑스 연합군과 독일군 사이의 주요 전투지였다. 지금은 베르됭 전투에서 목숨을 잃은 프랑스와 독일 군인들의 유해 13만여 구가 안치되어 있는 대형 납골당(두오몽 납골당)이 있다.

또 참호 속으로 말하면, 일상에 없는 것이 없어서 가령 수만 개의 침대와 침실, 목욕실과 세탁실, 주점과 오락장 등 지상의 세계에서 하는 생활을 하도록 되어 있었다. 그도 그럴 것이 이는 기계로 하는 전쟁인 까닭에 탄환이 날리는 지상에 조금만 머리를 내놓았다가는 여지없이 총살을 당하고 말기 때문에 언제까지든지 지하에 엎드려 지구전을 해야 했던 까닭이다. 그래서 몇 해를 두고 낮과 밤을 구별치 못하던 이 토굴 속에서 수십만 군인은 사랑스러운 처자와 부모 형제를 고향에 두고 제국주의의 까닭 모를 인육 희생이 되었던 것이다. 어쨌든 침대나 목욕통뿐 아니라 그때 쓰던 무기도 있으며, 멀리 고향의 처자에게 소식을 전하던 우편물과 겨울철에 놓던 난로며 전등, 전화 등 문명적인 온갖 설비도 아직까지 그냥 남아서 전쟁의 흔적을 눈앞에 보여주더라.

참호 속에는 곳곳에 부상병[팔 없는 사람, 다리 없는 사람]들이 서서 그때 자기들이 경험한 일을 관광객에게 설명해준다.

나는 그들이 이같이 비참하게도 나라를 위해 용감히 싸웠다는 기개에 감동하여 손을 내미니, 그들은 멀리 떨어진 곳에서 온 이 동양인에게 따뜻한 악수를 해주더라. 이와 같이 전쟁이 준 제물인 부상병이 곳곳에 서서 안내하는 것이 그 얼마나 여행객의 마음을 쓸쓸하게 하는지 감개무량한 한줄기 눈물이 흐를 뿐이다.

안내자의 말을 들으니, 파리 같은 도시의 소년원이나 기타 불량 집단을 1년에도 몇 차례씩 이런 곳으로 끌고 와 견학을 시켜보니 자연스레 양심이 올바르게 되고 나라를 사랑하는 마음이 굳어진다고 전한다.

다시 우리는 납골당에 경의를 드리고 나와 발을 옮겨 한 곳에 이르니 용감한 사자의 조각상이 넘어져 여지없이 깨져 있었다. 이는 독일군이 프랑스 땅을 최후에 밟아본 것을 표시함이요, 또는 프랑스군이 용감하게 독일군을 방어했다는 의미인 것이니, 프랑스군 또한 독일군을 얼마나 무섭게 보았길래 사나운 사자로 비유하였음이오. 사나운 사자를 이 자리에서 때려죽였다는 의미로 볼 텐데 또한 주의 깊게 거듭 호기심을 자아낸다.

벌써 서쪽 산에 해가 저문다. 11월 한기는 여행객의 몸을 못 견디게 자극하며, 적막한 너른 황야는 어지러이도 흩어져 있다. 한편에는 수십만 평에 가까운 넓은 묘지가 있으니 이곳은 전쟁 당시 70만에 가까운 전사자를 묻은 땅이다. 일일이 백색 십자가가 그 위에 가지런히 꽂혀 있으며 먼 곳은 벌써 안개에 싸여 분명히 보이지 않는다. 나 역시 허탈한 감정으로 구슬픈 생각에 돌아오는 길을 잃은 듯 거친 들판에 고요히 섰을 뿐이고 70만의 영혼들은 이 어지러운 세상을 잊어버린 듯이 고요히 잠들어 있을 뿐이다. 사방에는 어두운 장막이 닥쳐오기 시작한다. 서리 찬 하늘에는 높다랗게 반달이 걸려 고독히 밝은 빛을 내리고 있으며 거친 들판에서 우는 까마귀는 갈 곳을 알지 못하고 지저귈 뿐이다.

만리타국에선 여행객은 마음이 끊어질 듯한 쓰린 감회를 억누를 길이 없어 이 애처로운 프랑스의 산천을 고요히 바라보며 머리를 숙이고 말았다.

파리에 있는 나폴레옹의 거처를 방문하다

파리 시외에서 서남쪽으로 약 4리가량 자동차를 달리니 말메종 Château de Malmaison이란 곳에 도착하였다. 그곳에는 나무숲 속에 아늑한 작은 건물이 있었다. 이 건축의 규모는 그리 크다고는 볼 수 없으나 세상 사람의 이목을 끌 만한 역사를 가지고 있으니, 한때의 영웅 나폴레옹이 거주하던 곳이다. 우선 대문을 두드려 수위에게 방문의 뜻을 알리니, 흔쾌히 안내하며 현관을 거쳐 각 방에 대한 설명을 해준다. 거기에는 나폴레옹에 관한 물품이 곳곳에 진열되어 있었다. 이곳은 물론 나폴레옹이 일상생활을 하던 것을 세세히 목격할 수 있는 곳이며 역사적 회화나 금색 찬란한 기념물을 볼 때에는 그 누구나 당대 전성시대의 정도를 가히 회상할 수 있다.

그중에서도 내 주목을 끄는 가장 중요한 것은 나폴레옹의 침실이다. 침대 머리맡에는 나폴레옹 일생의 로맨스를 가지게 했던 마리 루이즈 부인의 초상이 걸려 있다. 침실 침대 위에도 나폴레옹의 초상이 걸려 있는 것이 그들의 로맨스 결혼을 말하는 듯했고, 침구는 나폴레옹과 마리 루이스 부인*당시 사용하던 그대로 놓여 있다. 식당에 있는 식기나 그가 매일같이 앉아 있던 의자와 책상 등 무엇이든 무의미하게 보이는 것이 없다. 나폴레옹은 음악에도 상당한 취미를 가졌었는지 따로 음악실이 있어서 당시에 쓰던 옛날 악기가 그대로 놓여 있었다. 그 바로 옆방에는 나폴레옹이 매일 아침이면 얼굴을 씻던 세면대와 또 그 옆으로 있는 체조실 등을 낱낱이 볼 수가 있었다.

다시금 회의실로 들어가니 중앙에 긴 테이블이 있고 그 옆으로는 수십 개의 의자가 있어 일상 이곳에서 중요 회의를 개최하여 소위 지구의地球儀 정사를 논의하고 세계를 정복할 승리의 꿈을 결재하던 곳이 모두 이 방에서 꾀하던 것이었다.

또 한 곳을 이르니 그가 쓰던 서재였다. 이 방에 들어만 가면 바깥을 향한 창만 있지 출입구는 쉽게 찾을 수가 없다. 이 방은 벽에 책이 가득 쌓여 있고 출입문에도 책을 넣게 하여 들어는 갔어도 출입문만 닫히면 책장으로 변해 알 수가 없게 된다. 또 한 가지는 나폴레옹이 쓰던 책상과 의자가 기이한데, 사용하지 않을 때 책을 넣게 되며 타원형으로 변하게 만들었다.

잠시 그가 쓰던 서적을 보니 모두 세계를 엿보아 정복을 연구하던

조세핀(Joséphine de Beauharnais, 1763~1814)
나폴레옹의 첫 번째 황후. 나폴레옹과 말메종 성에 함께 살았으며, 이혼한 뒤에도 계속 말메종 성에 머물렀다.

재료뿐이며 남편이 연구에 몰두할 때 애인 마리 루이즈 부인이 따뜻한 차를 만들어 이 서재로 들어오는 형상이 눈에 비치는 듯 상상을 억누르지 못하겠다.

또 하나는 영웅이 최후 임종 시에 누웠던 침대도 있고, 그 위에는 많은 벽화가 있으니 엄정한 얼굴로 가슴에 손을 대고 옆으로 보는 초상도 있으며, 또 뒷짐을 진 불쾌한 모습의 그림이 있었다. 이는 나폴레옹이 일상 유쾌하지 않거나 불만이 있을 때 취하던 독특한 자태인데, 뒷짐을 지고 방 안을 수없이 왔다갔다 하는 것이다. 나는 그를 본 적은 없으나 이러한 내력과 실제로 그가 사용하던 제반 기구를 볼 때, 이상하게도 그가 가까운 친척같이 느껴졌다.

또 한 곳에 역사적 성화聖畵가 있는데, 이 그림은 나폴레옹이 곤히 잠든 수비병 옆에 서서 그가 쥐었던 총을 들고 서 있는 것이다. 러시아를 정벌하여 전쟁터에서 깊은 밤 나폴레옹이 잠을 자지 않고 진영 안을 순회하던 중에 한 수비병이 피곤을 이기지 못해 잠시 잠들어 있자 이 군병 대신 그가 쥐었던 총을 들고 있었던 것이다. 그 후 군병이 잠을 깨고 보니 군왕인 나폴레옹이 자기 대신 군병이 돼 있음을 보고 어찌나 감격했던지 스스로 사형을 원했으나 특별히 관대하게 용서하여 피곤한 군병들의 대대적 감동을 샀다던 역사적 그림이었다. 단지 이것만이겠소. 수많은 유명한 역사적 물품으로만 수없이 널려 있다.

참관을 끝마치고서 다시 정원으로 나왔다. 나무숲 사이로 나폴레옹 부부가 한가한 틈을 얻어 산보하던 곳도 있으며 결혼 당시에 쓰던 마차

밤에 작업하는 병사들을 격려하는 나폴레옹
나폴레옹은 병사들의 마음을 사로잡을 줄 아는 유능한 군인이었다.

도 다 지금까지 존재해 있다. 아- 이 우주가 좁다고 천하를 계획하던 일대 영웅 지금은 어디로 배회하는고.

본래 코르시카 섬에서 자라난 섬사람으로 혁명과 국가의 건설을 비롯해 세계를 두고 승리의 꿈을 한없이 꾸기도 했으며 거친 바람과 모진 파란으로 세상 사람을 놀라게 할 줄 그 누가 알았으랴. 그나마 마지막 자취 너무나 가엾도다. 남반구 아프리카에 있는 세인트헬레나 섬(영국의 식민지로 나폴레옹이 사망하기 전까지 유배 생활을 한 곳)에서 마지막 운명으로 일생의 종막을 내렸으니 이를 꿈에서나 생각한 이는 그 누구였더냐.

지금 이 말메종 주택은 주인을 잃고 몇백 년 오랜 세월을 두고서 나같이 이름 없는 방문객에게 오직 눈물을 자아내게 하니, 영웅의 혼이 있어 생각하게 된다면 그의 가슴은 한없이 쓰라릴 것이다.

> 구슬픈 가을비 고요히 내리니
> 고객孤客의 심사는 더욱이 산란하도다.
> 인생사 그 누가 탓하였더냐
> 석화石火같은 인생 춘몽인 줄 못 알았던고
> 운명의 장난을 받게 된 우리여
> 모르는 앞일을 다툼이 무슨 까닭인고.

대해양의 비극, 인도양의 인도 청년 수장기

유럽을 향해 떠난 여객선은 이윽고 인도양에 이르렀다. 그때 한 인도 청년이 불행히도 객사하게 되어 인도양에 그 시체를 수장하였다. 나는 그 광경을 보았는데, 여기에 일기 몇 단락을 요약한다.

1월 7일. 지루한 항해다. 지난해 12월 29일 인도 콜롬보(현재 스리랑카의 수도) 항을 떠나서 10여 일이 가깝도록 단조로운 생활을 계속할 따름이었다. 홍해가 가까워오면서 더위는 1백 도(섭씨 38도)를 넘기는 것이 예사였는데, 이는 아라비아 사막에서 뜨거운 공기가 불어오는 까닭이라고 한다. 그러나 주위는 오직 막막한 물뿐이요, 산이나 섬의 그림자도 보이지 않는데, 지도에는 홍해가 한갓 강과 같아서 육지가 멀리 바라보일 듯했으나 도무지 무한한 대양일 뿐이었다. 다행히도 이번 항해에서는 그다지 거친 바람이 없는 까닭에, 거울 같은 바다로 배는 서쪽으로 서쪽으로 우리의 사회를 싣고서 줄달음질 칠 뿐이었다.

실없는 친구들은 오늘도 만담이 벌어졌다. 그들은 여전히 베이비

골프(약식 골프)와 춤추는 데 재미를 많이 붙인 모양이지만 이 더위에는 때때로 비명을 토한다.

아무 욕망과 질투가 없는, 단순하고도 죄 없는 이 작은 사회는 어제나 오늘이나 별 다름없이 꽃 같은 생활 방식을 가지고 지나가게 된다. 언제나 목적지에 상륙하나 하면서 각자의 장래를 꿈꾸는 친구도 있을 것이며, 먼 고국에 대해 슬프게도 애달픈 감회를 가진 이도 있을 것이다. 그러나 이 모든 사람은 같은 운명을 가지고 있는 이 배의 몸이 되고야 말았으니 인생의 모든 행로가 덧없어 보일 뿐이었다.

석양의 인도양은 더욱이 분수에 넘친다. 솜 같은 구름 종이는 해에 채색이 되니 경치에 취함인지 무엇을 회상함인지 나로서도 나를 잠시 잊었던 것이다. 파리까지 동행하는 화가 F군이 인도양에 대한 구름을 정성스럽게 설명하고 있었다. 이윽고 갑판까지도 어둠이 가득 찼다. 뱃머리는 서쪽으로 쉴 줄 모르고 달음질한다. 저녁 식사 음악이 울려 식당으로 향할 때 옆에 있던 선장과 사무장 말이 3등칸에 있는 인도 청년의 병세가 매우 위독하다고 한다. 나는 이 말을 듣고 멀리 떨어진 나라, 더구나 이 대양에서 친척 하나 없이 어쩔 수 없는 이곳에서 그 얼마나 마음의 고독과 병의 고통이 있으랴 생각하니 돌연히 밥맛을 잃고 말았다.

늦도록 살롱에서 홀로 울적함을 참지 못했다. 배는 좀 흔들리는 것 같았건만 객실*로 들어와 잠자리에 들었다. 공연한 번민과 찌는 듯한

---

*   원문에는 '자빙'으로 표기됐다. 객실, 선실을 뜻하는 'cabin'의 발음 표기로 추측된다.

더위에 쫓기느라 잤는지 말았는지.

1월 8일. 어제 저녁부터의 물결이 아직도 고요하지 못한 듯하다. 웨이터가 아침 토스트를 가져오는데 할 수 없어 무거운 머리를 겨우 들고 일어났다. 어찌된 셈인지 오늘도 기분은 상쾌한 맛이 없고, 찌는 더위와 같이 공연히 아침부터 울적할 뿐이었다.

그러나 말 잘하는 H군은 여전히 아침부터 떠들기 시작한다. 나는 한구석에서 뜻 없는 시선으로 그들을 물끄러미 볼 뿐이다. 공연히 아침 밥맛도 없었다. 한편에 선객들이 웅성웅성하는 말이 3등실 인도 청년인 환자는 그만 어젯밤 11시에 이 세상을 떠났다 한다. 오늘 오후 4시에 어쩔 수 없이 수장을 한다고 떠든다. 그래서 그런지 마스트(돛대)에는 조기가 걸려 있고 선장과 고급 선원들은 검은색 삼베를 팔뚝에 걸고 있다.

어떤 선원의 말을 들건대, 선객은 누구를 막론하고 항해 중 불행히 사망하면, 또 항구 부근의 육지에 24시간 이후에야 닿는다면 어쩔 수 없이 수장을 하고 만다 하며, 선원들은 그날 하루 종일 조의를 표한다고 한다.

그는 하여튼 죽음의 길을 밟게 되었다. 이 청년은 물론 위대한 포부와 많은 동경을 가지고 유럽을 향하는 길이었을 것이다. 이 청년을 떠나보낸 그의 부모며 애인들의 지난밤 꿈이 어떠했으며, 이 비보를 받을 때 그들의 안타까운 심정이 어떠할까 하는 생각을 하니 아울러 수만 리를 떠난 나의 고독과 알 수 없는 슬픔이 가슴에 복받쳐 올라온다. 따라서 슬프지 않은 눈물이지만 벌써 내 눈썹을 적시고 있고, 뜻 없는 걸음은 몇 발짝도 옮길 수가 없다. 만일 나의 진정한 애인이 오늘 이 지경에 당한 것을 볼 때 환경이 다른 만큼 마땅히 같은 물결에 이 몸을 던지는 데 주저치 않을 것이다. 무엇이 이다지도 애달팠으며 어찌하여 내 가슴이 답답할까. 아니다. 모든 인생의 행로가 덧없는 가련함에 있다고 할 수 있다. 지금 내가 유럽을 향해 떠나는 목적이 무엇이며, 오늘도 입에 밥을 넣어야만 할 나의 본능이 무엇일까, 결국은 저 청년이 가게 된 최후의 길을 우리는 따라갈 뿐이다. 인생의 과거는 암흑에서 나타나 장래도 암흑으로 사라짐을, 왜 우리는 짐작지 못하는가. 그래도 다음 세상이 있을까? 그렇지 않으면 과연 낙원이 있는가? 아니다. 이는 의지박약한 종교가의 위로에 지나지 않음이다.

그러면 저 청년을 따라서 같은 물결에 몸을 던져 속히 이 고통의 세상을 잊으려 하지 않겠느냐? 그도 아니다. 나는 오직 천 가지 세상의 즐거움보다 한 가지 비애를 존중하며, 만 가지 희망보다 한 가지 고독을 좋아한다. 이것이 나의 종교요, 나의 사랑이다. 이러한 번민, 고통으로 나의 머리는 수습할 수가 없다. 찌뿌듯한 하늘과 답답한 나의 심정은 방금방금 지나는 찰나의 경계를 지낼 뿐이다.

이윽고 오후 4시가 되었나 보다. 수장식水葬式에 나도 참례를 하였다. 오늘은 음악실에서 음악도 중지하고 각자 대화에 웃는 것도, 서로서로 삼가기도 한다. 술집에선 술도 팔지 않고 마치 큰 흉사凶事나 난 듯한 모양이다. 그러나 이 배의 사회는 적어도 오늘만은 그를 위하여 모두 언행을 삼갔다.

벌써 시체를 흰 포장에 싸고 머리에는 묵직한 쇠뭉치를 매달아 물에 떨어져도 뜨지 않고 속히 바다 속으로 가라앉게 만들어 널판에 고요히 뉘였다. 그 뒤로 선장과 선원이며 일반 선객들은 침묵에 싸여 저마다 고개를 숙이고 누구나 머리를 들 줄 모른다. 나도 약한 마음은 아니지만 어느덧 뜨거운 눈물이 발부리에 떨어진다. 형식인 의식을 마치고 그만 시체를 들어 바다로 넣고 말았나 보다. 바닷물에 떨어지는 물소리, 내 전신에는 소름이 끼쳤다. 그러나 감히 고개를 들어 바라보질 못했다. 나는 이 자리에서 맘껏 울고도 싶고 몸부림도 치고 싶었다. 그 이유가 이 청년을 위함에 있을까. 아니다. 나는 나를 슬퍼하며 나의 고독을 깨달은 까닭이다. 따라서 인생의 말로가 무엇인지 알 수 없어 안타까워하는 심정이다.

벌써 밤이 되어서 온 세상은 어둠에 잠겨 있다. 그러나 우리의 작은 사회는 알 수 없는 내일이 밝을 것에 유일한 희망을 가지고 자꾸자꾸 갈 뿐이다. 어둠이 닥쳐올 때마다 나는 더욱더욱 어쩔 줄 모르겠으니, 아마 세상에서 미치는 사람은 별다를 게 없을 것이다. 극도의 번민과 고통의 결과가 아닐까.

인도양의 거친 바람과 물결이 뱃머리에 부딪치는 소리가 적막한 우주에서 죽은 청년이 무엇을 저주하는 것 같다. 우리의 인생을 고통의 세계라 할까, 낙원이라 할까? 진리로 이것을 이해하는 친구 몇몇인고, 잠은 점점 멀리 달아난다. 청년의 시체가 흰 포장에 싸인 것과 시체가 바닷물에 떨어지는 소리가 확연히 보이기도 하고, 확실히 들리기도 한다. 아마 오늘도 꼬박 새우나 보다.

1월 9일. 오늘도 날이 맑고 사람들의 의지 있는 현상이 어제나 별다를 바 없다. 오직 이 작은 사회에서 이미 죽은 인도 청년 한 사람이 없어짐에 조금이나 달라진 현상은 하나도 없다. 그들은 여전히 춤도 추고 음악도 듣고 우스운 이야기도 한다.

그러나 나의 맘에는 많은 변화가 생겼다. 즉 이미 죽음의 길을 밟게 된 그 청년을 추억하는 것보다도 지금 산 인생들은 무엇이 저렇게도 좋아서? 라는…….

무엇을 자각했노라 이렇게도 애달픈 일인가. 방금방금 지나게 되는 찰나의 감정이 우리 인생들을 지배하게 하는 까닭일 것이니, 영원의 진리를 이해하지 못하는 인생, 할 수 없이 이럴 때마다 어리석게 종교의 문을 두드리게 되는 것이다. 슬프다, 고귀하다, 자칭하는 인생. 결국, 결국은 무엇을 의미함이냐?

오늘도 이럭저럭 뜻 없이 지는 해가 바로 서쪽 물결 속으로 소리 없이 들어간다. 저 해가 내일은 또 다시 동쪽으로 어김없이 솟기는 할 것이다. 그렇지만 학은 내일까지 잠잠하고, 답답한 내 맘은 무엇으로써 위로를 삼게 될 것인가.

고된 유학길에서 인생의 의미를 되짚어보다

1923년에 도쿄 의학전문대학을 졸업한 정석태(1901~1975)는 같은 해에 독일로 유학길에 오른다.[1] 일본에서 기선을 타고 상해, 홍콩, 싱가포르, 인도를 지나 수에즈 운하를 거쳐 마르세유 항에 도착한 것은 11월 3일.[2] 조선을 떠난 지 57일 만이었고, 48일간의 선상 생활이었다.[3]

배에서 내리고 보니 머리는 어지럽고 발을 디디자 땅은 물컹거렸다. 오랜 바다 생활 탓이기도 했지만, 생전 처음 가본 유럽인데다 항구의 소매치기를 조심하라는 선원들의 주의도 들은 터라 신경이 여간 예민하지 않았다. 더구나 홍콩에서 배가 정박할 당시 일행 중 두 명이 일류 기생집에 들렀다가 학비와 여비를 모두 도난당했던 참이다.[4] 내키지는 않았지만 "보고 듣는 바가 귀하니" 도시 구경을 하지 않을 수 없었다.

파리행 야간열차를 타기까지 정석태는 주머니의 돈뭉치를 잔뜩 움켜쥐고 있느라 구경조차 녹록지 않았다. "생각하니 꽃다운 서울 파리는 내게는 근심의 서울일 뿐"이며, "말 모르는 벙어리의 여행"이라 "두통거리"와 "고통거리"가 여간 아니었다는 정석태의 말은 유럽 생활에 적응하기까지 꽤나 곤혹스러운 일이 많았음을 짐작하게 한다.[5] 실제로 그는 예약한 호텔에 방이 부족하여 일행과 떨어져 다른 숙소에 혼자 묵을 수밖에 없었고, 말이 통하지 않아 만국 공통어인 보디랭귀지로 의사를 전달해야 했다. 호텔에서는 목욕을 하던 와중에 갑자기 노크 소리와 시끄러운 고함 소리가 들려왔고, 불이 나지 않았나 하는 생각에 방문을 급하게 열었으나, 아래층에 물이 샌다는 이유였다. 그로 인해 정석태는 벌거벗은 몸을 직원들에게 고스란히 들킬 수밖에 없었다.

우여곡절은 있었지만, 여행을 즐기지 못한 것은 아니었다. 일행을 다시 만나 파리 관광을 하는 정석태의 경로를 따라가보면, 오늘날 사람들의 여행 경로와 크게 다르지 않았다. 정석태는 개선문과 에펠탑을 둘러보고, 국립극장에서 오페라를 관람했으며, 파리 대학과 박물관, 나폴레옹 무덤을 구경한 뒤, 자신의 전공 분야인 의학과 관련된 파스퇴르 연구소와 메치니코프 해골을 보고 경의를 표하기도 했다.[6] 정석태는 60일간 파리에서 머무른 뒤, 자신의 목적지인 독일로 발걸음을 옮겼다.

독일 생활 초창기에도 곤혹스러운 일은 몇 차례 계속됐다. 조선식 식습관에 길들여진 탓에 유럽의 기름진 음식은 당연히 탈을 일으켰고, 급기야 변비까지 생겼다. 물론 여행객들에게 흔히 있을 수 있는 일이긴 하다. 그러나 문제는 화장실이었다. 도무지 서양식 좌변기에는 익숙해질 수가 없었고, 조선 생각만 더욱 간절해졌다. "머리는 무겁고, 두통도 나며, 몸이 매우 괴로워진"[7] 정석태는 할 수 없이 서양식 좌변기를 조선식으로 사용할 수밖에 없었다. 그런데다 의사소통도 문제였다. 유학을 목적으로 도쿄에서부터 독일어를 공부했지만, 들리는 말은 영어인지 독일어인지도 분간할 수 없을 지경이었다. 하는 수 없이 손에는 늘 종이와 펜을 쥐고 다닐 수밖에 없었다.

그럭저럭 일주일이란 시간이 지났다. 그동안 대학 연구실을 다니며, 전

공 공부에 여념이 없었다. 그런데 뜻밖에도 일본 스파이라는 혐의로 베를린 경시청에 체포되는 일이 벌어졌다. 당시 독일은 제1차 세계대전 패배 후 독일제국이 붕괴됐으며 "정부에서는 반역자나 외래의 밀정"을 "매일같이 거리거리 모퉁이에 세워놓고 총살"하던 때였다. 더구나 세계대전 당시 일본은 독일의 조차지(한 나라가 다른 나라로부터 빌려 통치하는 영토)인 칭다오를 공략한 터라 일본인에 대한 감정이 좋지 않았다. 정석태는 여권을 보여주며 유학차 독일에 왔다는 것을 설명했으나, 오히려 여권이 스파이의 증거가 되었다. 그들에 따르면, 정석태는 여권과 편지에 쓰는 이름이 각각 'TEY'와 'CHUNG'으로 다르며, 두 가지 이름을 쓴다는 이유가 스파이라는 것이다. 정석태는 자신이 조선인이며 조선은 일본의 식민지이고, 특히나 도쿄에서 여권을 발급받은 터라 "정을 국어(일본어)로 하면 데이(ティ)"[8]가 되기 때문이라고 역설했다. 오랜 실랑이 끝에 겨우 풀려난 정석태는 자칫 목숨을 잃을 뻔한 경험을 쉽사리 잊을 수 없었다.

독일 프랑크푸르트 대학에서 세균학을 전공한 정석태는 프랑스 파리에서 4개월가량 연구를 더 한 뒤, 1926년 1월 8일 3년간의 유학 생활을 마치고 조선에 돌아왔다.[9] 이후 경성 시내 다옥정(지금의 서울 중구 다동)에 지성내과를 개원했으며,[10] 매체에 의학 상식을 기고하는 등 각 방면으로 활발한 활동을 펼쳤다.[11]

여기에 실은 기행문은 「대해양의 비극, 인도양의 인도 청년 수장기」 (1932년 8월), 「파리에 있는 나폴레옹의 거처를 방문하다」(1930년 11월), 「시체의 베르됭, 세계대전을 치른 옛 전장을 기행」(1930년 9월), 「이탈리아, 순교자 1백 주년 기념 대제례성관, 가톨릭교의 성대한 기념제 광경」(1930년 5

월)으로 총 네 편이다. 그러나 기행문이 실린 날짜를 보면 알 수 있듯이, 《삼천리》에는 역순으로 게재되어 있다. 그러므로 이 책에서는 글의 내용상 여행 경험의 순서대로 다시 배치했다.

《삼천리》에 실린 정석태의 기행문은 앞서 서술한 내용과는 달리 다소 무거운 감이 없질 않다. 반면 1920년대 대중잡지였던 《별건곤》(1926~1934)의 글들은 여행 경험에서의 에피소드 위주로 구성됐으며, 보고 들은 것의 신기함과 곤혹스러움이 나열된 가벼운 읽을거리라 할 수 있다. 여러 가지 이유가 있겠지만, 우선 《별건곤》의 경우 그 시기가 1920년대 중반으로 해외, 특히 유럽 여행 경험은 아직 드물고 생경한 것이었다. 물론 매체를 통해 해외 기행문을 접하는 독자들도 마찬가지였다. 더구나 정석태가 《별건곤》에 글을 게재한 시점이 귀국한 지 채 1년도 되지 않았다는 점에서 비교적 외국 생활의 기억이 생생하게 남아 있었을 것이고, 이를 토대로 새롭고 진기한 경험담을 전달하고자 했던 것으로 보인다.

반면에 《삼천리》는 이미 해외여행을 경험한 사람들이 늘어나고, 이들이 생산한 여행기가 매체를 통해 상당수 유포되었던 1930년대의 대중잡지였다. 그러므로 해외에 대한 정보는 상당 부분 습득 가능한 상태였으며, 여행을 통해 해외를 처음 접한 경험들은 더 이상 새로운 정보로서 가치를 상실할 수밖에 없었다. 정석태가 《삼천리》에 기행문을 게재할 무렵도 그가 조선으로 돌아온 지 4년이란 시간이 흐른 상태였다. 《별건곤》에 실린 기행문에서 자신이 겪은 대부분의 경험들은 해외여행을 하는 초행자들이라면 누구나 겪는 일상적인 것으로 인식되기에 충분했다. 그런 점에서 《삼천리》에 실린 정석태의 기행문은 단순히 보고 들은 경험을 넘어선다.

    여기에는《삼천리》의 기획 의도도 어느 정도 포함된 것으로 보이는데, 정석태의 기행문 대부분은 그것이 실린 같은 호의 다른 기사들과 관련성이 있다는 점에서 그러하다. 예컨대, 나폴레옹의 저택을 방문한 글은 「유적순례」라는 기획 아래 서태후와 만수산, 톨스토이 박물관 순례기가 같이 게재되었고, 순교자 1백 주년 기념제 광경에 대한 글은 파리 오월 행진, 런던 시가 행렬 등 기념제를 다룬 글과 관계되며, 세계대전의 전장을 찾았던 글은 간도, 신흥 등 당시 발생한 사변을 다룬 기사와 무관하지 않다.《삼천리》가 기획한 틀 안에서 한정된 대상에 집중해 자신의 경험을 서술하는 행위는 여행 경험에 대한 개인의 감상을 파고들며, 주체의 내면을 보다 깊이 드러내게 한다.

    정석태는 순교자의 공적에 눈물겨워하고, 전쟁의 참화에 가슴 아파하며, 군인들의 기개에 감개무량해했다. 또한 일대 영웅이었던 나폴레옹의 마지막 자취를 보며 인간의 운명을 생각하고, 인도양에서 죽어간 인도 청년을 통해 인생의 의미를 되짚어 보기도 한다. 여기에 실은 기행문에서 우리는 여행을 통해 자신을 돌아보고 인생의 무게감에 고뇌하는 정석태를 발견할 수 있다.

6장

요절한 천재
최영숙이 사랑한 인도

인도

최영숙 (1905~1932)

조선 최초의 유학파 경제학사

조선인으로서는 최초로 약관의 나이에 스웨덴으로 유학을 가 스톡홀름 대학에서 경제학사 학위를 받았다. 고학생으로 힘들게 학비를 벌며 공부를 하다가 고고학자였던 스웨덴 황태자 밑에서 자료 목록을 작성하고 번역 일을 하기도 했다.

학위를 마치고 귀국하기까지 유럽과 아시아 20여 개국을 여행을 하는데, 이때 인도에서 나이두와 간디도 만나게 된다. 5개 국어에 능통하고 사회주의에 심취한 뛰어난 사람이었지만, 귀국한 뒤 마땅한 일자리도 구하지 못한 채 콩나물 장사를 하다가 건강 악화로 나이 스물여덟에 죽게 된다.

사망 당시 뜻밖에 임신 중이었는데, 배 속 아기가 인도인의 피가 흐르는 혼혈이어서 세상을 더욱 떠들썩하게 했다.

간디와 나이두 회견기,
인도에 4개월 체류하면서

　내가 스웨덴을 떠나 고국으로 돌아오는 길에 여러 나라에 들러서 며칠씩 머물며 그 나라의 모든 사정을 대강 알아보았습니다만, 그중에 제일 오래 지체한 곳은 인도였습니다. 그렇기 때문에 그 어디보다도 인도의 인상기를 먼저 소개하고 싶습니다. 더구나 내가 전부터 동경하던 나라인 만큼 어디까지든지 그 나라의 정세를 잘 알아보려고 했으며, 내가 숭배하고 있는 성웅 간디와 사로지니 나이두[*] 여사를 만나 뵈려고 애썼던 것입니다.

　내가 인도에 들렀을 때는 지금과 같은 추운 겨울이 아니라 찌는 듯한 태양 볕이 몹시 내리쬐는 여름이었습니다. 원래부터 살결이 검은 인도인들의 피부색은 한층 더 윤이 나고 검게 물들었으며, 싱싱하고 푸른 나무들까지도 끓는 듯한 태양열엔 어쩔 수 없다는 듯이 원기를 잃어보

---

[*]　사로지니 나이두(Sarojini Naidu, 1879~1949): 인도의 시인이자 사회운동가이며 정치가이다. 여성해방운동과 반영(反英) 민족운동에 참여했다.

마하트마 간디

였습니다. 온대 지방에서 자라난 나로서는 더위를 참는 게 심한 곤란이었습니다만, 그만큼의 고통은 참고 견딜 만한 능력을 가졌던지 4개월이란 별로 짧지 않은 시일을 그곳에서 보내게 되었습니다.

간디 성웅과 회견

내가 전부터 간디 씨를 몹시 숭배했던 것만큼 누구보다 먼저 그분을 만나려고 했습니다. 그리고 인도에 들르면 그분의 댁에 가서 머물겠다는 생각까지도 갖고 있었습니다. 그러나 내가 들렀을 때 그분은 콘글레스 회의* 때문에 몹시 분주해서 그렇게 자세한 이야기까지 할 수는

---

*   콘글레스(Congress): 인도 국민회의파(Indian National Congress, 印度國民會議派)를 지칭

없었습니다만, 그분을 만난 것만 해도 얼마나 기뻤는지 모릅니다. 그분의 연세는 예순 고령이 멀지 않은 듯 보였습니다. 그러나 퍽 원기가 있어 보였고, 몹시 여윈 얼굴에 웃음을 띠우면서 반갑다는 인사를 몇 번이나 반복하던 얼굴이 아직껏 그리울 뿐입니다. 또다시 그분을 만날 기회를 만들고 싶은 생각이 간절합니다.

사로지니 나이두 여사와 회견

나이두 여사를 처음 만난 것은 스웨덴에서 공부할 때였습니다. 그때부터 여사와 친밀한 관계를 맺게 되었습니다. 그 후에 서로 편지 같은 것도 종종 주고받았으므로 이번에 인도에 들러서 여사와 여러 번 만나 대화도 했으며 여사가 투숙하는 폼페이 호텔에서 몇 번이나 음식도 먹었습니다. 여사는 매우 친절했습니다. 그녀가 훌륭한 인물이라는 느낌에서 친해지고 싶다는 마음보다 은연중에 믿음직한 동지로 생각되었으니, 아마도 같은 입장을 가지고 있기 때문이 아닌가 싶습니다. 여사는 언제나 조선 사정을 잘 물어보았습니다. 그리고 조선 사정을 인도에 소개하라고 몇 번이나 권유했습니다. 그러나 그때 나는 몸이 좀 불편하고 머리가 정리되지 않아 여사의 권유대로 실행하지 못하고 조선에 가

한다. 1885년에 결성된 인도의 보수정당이며, 민족주의 단체로 인도 근대화 민족운동을 전개했다. 영국 상품 배척, 완전 자치를 표방하는 스와라지 운동과 국산품 애용의 스와데시 운동을 주도했다. 특히 간디는 국민회의를 영국 식민정치에 대항하는 대중적 운동 조직으로 이끌었다.

사로지니 나이두

서 여러 가지 정세를 자세히 관찰한 후에 소개하겠다는 약속을 남겨놓
았습니다.

여사의 연세도 쉰이 가까워오는 중노인이었습니다. 부드러우면서
도 강해 보였습니다. 그렇기 때문에 시인으로 보면 시인이고, 정치가
로 보면 정치가로 보입니다. 여사는 아들과 딸이 많습니다. 모두 장성
해서 지금 외국 유학하는 딸이 둘이나 있습니다. 가사는 남편 나이두
씨에게 맡겨놓고 자기는 정치운동을 위해서 분주하게 떠다닙니다.

어느 날 여사는 이러한 이야기를 나에게 들려주었습니다.

"우리 형님이 지금 옥중에 들어가 계십니다. 그런데 형님에게 세 살
먹은 어린애가 있는데, 제 어머님이 옥에 끌려갈 적에 울지도 않고 '어
머님 어서 가십시오. 제가 어머님 대신 일을 하겠습니다' 하고 제 어머

님의 활기를 돋워주었답니다."

나는 그 이야기를 들을 때 거짓말인 듯싶었습니다. 그러나 나이두 여사가 거짓말을 할 거라고는 믿지 않으니까요, 사실임을 인정하지 않을 수 없었습니다.

인도의 정세와 그 풍속

인도 국민들은 누구를 막론하고 한마음으로 힘을 모아 국민운동에 주력하고 있다는 것은 누구나 아는 바이니 여기에 구태여 소개할 것은 없겠지만, 한마디 이야기하고 싶은 것은 인도 여성들의 사상이 급속도로 변화하였다는 것입니다.

인도 여성들은 몇 년 전까지만 해도 몹시 우매하였습니다. 그러나 지금 그들은 국민운동에 전력을 다하고 있으며 옥중 생활을 계속하고 있는 여성들이 수백 명에 달했습니다.

그리고 인도는 한갓 국민운동뿐 아니라 계급타파운동도 함께하는 것을 알았습니다. 누구나 아시는 바와 같이 옛날부터 내려오는 나쁜 인습이 남아 있으니, 그것은 조선에 비추어 말하자면 옛날에 양반, 상놈의 계급이 심했던 것과 마찬가지입니다. 인도에는 각 교파가 있어서 자기 교파가 아니면 서로 상종하지 않는 동시에 서로 결혼까지도 하지 못합니다. 그뿐만 아니라 농업 하는 사람이면 농업 하는 사람끼리, 상업 하는 사람이면 상업 하는 사람끼리만 상종하고, 만약 다른 파와 상종하면 자기 파에서 쫓겨나는 나쁜 풍속이 있습니다.

옛날과 같이 복잡다단하지 않을 때에는 이러한 나쁜 풍속이라도 지켜왔지만 새로운 사조에 물든 인도 국민들 중에는 이러한 악습을 없애려는 계급타파운동자들이 많이 생겨나고 있음을 보았습니다.

인도 국민 2억 5천만 명 전체가 국민운동이나 계급타파운동을 한다고는 할 수 없으나, 일반적으로 보아서 인도 국민이 잘살 길을 찾으려고 분발하는 것은 사실입니다. 그러므로 4개월간 그곳에서 지낸 내 기분까지도 퍽 씩씩해졌던 것입니다.

나는 사정이 허락한다면 인도에 오랫동안 머물고 싶었습니다. 나이두 여사가 몇 번이나 인도에서 신문기자 노릇을 하라고 권유도 했지만, 그렇게 간단히 그곳에 있을 수는 없었습니다.

인도의 풍속은 내가 보기에 좋은 점이 많았습니다. 내가 그 나라를 좋아했던 까닭인지는 모르지만, 사람들도 인정스러웠고 음식이라든가 모든 것이 서먹하지 않았습니다.

음식 요리든지, 맛이든지 중국요리 같으나 좀 더 맵습니다. 그런데 음식 먹을 때 좀 어색한 것은 우리들과 같이 숟가락이나 젓가락을 절대 쓰지 않고 손으로 집어 먹는 것이었습니다. 그곳 사람들은 귀중한 음식을 왜 다른 물건으로 집어 먹느냐는, 음식을 귀중하게 생각하는 관념에서 그렇게 한다고 합니다. 처음에는 서툴러서 음식 먹을 때에 걱정이 되었는데 차츰 익숙해지니 오히려 편리했습니다. 그런데 식사는 하루에 세 번 하지만 아침에는 차를 먹고 밥은 12시쯤 해서 한 번 먹은 후 그다음엔 저녁밥을 먹습니다. 밤에 잠잘 때에는 보통 침대에서 자지만, 가난한 사람들은 조선 사람처럼 방바닥에 그냥 누워서 잡니다.

내가 인도에 들렀을 때 처음에는 인도여자청년회관에 있었습니다만, 식비가 너무 비싸서 인도 사람 집에 투숙하게 되었습니다. 어떻게나 친절하고 정답게 생각해주는지 석 달 넘게 있으면서 한 번도 마음 불편한 일이 없었습니다. 이렇게 인도는 나에게 좋은 인상을 깊이 심어주었습니다.

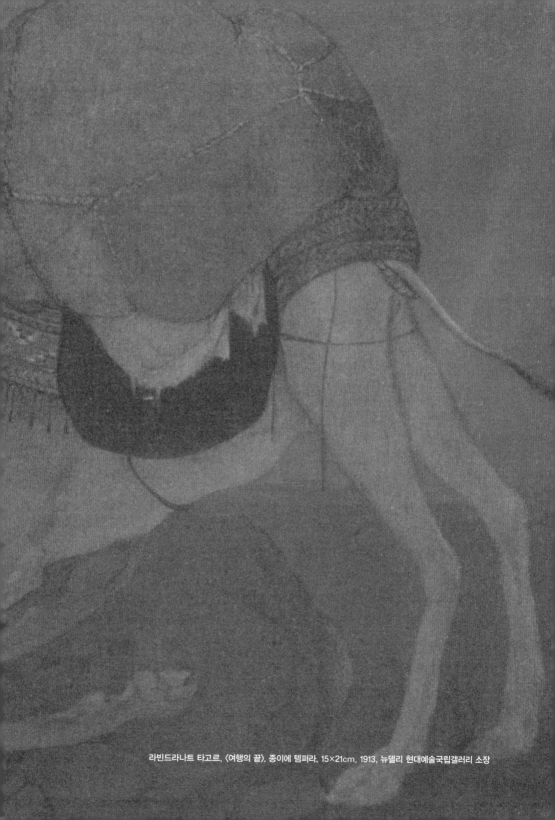

라빈드라나트 타고르, 〈여행의 끝〉, 종이에 템퍼라, 15×21cm, 1913, 뉴델리 현대예술국립갤러리 소장

서구 중심주의를 뚫고 나와
세계를 꿈꾸는 법

최영숙(1905~1932)은 우리나라 최초의 스웨덴 유학생으로 조선 여성으로는 드물게 경제학사 학위를 받은 인물이다. 그녀는 1931년 2월 스톡홀름 대학을 졸업하고 같은 해 11월 26일에 귀국하기까지 덴마크, 러시아, 독일, 프랑스, 스위스, 이탈리아, 그리스, 터키, 이집트, 인도, 베트남 등 세계 20여 개국을 여행했다. 평소 동경하던 곳이 인도였던 만큼 여행 기간 중에 가장 오랜 시간을 그곳에서 머물렀으며, 그녀가 남긴 기행문 역시 인도에 집중되어 있다. 최영숙의 기행문은 《삼천리》에 실린 「간디와 나이두 회견기, 인도에 4개월 체류하면서」와 《조선일보》에 연재한 「인도 유람」 다섯 편이 있다. 여기에는 《삼천리》의 글을 실었는데, 비록 한 편에 불과하지만 《조선일보》 연재분의 내용을 압축해놓았다고 보아도 무방하다.

최영숙은 귀국 후에 인터뷰, 좌담, 기고 등으로 몇몇 언론에 모습을 드러내지만, 이내 생을 달리하고 만다. 8년간의 유학 생활을 끝내고 조선에 돌아온 지 불과 5개월 만의 일이다. 그녀의 죽음은 조선 사회의 뜨거운 관심을 받았다. 그 관심이란 경제학사이자, 중국어, 일본어, 영어, 독일어, 스웨덴어에 능통했던 엘리트 여성이 자신의 뜻을 채 펼치기도 전에 죽었다는 안타까움이 아니었다. 처녀인 줄 알았던 여성이 임신을 했고, 배 속의 아이는 인도인의 피가 흐르는 혼혈아였기 때문이었다. 그녀의 죽음은 뜻밖에도 "세상이 알지 못하여온 그의 가슴만이 가지고 있던 로맨스"[1]를 드러나게 했고, 그리하여 각종 언론에서는 "세상에도 드문 그의 슬프고도 애달픈 인도 청년과의 연애사"[2]를 가십거리로 만들었다. 그녀의 고된 유학 생활은 한낱 연애사에 지나지 않게 되었다. 당시 보도된 기사를 보면 크게 인도 청년에 대한 정보, 그들이 만나게 된 시점, 결혼식의 유무 등에서 차이가 있다. 이는 당사자인 최영숙의 죽음으로 인해 정확한 정보가 부족한 탓도 있었겠지만, 언론사의 입맛에 따라 통속적인 연애 서사로 각색한 까닭이었다.

최영숙은 이화고보를 졸업한 당시 "3·1운동의 시대적 풍운에 싸여"[3] 열여덟 살의 나이로 중국 유학을 결심한다. 중국 남경의 밍더明德 여학교를 거쳐 후에이윈滙文 여학교를 졸업하는 동안 그녀는 안창호의 교화에서 상당한 영향을 받았다고 한다.[4] 중국에서 다시 스웨덴 유학을 결심하게 된 계기는 엘렌 케이Ellen Key 때문이었다. 평소 엘렌 케이와 서신을 주고받을 정도로 적극적이었던 최영숙은 그의 사상에 감화를 받고 급기야 스웨덴행을 결정했던 것이다. 그러나 최영숙이 스웨덴에 도착했을 땐, 엘렌 케이는 이미 세상을 떠나고 말았다. 동경하던 스웨덴이었지만, "언어 풍속이 전혀 다르고 아는 사람조차 없으니"[5] 일말의 좌절을 경험하지 않을 수 없었다.

그녀는 곧 시골 학교에서 어학을 배워 1927년 스톡홀름 정치경제과에 입학하게 된다. 시종일관 고학생으로 지내야 했던 터라 유학 생활이 녹록지는 않았다. 베개 한 개의 수를 놓으면 5~6원을 벌 수 있었는데, 당시 그녀의 일기를 보면 "낮에는 노동을 하고 밤에는 어학을 공부하였다"[6]고 기록하고 있다. 다행히도 대학 시절, 그녀는 스웨덴 황태자 도서실에서 연구보조로 일할 기회를 얻게 된다. 고고학자였던 구스타프 아돌프Gustaf Adolf 스웨덴 황태자는 1926년 조선, 일본, 중국을 순회하고, 역사 고전에 관한 자료를 수집해 간 바 있다. 최영숙은 그 자료의 목록을 작성하고, 내용을 번역하는 일을 맡아보았다. 5개 국어에 능통했던 그녀는 이 일에 적임자였다. 때문에 한 달에 1백 원이라는 학비를 충당하는 일이 그리 고통스럽지만은 않았으며, 그녀도 다른 동무들처럼 여름에는 수영을, 겨울에는 스키를 타기도 했다. 즐거운 시간을 보내는 중에도 최영숙은 자신의 유학 목적이 "순전히 장래 사업에 기초적 준비를 위함"[7]에 있음을 잊지 않았다.

사회주의 사상에 심취했던 최영숙에게 수업이란 "오직 서적을 읽는 데만 있는 것이 아니고 실지적 생의 싸움을 실천하는 데 있는 것"이었다. 그녀가 있던 스웨덴은 국제부인회의 본부였던 까닭에 세계적 인물을 접촉할 기회가 많았으며, 자신 또한 민중공회당에서 "동양 여자의 해방운동"[8]이라는 문제로 강연을 하기도 했다. 그리고 스웨덴 사회 사정 및 조직에 대한 연구를 하고 아울러 세계 각국을 순회하기로 결심했다. 조선에 돌아와 농민학교를 세우고 노동운동에 투신하고자 했던 최영숙에게 "세계의 정세와 사조"[9]를 직접 체험하는 것은 장래 사업을 위해 당연한 수순이었다.

대학 졸업 후, 그녀는 계획했던 세계여행을 감행한다. 당시 최영숙의 수중에는 6백 원 남짓의 여비가 있었으나, 그리 넉넉한 금액은 아니었다. 더구나 유럽 각국을 시찰하는 동안 피로가 쌓였고, 이집트의 열대기후에 건강은 급격히 쇠약해졌다. 이러한 사정으로 인해 예상보다 지체하는 시일이 길어지자, 그나마 남은 돈도 다 써버리고, 인도까지 갈 뱃삯만 겨우 남게 되었다. 최영숙이 인도 청년을 만난 것은 이 무렵으로 추정된다.[10]

사로지니 나이두의 조카였던 인도 청년의 도움으로 몸을 추스린 최영숙은 그녀가 평소 동경했던 인도의 정세를 알아보는 한편, 간디와 나이두를 만난다. 최영숙에게 인도는 긍정적인 공간으로 인식된다. 그곳은 "국제시장의 본색을 충분히 발휘하고" 있는 곳이자, "자연 물산이 실로 풍부한 나라"이며, "상고문명국上古文明國"이다. 그러나 지금에 와서 "일개 섬나라인 영국의 지배 밑에" 있어, "산천에 흐르는 젖과 꿀"이 "인도의 딸과 아들"[11]에게 아무런 인연이 없어졌다. 하지만 인도인들이 지닌 자작자급의 정신과 스와데시 상점의 번성, 누구를 막론하고 한마음으로 협력하여 국민운동에 주력하고 있다는 사실이 인도의 낙관적인 미래를 예견하게 해주었다.

이러한 입장은 남승룡이 인도인들의 "차림차림이라든가, 가옥 제도라든가, 또는 풍속, 문화 등이 모두 떨어져" 보여 "마치 우리가 미개한 만주인을 대하는 듯한 기분"[12]이 난다고 언급한 것과는 극히 상반된다. 이는 이분법적으로 서구와 비서구를 문명과 야만으로 나누고 비서구를 계몽해야 한다는 근대적 사고라 할 수 있다. 이에 비해, 최영숙의 시각은 근대화라는 잣대에 부과된 서구, 제국의 우월성을 비껴간다는 점에서 남승룡과는 다르다. 다시 말해, 그녀는 식민지 조선의 현실을 서구적 근대성의 눈으로 보지 않고, 세계 체제 속에서 제국-식민지의 관계로 바라본다. 그러므로 비서구 식민지라는 처지는 낙후되고 열등한 것으로서 부정되어야 할 것이 아니라, 자신(조선)의 문제를 판단할 중요한 근거로 작용하게 된다. 때문에 인도에 대한 동질성의 표현은 지배(제국)에 대항한 일종의 연대감이며, 식민지라는 조선의 현실을 반영한 것이다. 그런 점에서 나이두에 대한 최영숙의 관심이 '그가 훌륭한 인물이라는 느낌'에서 비롯한 것이 아니라, '같은 입장'

을 가지고 있는 '믿음직한 동지로 생각'되었기 때문이라는 것은 당연하다. 최영숙이 기행문을 통해 인도 고유의 풍속을 인정하고, 그것을 긍정적으로 표현하는 것은 비서구 식민지라는 동일한 처지에 놓여 있기 때문이다.

인도에서 4개월간을 머문 뒤, 최영숙은 드디어 조선에 돌아온다. 신문기자를 하며 인도에 머물라고 나이두가 권유했지만, "공장 직공의 한 사람이" 되어 노동운동에 투신하며, "경제사회학을 더욱 살려"[13]보고자 했던 자신의 꿈을 포기할 수 없었다. 그러나 귀국하고 보니, 집안 형편은 생각했던 것보다 훨씬 심각했다. 여동생 영선은 여자상업학교를 마치고 출가했으며, 또 다른 여동생 복정이 여학교 교사로 있으면서 노부모와 정신질환을 앓는 남동생을 부양하고 있었다.[14] 당장 취직이 문제였다. 최영숙은 어학 교수, 학교 교사, 신문사 기자 등의 일자리를 얻고자 노력했으나 모두 여의치 않았다. 그녀가 유학할 당시, 조선 언론은 최영숙의 귀국을 기다리며, "불쌍한 조선 사회"를 위해 "발버둥치는 여성이니 그가 고국에 돌아오는 날에는 반드시 한줄기 희망의 불이 비칠 것"[15]이라 적잖은 기대를 드러냈으나, 조선 사회는 아직 그만한 인텔리 여성을 수용할 여유가 없었다.[16] 그러던 중, 최영숙은 낙원동 여자소비조합이 유지가 어려울 정도로 곤란한 상황이라는 사실을 알고 자금을 변통해 이를 인수하게 된다. 조선 최초의 스웨덴 유학생이자 경제학사였던 최영숙에게 조선이 허락한 일자리란 얼토당토않게도 '콩나물 장사'였다.

일개 구멍가게로 한 집안의 생활이 나아질 리 없었다. 최영숙은 극심한 경제적 곤란을 겪으면서도 은사였던 김활란이 공민학교를 세울 계획을 말하자, 공민독본을 편찬하기 위해 나섰다. 아이를 가진 몸으로 장사를 하면서 제대로 먹지도 못하고 밤을 새워가면서 일을 하니, 몸이 성할 리 없었다. 급기야 영양실조, 소화불량, 각기병까지 걸려 두 다리는 차차 부어오르기 시작했다. 병세가 심각해진 최영숙은 동대문부인병원에 입원했으나, 얼마 지나지 않아 생을 마감한다. 1932년 4월 23일 오전 11시였고, 그녀의 나이 28세였다. 그녀가 죽기 전, 인도의 연인에게 쓴, 그러나 부치지 않았던 편지 에는 "돈! 돈! 나는 돈의 철학을 알았소이다"[17]라고 적혀 있었다. 고된 유학 생활이었으나, 조선을 위해 쓰이고자 했던 그녀는 자신이 품은 뜻을 펼치 지도 못한 채 사라지고 말았다. 실로 안타까운 일이다.

7장

조국을 잃은 마라토너 손기정의 금빛 유람

만주 · 시베리아 · 모스크바 · 베를린 · 덴마크

상해 · 홍콩 · 인도양 · 로마 · 런던 · 파리

손기정 (1912~2002)

베를린 올림픽 금메달리스트

조선인으로는 최초로 올림픽에서 금메달을 딴 육상 선수. 선수로 뛸 당시 13개 대회에 참가해 우승을 열 번이나 하고 세계신기록도 보유했을 정도로 뛰어난 선수였고, 최승희와 함께 조선 민족의 자랑이자 세계적인 스타였다. 1936년 베를린 올림픽에 참가하며 세계여행을 하게 되었고, 귀국한 뒤에 쓴 세계여행 기행문이 《삼천리》에 실렸다.

광복을 전후한 시기에는 건국준비위원회에서 여운형과 함께 직간접으로 활동하기도 했다. 해방 뒤에는 대한체육회 부회장, 대한육상연맹 부회장, 서울올림픽 조직 위원 등을 거치며 체육계에서 활발히 활동했다.

*손기정 관련 사진은 모두 손기정기념재단에서 제공해주셨습니다.

베를린 원정기

전 세계 53개국의 청년 건아를 물리치고 올림픽의 영예
로운 왕관을 받은 손 군. 그 이름은 너무도 높고, 그 공로
는 너무도 크다. 그러하건만 겸손한 그는 불멸의 자기 이
름을 사회에 드러내놓기를 즐겨하지 않았을 뿐 아니라,
또한 여러 가지 사정이 둘러싸여 있어 베를린 원정의 그
수기조차 발표된 적이 없었다. 반년이 지난 오늘에야 그
심경과 기행을 했던 이 일부분 또한 역사적 기록의 첫 한
조각이 될진대 반년의 침묵을 깨뜨린 이 수기를 보라.

《삼천리》의 친애하는 여러분 앞에, 벌써부터 말씀드릴 기회를 기대
하고 있었으나 여러 사정으로 오늘까지 침묵을 지켜오다가 이제서야
지난해 올림픽으로 베를린까지 갔다가 돌아오던 여행기나마 초안을 써
드릴까 합니다. 다른 날 소회를 말씀하기로 하고 여기서는 다만 기억에
남아 있는 객지 기행을 그것도 간단하게 적으니 양해해주옵소서.

양정고등학교 시절 손기정
첫 줄 맨 오른쪽이 손기정이다. 1912년 5월 29일 신의주의 가난한 가정에서 태어난 손기정은 달리기를 좋아하는 소년이었다.

한양아 잘 있거라:만주리의 국경 풍경

그것은 6월 4일이었다. 나는 그날 오후 3시 여러 선생과 사회 인사 다수의 성대한 전별을 받으면서 먼먼 베를린행 길에 올랐다.

경성을 출발할 때 내 가슴속에 오르내리는 감회와 눈물겨운 감격을 받았던 일이 한두 가지가 아니었으나, 앞을 재촉하는 기술인지라 뒷날 쓰기로 생략하고 그저 '북으로 북으로 심장을 고동내며 떠났노라'고 쓰고자 한다. 그날 밤 11시 이른 여름의 그믐 달빛이 가로수에 어리는 것을 보면서 내 고향 신의주에 도착했다. 기차 사정상 나는 그냥 단둥현까지 가서 차에서 내렸다. 거기에서 정거장까지 배웅 나온 가족과 동무들을 만나고, 그 이튿날 아침 선양에 하차해 시가와 북릉北陵 등을 구경한 뒤 다시 하얼빈으로 향했다. 도중에 창춘(당시 명칭은 신징)에서 성대한 환영이 있었다. 이리하여 각지의 환영은 여행의 피로를 잊게 하는데 큰 효과가 있었다. 그리고 그럴 때마다 오직 우리들의 책임이 중요한 것을 절실히 느꼈다.

하얼빈에서 1박 하고 연습을 조금 하고 난 뒤 다시 만주리로 향했다. 연선沿線에는 점점을 찍은 듯한 조그만 산들이 보이고 사막도 곳곳에 보였다. 기차가 만주리에 가까워 감에 따라 국경 기분이 차츰 농후해져왔다. 기차에는 수비병이 동승하고 밤에는 커튼을 모두 내렸다. 만주리에 도착한 것은 9일 아침이었다. 여관에서 잠깐 쉰 뒤 우리들은 시외에 나가서 연습을 했는데 그때의 감상은 더 말할 수 없었다. 겨우 수마일 떨어져 만주, 소련 양국이 대치하고 있는 것은 이상한 느낌을 주더라. 더욱이 백계 러시아인(1917년 러시아 혁명 때 혁명을 반대한 파벌)들은 고국을 눈앞에 보면서도 돌아가지 못하는 터라 한다.

부인 노동자가 많더라: 철로 수선하는 시베리아

9일 밤 만주리에서 국경을 넘어 시베리아에 들어갔다. 러시아의 기차는 만주리까지 오기로 되었으나, 국경 세관의 검사는 실로 엄중했다.

여기서부터 5일간 시베리아 평원을 횡단하는 단조로운 여행이 계속되는데 망막한 평원이 한없이 계속되고 있는 삼림은 오직 놀랄 밖에

베를린 역에 도착한 손기정 선수와 일본 마라톤 선수단
베를린 육상 대표팀에는 조선인이 손기정, 남승룡 두 선수가 있었는데, 맨 왼쪽이 손기정, 그 뒤로 얼굴이 약간 가려진 사람이 남승룡이다. 이 둘은 마라톤대회에서 각각 금메달과 동메달을 따게 된다.

도리가 없었다. 곳곳에 있는 대도시 외에는 연선에 그리 많은 민가가 보이지 않으나, 풀밭 여기저기에는 소, 말, 양 떼들이 있었다. 철도는 조선 것보다 몹시 넓은 선로로 규모도 컸으나 시간을 잘 지켜주지 않는 데는 기가 막혔다. 어떤 데서는 30분도 정차하는 까닭에 플랫폼에 내려 연습할 수 있었다.

　냉수를 먹을 수 없으므로 기차가 정거장에 도착하기를 기다렸다가 큰 병에 찻물을 가지러 가던 모양은 몹시 특이하고 기묘했다.

　이렇게 시간을 잘 지킬 수 없음은 선로가 나빠서 생각대로 속력을 낼 수 없는 까닭이라고 한다. 또 시베리아 철도에는 객차는 적고 일반적으로 화물차가 많았다. 옴스크(시베리아 서부에 있는 러시아 도시)를 지난

베를린 올림픽 선수촌에서 함께 합숙하던 일본 선수들
손기정 선수만 일장기가 그려진 선수복을 입지 않고 있다.

것은 12일 오후 2시였다. 역시 가도 가도 넓고 큰 시베리아는 사람이
살지 않는 외진 곳 같은 광막한 평야뿐으로 조선의 경부선이나 경의선
에서처럼 산이라고 보려야 볼 수 없었다.

철도 연선에는 상당수의 노동자가 일하는 것이 보였는데 그중에도
부녀자가 철로 수선을 하고 있는 모습에 다만 놀랐다.

모스크바 구경에서부터 전장 베를린으로

14일 밤 모스크바에 도착, 차 안에서 1박 하고 다음 날 아침 대사관
을 찾아 안내를 청하여 시가 구경을 했다. 모스크바는 소비에트 러시아
의 수도인 만큼 여러 가지 근대적 시설이 훌륭했다. 큰 건축물과 도로

의 완비는 더욱 놀라웠다. 크렘린 궁전, 각종 사원, 소문에 듣던 붉은 광장 등 모두 대단한 것이었다.

공원에 꽃과 풀로 이 나라 정치가의 얼굴을 만들고 있는 것은 더욱 눈에 걸리더라. 오후 11시에 모스크바를 출발해 폴란드로 향했다. 소련, 폴란드 국경은 다음 날 16일 정오에 통과했는데 역시 엄중한 검사를 하였다. 폴란드의 수도 바르샤바에 도착하기는 그날 오후 8시였다. 약 두 시간 자동차를 타고 대강 구경을 끝마친 뒤, 진짜 전장인 베를린을 향해 우리들은 긴장되는 가슴을 안은 채로 떠났다.

대통령에 대한 숭배열: 수만 군중이 미친 듯, 취한 듯

폴란드와 독일의 국경을 꿈속에 지나고 이튿날 날이 밝으니 17일 아침 9시 끝끝내 베를린에 도착, 대사관의 안내로 곧 여관에 들어갔다. 코스의 실제 답사, 시가 구경 등으로 여러 날을 지내고, 6월 21일 올림픽촌에 아주 들어가기로 결정되었다.

목적지에 도착해보니까 대회에 대한 일말의 불안한 생각이 더 커져가며 조금도 안정이 되지 않아서 시가 구경도 잘 할 수 없었다. 올림픽촌은 실로 유쾌한 곳이었다. 연습장[400미]을 비롯해 영화관, 목욕장 등이 완비되어 있고, 외국 선수와의 쾌활한 교제 등으로 모두 유쾌한 일뿐이었다. 더구나 기숙사는 뒷날 병영용으로써 이번에 신축한 모양인데 매우 편리했다. 이리하여 올림픽촌의 유쾌한 생활에 습관되고 나니

베를린 올림픽 선수촌에서
선수촌에서 외국인 선수들과의 교류가 활발했다. 전설적인 장거리 주자 파보누르미(왼쪽)와 함께.

이제는 조금씩 연습을 행하는 것이 일과가 되었다. 베를린에서 올림픽촌까지 버스로 40분이 걸린다.

베를린까지 와서 당분간 인연을 끊고 이 촌에 틀어박혀 다만 대회를 기다리기로 했다. 8월 1일 개회식, 9일 마라톤, 16일 폐회식 등과 대회 프로그램은 순조롭게 진행되었으나 대회에 대해서는 이미 신문, 영화 등에 의해 상세히 보도되었을 것이므로 여기서는 생략한다.

마라톤이 다 끝난 뒤, 겨우 무거운 짐을 벗어버리고 난 듯한 기분이 들어 베를린 시가를 천천히 구경할 수 있었다. 모든 것이 국가의 통제 아래 마치 한 개의 기계가 움직이듯 움직이고 있는 것은 아마 독일 전체의 특색이라고 생각한다. 도시의 시설도 이를 잘 표현하고 있었다.

시가지 곳곳마다 넓고 대규모의 공원이 설치되어 있으며, 도로의 시설은 규칙이 가장 정확해서 보행자, 말 탄 사람, 자동차, 마차, 전차가 모두 각기 다른 길을 걷고 있는 것은 실로 이상적이었다. 또 오후 7시가 되면 모든 상점이 문을 닫고 휴업하는 것도 다른 곳에서는 보기 드문 일이었다. 독일의 특색으로 한 가지 더 꼽을 수 있는 것은 국민 간에 히틀러 총통의 숭배열이 왕성한 것이라.

개인 간의 인사에도 "하일, 히틀러Heil, Hitler"를 부름은 물론, 스타디움에 히틀러가 한번 나타나면 실로 굉장하다. 장내를 덮고 있는 수만의 군중이 오른쪽 손을 높이 들어 큰소리로 "하일, 히틀러"를 부르는 것은 실로 장관이었다.

하퍼 선수와 나란히 반환점을 도는 손기정 선수의 경기 장면

덴마크에서 대항 경기를 하다: 비행기를 타고 구름 속을 날아

8월 19일 오전 10시 베를린 비행기장으로 가서 대여섯 명의 동료 선수들과 함께 덴마크로 향했다. 하늘 공중 높이 구름 속을 지나서 미지의 나라로 가는 것은 실로 가슴이 벅차도록 통쾌하였다. 약 두 시간 공중을 난 뒤에 정오 무렵에 수도 코펜하겐에 착륙하였다. 이곳은 섬 한쪽 편에 둘러싸인 항구로 모든 것이 구성된 아름다운 도시였다. 덴마크가 모범 농업국이라는 것은 이미 들어온 일이지만 조합이나 농장, 학교 등을 실제로 보고 조직적인 방법에 다시 놀랐다. 8월 21일에 덴마크와의 대항 경기가 있었고, 다음날 22일 오전 11시 반 코펜하겐의 비행장을 출발해 우리는 파리로 향하였다.

사치 없는 파리: 다시 도버 해협 건너 런던에

코펜하겐을 출발한 뒤 중간에 함부르크에서 잠시 휴식하고, 같은 날 오후 5시 반 파리에 도착했다. 파리에서도 대사관의 안내로 시가의 중요한 곳을 구경했는데 놀라운 것은 전부터 들어오던 것과 그 정취가 몹시 다른 것이다. 파리는 그저 사치를 심하게 한 화려한 도시라고만 생각했더니 실상은 그렇지 않고 오히려 차분한 곳이었다. 전후 두 차례나 파리에 체류하고 있는 동안 대개 이름 있는 명소는 모두 구경하였는

우승 직후 전화 인터뷰를 하는 손기정, 남승룡 선수
손기정, 남승룡 선수는 모두 조선 출신으로 일본 국적으로 대회에 참가해 각각 금메달과 동메달을 거머쥐었다.

데 그중에도 에펠탑, 개선문의 장대함에는 정말이지 놀랐었다.

파리에서 23일 일본과 프랑스의 대항 경기를 끝내고, 다음 날 아침 7시에 파리를 출발해 그 길로 런던으로 향했다. 프랑스의 칼레 항까지 기차로 5시간, 도버 해협은 기선으로 2시간이 걸렸다. 영국의 도버 항에 상륙해 기차로 약 1시간을 가면 런던에 도착한다. 우리들은 오후 3시 런던에 하차해 그날 시가 구경을 끝마치고 다음 날 아침 9시에 런던을 출발했다.

런던은 그야말로 세계 최대 도시의 하나인 만큼 그 규모가 큰 것에는 오직 감격할 수밖에 없었다. 템스 강, 런던탑, 국회의사당, 웨스트민스터 사원, 박물관 등 유명한 곳은 대부분 모두 구경하였다. 런던의 특색은 유럽의 다른 도시가 우측통행을 하는데 조선 모양으로 좌측통행을 하고 있는 것이다. 또 도시 계획도 우수해서 유럽 대개의 도시가 모두 그러하지만 런던만은 그중에서도 청결이 잘 되어 있었다. 예정과 같이 런던을 출발해 도버에서 칼레로, 왔던 길을 바꿔 그날 오후 5시에 우리들은 다시 파리로 돌아왔다.

그리운 옛 문명이여: 대로마 시대의 또렷한 자취

8월 27일 아침 6시 파리 출발 기차를 이탈리아로 향했다. 프랑스, 이탈리아 국경을 넘은 것은 그날 오후 6시 반경, 이 부근 일대는 알프스 산맥에 막혀 국경은 기차로 약 20분이 걸리는 터널로 되어 있었다.

그날 오후 8시경 토리노에 도착, 즉시 호텔에 들어갔다. 9월 1일 아침 10시 토리노 출발 기차로 수도 로마로 향했다. 같은 날 오후 목적지인 로마에 도착해 그 이튿날 대사관의 안내로 시가 구경을 시작하였다. 도시 여기저기에 옛날 대ㅅ로마 시대의 크고 웅장한 건축물이 보이며, 또 천주교 성당이 많은 것은 로마 전체의 특색을 만들고 있었다. 더욱이 유럽의 크고 넓은 품은 로마의 문명이 얼마나 찬란했던가를 이야기하고 있었다.

9월 3일 아침 10시 로마를 출발하여 오후에 나폴리 항구에 도착해 잠깐 쉬고 오후 3시 자동차를 타고 폼페이로 향했다. 폼페이는 부근 화산의 폭발에 의해 기원 1세기 무렵 매몰되었던 도시인데 근래에는 거

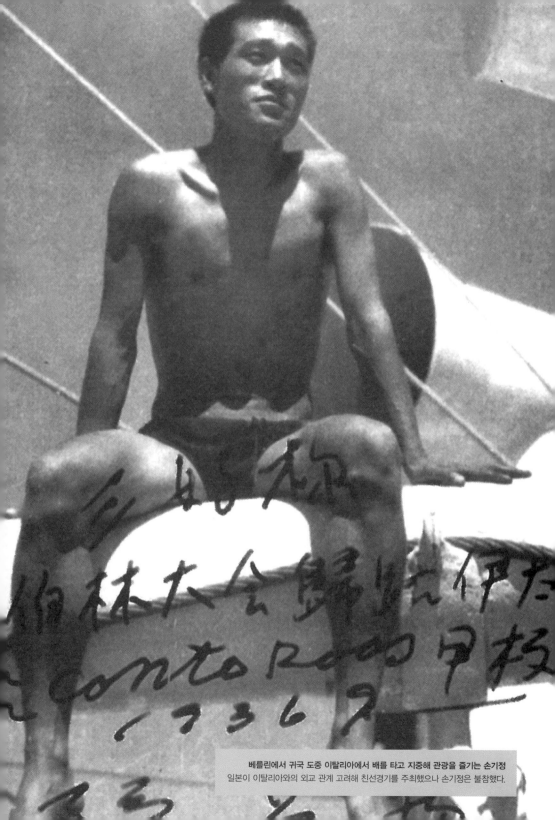

베를린에서 귀국 도중 이탈리아에서 배를 타고 지중해 관광을 즐기는 손기정
일본이 이탈리아와의 외교 관계 고려해 친선경기를 주최했으나 손기정은 불참했다.

의 절반 가까이 모두 발굴되어 예전 그대로의 모습을 남기고 있어서 당시의 문화를 눈앞에 보여주고 있었다. 당시에 쓰던 수도가 그대로 남아 있는 것도 희한한 일이었다. 도시의 저쪽에는 아직도 화산이 연기를 뿜고 있었다.

약 두 시간의 폼페이 구경을 끝내고 자동차로 나폴리에 돌아온 것은 오후 7시경이었다.

인도양에서의 6일 : 유럽에서는 가을이 여름

나폴리에서 하룻밤을 밝힌 뒤 9월 4일 오후 3시, 나폴리 출항의 이탈리아 기선 곤데로스 호를 타고 귀국 길에 올랐다. 그로부터 3일간의 지중해 항해를 끝마치고 7일 밤 이집트의 포트사이드(이집트 동북부 수에즈 운하 끝 항구도시)에 기항, 1박 하고 다음 날 아침에 다시 출항, 수에즈 운하를 통과해 8일 밤 수에즈 항에 도착했다. 수에즈 운하는 전체 길이가 161킬로미터라고 하는데* 수심이 얕은 까닭에 충분히 속력을 낼 수 없고, 통과하는 데에는 17시간이 필요하다고 한다. 수에즈에서 1박을 하고 9일 아침에 그곳을 출항, 13일 밤 홍해의 입구 아덴(예멘의 항구도시)에 기항, 다시 6일간의 인도양 항해를 마친 뒤, 9월 17일 아침 인도 뭄바이 항에 도착하였다. 중간의 여행은 사면이 모두 망망한 대양이라

---

*   원문에는 수에즈 운하 길이가 161킬로미터로 표기됐지만, 실제 길이는 163킬로미터다.

실로 단조롭기 이를 데 없었으나 특히 기록하고자 하는 것은 아마 홍해와 인도양의 더위일 거라 생각한다. 이런 더위는 내가 태어나서 처음 경험했다. 유럽을 출발할 때에 이미 가을 같았는데, 여기서는 아주 한여름 대낮에는 화씨 103도까지 올라가고 있었다. 작은 선실에 선풍기 네 개를 틀어놓고도 땀이 자꾸 흘렀다. 갑판에 나와서 더운 열풍이 바다로부터 불어오는 것은 무어라고 말할 수 없이 괴로웠다.

포대 많은 홍콩 풍경: 인도 문화를 두루두루 본 뒤

뭄바이에선 기선 고장 때문에 1주간 체류하게 되어 하루라도 빨리 고국에 돌아가고 싶어 하는 우리들에게는 여간 실망이 아니었으나 그 대신 뭄바이의 구경은 거의 절반 가까이 완전히 끝냈다. 인도는 대체로 조선보다도 문화 수준이 낮은 듯 보였다. 거리거리에는 비교적 큰 건축도 있었으나, 상점 등은 대개 가건물 형태였다. 도시 시설은 영국인이 경영하는 만큼 매우 진보된 듯했다. 여기서는 더위 때문에 극장 등은 오후 10시경부터 오전 2~3시 사이에 시작한다고 한다. 약 1주일 체재 후, 기선의 고장도 다 수선되었으므로 9월 24일 아침 뭄바이를 출항해 콜롬보(스리랑카의 수도)에 기항하였고, 27일 오후 8시 싱가포르에 도착했다. 거기에서 간단한 시가 구경과 환영회에 참석한 뒤, 오후 12시 다시 싱가포르를 출발해 홍콩으로 향했다. 홍콩에 도착한 것은 10월 1일 이른 아침, 여기서도 환영회가 있었다. 여기에서 특히 눈에 띄는 것은

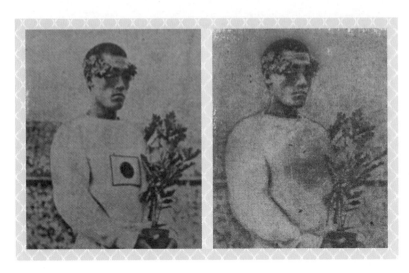

일장기 말소 사건
《동아일보》는 손기정의 금메달 소식을 전하는 8월 25일자 신문에 일장기를 지운 사진을 실었다. 이 일로 인해
《동아일보》는 8월 29일자부터 무기정간처분을 당한다.

여기저기에 포대가 나열되어 있고, 또 많은 군함이 정박하고 있는 것이
었다.

상해에서 마지막 1박 : 경성에는 비행기로 돌아오다

홍콩을 그날 오후 3시 출발, 3일 오후 2시 상해에 상륙해 하룻밤 자
고 4일 오후 11시 캐나다 기선을 타고 6일 아침 나가사키에 상륙했다.
거기에서 환영회에 갔다가 오후 5시 나가사키 출발해서 7일 밤 6시 고
베 입항했다.

8일 오전 9시, 도쿄에 도착, 해단식은 그날 있었다. 나는 16일 도쿄

를 떠나 비행기로 17일 오후 2시 그리운 경성으로 돌아왔다.

이것으로 나의 4개월에 이르는 여행을 대강 기록했는데, 다른 기회를 보아 좀 더 자세히 쓰고자 하노라.

행운과 비운의 여정, 세계를 달린 피식민자

1936년 6월 4일, 손기정(1912~2002)은 일본 선수단에 소속되어 올림픽이 열리는 베를린으로 떠난다. 손기정은 경성을 출발해 베를린에 도착하기까지 여정과 올림픽을 참가한 뒤 세계일주를 하면서 본 각국의 인상을 짧은 기행문으로 남기는데,《삼천리》에는 총 두 편이 실린다.「베를린 원정기」(1937)와「민족의 제전을 보고」(1940)가 그것인데, 이 두 편의 내용은 동일하다. 차이가 있다면, 전자는 올림픽이 끝난 후, 약 1년이 지난 시점에서 "여러 가지 사정으로 금일까지 침묵을 지켜오다가" 전하는 기행문이라는 점이며, 후자는 레니 리펜슈탈Leni Riepenstahl이 만든 베를린 공식 기록영화 〈민족의 제전〉에 대한 감상기 대신 작성된 것임을 밝히고 있다는 정도다.

손기정의 세계여행은 올림픽이 끝난 후 본격적으로 시작되는데, 코펜하겐, 파리, 런던, 이탈리아 각지와 수에즈 운하, 인도, 홍콩, 상하이 등을 두루 돌았다. 그의 이러한 경험은 귀국 후 학생 신분으로 돌아왔을 때 지리 수업 시간의 특강 내용이 되기도 했다.

여행기에서 마라톤에 대한 언급은 거의 없으나, 알려졌듯이 손기정은 올림픽 마라톤 우승자로서 당시 '동양의 이사도라 던컨'이라 불리던 최승희와 함께 조선 민족의 자랑이자 세계적인 스타였다. 손기정은 베를린 올림픽 출전 이전부터 이미 유명세를 타기 시작했는데, 동경 신궁경기대회에서 그가 세운 기록 2시간 26분 14초는 세계기록을 28초 앞당긴 신기록이었다. 그러나 경기 후, 손기정은 "수많은 군중 가운데서 조선말을 하는 사람을" 본 적이 없고, 자신은 "단 한 번도 우리 사회와 가정의 힘을 조금도 못 입어왔던 것"에 대해 "어쩐지 기쁨보다는 슬픔이 더 많이 용솟음쳤다"고 고백한다.

손기정은 마라톤 분야에 남다른 두각을 나타냈지만, 실제 그가 마라톤에 처음 발을 들여놓게 된 계기는 가난한 삶에서 비롯된 것이었다. 어린 시절 남들이 모두 하는 운동을 하고 싶었지만, 돈이 없었던 그는 압록강 철교를 넘나드는 밀수꾼의 무리 속에서 돈을 벌어야 했다. 그러므로 야구나 스케이트 대신에 "맨발과 샤쓰 한 개로" 달릴 수 있는 마라톤이 유일한 선택이었다. 아무런 지도자와 후원도 없이 어떻게 연습을 할 수 있느냐는 질문에 "가슴이 철렁하며, 얼굴이 붉어지는" 것을 느꼈던 손기정은 "양정학교 앞에서 남대문통으로, 황금정을 지나, 동대문, 창경원, 돈화문, 총독부, 광화문, 경성부청 앞까지를 코스로" 달리며, 올림픽 우승의 각오를 다졌다.

그리고 드디어 손기정은 베를린 올림픽 무대에 섰다. 1936년 8월 9일 3시 2분, 섭씨 32도라는 폭염 속에서 마라톤은 시작되었다. 서구의 언론은 전 대회 우승자였던 자바라, 하퍼, 손기정을 우승자로 점쳤다. 예상대로 자바라는 선두로 치고 나갔다. 4킬로미터 지점에서 자바라는 선두, 그 뒤를 이어 비오라, 하퍼 그리고 나란히 손기정이 뛰었다. 8킬로미터까지 이어지던 이 순위는 12킬로미터 지점에서 손기정이 뒤처지기 시작하며 5위로 달리게 된다. 그러나 하펠 호반을 통과하는 순간, 즉 가장 난코스인 31킬로미터 지점에서 손기정은 하퍼와 거의 동시에 통과하며, 남승룡 또한 7위에서 4위까지 추월해 하퍼의 뒤를 따르기 시작한다. 이후 자바라는 낙오하고, 손기정, 하퍼, 남승룡 순으로 골인하며 마라톤은 막을 내린다. 이 대회에서 손기정은 2시간 29분 19초 2라는 세계신기록을 세웠다.

　대회 시작 전부터 조선의 언론들은 올림픽 참가 선수들에 대한 격려 전보와 대회 보도에 적극적이었다. 그리고 손기정 1위, 남승룡 3위라는 소식이 전해지자, 각 신문들은 호외를 연발하며 우승 소식을 전달하기에 여념이 없었다. 그중 《동아일보》가 가장 열성적이었는데, 11일 《동아일보》 지면의 반 이상이 마라톤 우승 기사로 채워졌다. 물론 《조선중앙일보》와 《조선일보》도 경쟁에 열을 올렸다. 이를 두고 《삼천리》는 "전 지면과 사社의 전능률을 경도하여 올림픽 제패를 칭양함은 오래 숨기였든 민족적 자존심과 민족적 영예를 표현하려함"[2]이었다고 요약하고 있다. 열광했던 것은 신문사뿐만이 아니었다. "전 조선 민중이 열병에 걸린 것같이 이 명예"에 취했으며, 축전축문과 축하회, 연설회를 개최했고, "콜럼비아 레코드의 제패 기념 취입, 동양극장의 '마라손왕 손기정 군 만세'의 연극 흥행 등 진실로 문화 각 방면에 비상한 충격"[3]을 일으켰다. 이러한 열기는 8월 25일에 이르러 일장기 말소 사건으로 이어지게 된다. 「베를린 원정기」의 앞부분에 언급된 "여러 가지 사정"란 이를 두고 하는 말이다.

　손기정이 "세계 각국의 피 끓는 청춘이" 모여 "조국의 명예를 걸고 싸우는 민족의 투쟁"[4]이라고 한 것은 국제적 친선을 내세우는 올림픽이 실상 현실 세계에서 벌어지는 전쟁의 잠재적 모습이라는 사실에 대한 정확한 묘사다. 국제적 친선은 강조될수록 국가와 인종을 더욱 환기, 강화시킨다. 올림픽은 국제적 친선의 외양을 띠고 국민에 대한 국가의 지배력 강화 수단으로 사용된다. 그러므로 제국 일본에 있어 '일장기 말소 사건'은 "비국민적"[5] 태도였다. 손기정의 우승은 "일본 전체의 명예로 일본 내지와 조선이 함께 축하할" 일이지, "민족적 대립의 공기"로 전화되어서는 안 되는 것이었다. 조선인은 일본의 국민으로 통합되어야 했다. 특히 손기정은 올림픽 영웅으로, 매스컴과 대중에게 주목을 받는 공인이라는 점에서 국민 통합의 계획에 적절히 활용되었다.

손기정의 여행기를 보면, 경성을 출발해 베를린에 도착하기까지 여정이 기록되어 있다. 선수단은 6월 4일 경성을 출발해 단둥현, 선양, 창춘, 하얼빈, 만주를 거쳐 17일 베를린에 도착하기까지 약 2주가 걸렸다. 그들은 일본이 신식민지인 만주국을 성립한 후 건설한 철도, 즉 일본-조선-만주를 잇는 '만철'을 이용했으며, 만주국 '각지의 환영' 행사에 참석해야 했다. 돌아오는 길도 마찬가지였다. 유럽 각국을 여행하면서 대항 경기를 가졌고, 대사관의 축하 행사에 참석했으며, 일본에 도착해서도 각 단체의 환영 행사가 이어진 뒤에야 경성에 돌아오게 된다. 요컨대 이들 '일본 선수단'은 재외 국민의 내셔널리즘을 고양시키는 데 적합했다.

이후 2년 뒤 《삼천리》는 '우승 2주년 기념일'이란 제목으로 손기정의 인터뷰 기사를 실었다. 만주체육협회의 초청으로 창춘, 길림, 하얼빈을 다녀오는 길이었는데, 실상 '우승 2주년' 기념이기보다는 다른 이유가 있었다. 손기정이 초청을 받은 1938년, 일본은 1940년 도쿄에서 열리기로 한 올림픽을 반납한 상태였다. 1937년에 발발한 중일전쟁의 여파로 올림픽을 개최할 여유가 없었던 것이다. 이러한 결정은 전시체제에서 국민의 불안감을 더욱 고조시켰다. 이에 대해 손기정은 "올림픽이 동경에서 개최되지 못하게 됨은 유감"이지만, "어디서든지 차회 올림픽이 개최되는 대로 참가할 터이니까 문제"가 없을 거라는 발언을 통해 이러한 불안이 기우에 지나지 않게 만든다. 그리고 그는 《삼천리》에 실린 동일한 기행문(「민족의 제전」, 1940년)의 머리말에서 예정대로 올림픽이 열린다면, "취직은 물론, 결혼까지 하지 않을 결심"이었고 우승의 각오로 출전했을 것이나, "대회가 열릴 것 같지 않을 것을 예측하고 취직과 결혼을 하게"⁶ 되었다고 언급하기도 한다.

그러나 손기정은 자신의 자서전을 통해서는 과거 마라톤 우승을 굴욕감으로 표현한 바 있다. 자신은 조선 민족을 대표하여 뛴 것이고, 일본의 국기와 국가가 연주될 줄 몰랐기 때문에 출전했다는 것이다. 이러한 그의 발언은 당대 자료와는 상이하다. 그러나 손기정의 발언에 대한 개인적인 접근을 떠나, 당대의 맥락에서 보자면 마라톤 세계 제패자로서 그의 존재가 상당한 의미와 영향력을 지녔다는 것을 알 수 있다. 언급했듯이, 그는 식민지 조선과 일본에게 양가적인 존재였다. 제국 일본은 그의 우승을 통해 내선융합의 의미를 강하게 접목시켰으나, 조선 대중들에게 그의 우승은 일장기 말소 사건이 보여주듯이 민족적 자긍심과 자신감을 다시금 불러일으키는 계기였다.

이후 손기정은 조선 체육계의 유명 인사로서 조선 체육의 장래에 대해 활발한 논의를 펼친다. 실상 여기 실린 기행문은 각국의 인상을 간략히 언급한 것에 그칠 뿐, 특기할 만한 내용을 담고 있다고 보긴 어렵다. 그러나 손기정에게 세계여행의 경험은 조선 체육의 장래에 대한 생각의 기초가 된다. 체육대학, 운동장의 설비, 대항전의 필요성과 선수층의 확대로 요약할 수 있는 그의 논의는 세계여행을 통해 그 필요성을 절감한 것들이었다. 그리고 "역도조선" "육상조선"이라 언급하는 그의 발언은 스포츠를 통해 조선이 세계의 무대에 당당히 설 수 있다는 자부심의 표현이자, 동시에 조선이 세계의 무대에 설 수 있는 길을 스포츠를 통해 제시하고 있는 것이라 하겠다. 이는 분명 올림픽을 통해 세계를 경험하고 성공적인 성과를 얻었기 때문에 가능한 것이었다. 이를 통해 식민지 조선은 해외(서구)와 전혀 상이한 것이 아니라는 것을 깨닫고, 해외와 조선을 세계체제라고 생각할 수 있게 되었다.

1930년대 조선은 대중문화가 만개한 시기였으며, 그로 인해 대중들의 세계에 대한 열망은 한층 고조됐다. 손기정의 우승은 그러한 조선인들의 열망과 환상을 실체적으로, 현실적으로 체감할 수 있게 해준 계기가 되었음이 분명하다.

8장

유학생 오영섭,
약소민족의 독립을 지켜보다

필리핀

오영섭

조선 최초 필리핀 유학생

조선인 최초로 필리핀으로 유학을 갔다. 1935년부터 1938년까지 머무르면서 신생 독립국 필리핀의 초대 대통령이 취임하고 정부가 수립되는 과정을 지켜보았다. 필리핀에 머무르며 지켜본 정치적 변화와 필리핀 사람들이 살아가는 모습, 그리고 필리핀까지 가는 여정 등을 《삼천리》에 세 차례에 걸쳐서 연재하였다.

초대 대통령 취임식을 앞둔 필리핀

친애하는 XX형

　지금 필리핀은 마치 열병에 걸린 것같이 흥분하고 있습니다. 대통령 취임식이 가까워진 까닭입니다. 필리핀 연방의 독립 준비가 자꾸자꾸 진행되어 역사적인 초대 대통령 취임식이 11월 15일 새로운 수도 마닐라에서 성대하게 개최될 예정입니다. 신문 보도에서는 필리핀 내의 모든 단체와 인사가 준비에 분주하며 또 한편 멀리 태평양 연안의 각국은 물론 유럽 열강까지 축하 사절이 올 것이라고 합니다. 오늘까지 밝혀진 각국 사절은 미국의 현 대통령 가너* 씨 이하 상하 양원 의원 47명이 오기로 하였고, 일본에서는 귀족원 의장 고노에近衛文麿 공작이나 도쿠가와德川家達 공작이 올 것이라 합니다. 중국은 전 외교부장 왕정연

---

　*　　존 낸스 가너(John Nance Garner, 1868~1967): 가너는 미국의 정치인이자 1933~1941년 제32대 부통령으로 재직했다. 당시 제32대 대통령은 루스벨트이므로 미국의 현 대통령이라 표기된 원문의 내용은 오류이다. 그러나 취임식에 참석한 인물을 확인할 자료가 없으므로, 원문의 내용이 오류인 것만을 밝힌다.

王正延 씨가 오기로 했고, 그 밖에 영국, 에스파냐, 네덜란드 등 관계 각국에서 올 것이라고 하니, 실로 이번의 국가적인 성대한 의식은 상상하기 어렵지 않습니다.

그렇기에 요사이 수도 마닐라 시가에는 벌써부터 화려한 옷을 입은 외국 손님들이 많고, 건축물도 새로 짓는 것이 많으며, 중앙 통행로의 가로수를 새로 손질해 시가의 미관을 꾸미기에 분주합니다.

한양의 성곽 위에서 형과 함께 이별할 때 이곳 사정을 보도하는 것의 중요성을 깊이 느낀 터라 저는 성심을 다해 장차 제2보, 제3보로써 대통령 취임식 광경을 보도해드리오리다.

그런데 들리는 말에 아무래도 이번 대통령은 아기날도* 장군보다 상원 의장 케손** 씨가 유력하다고들 합니다.

친애하는 XX형

그만 집필 순서가 바뀌었습니다. 저는 그날 형과 작별하고 7월 5일 아침에 오사카 상선 모지門司 지점에 이르러 배표를 사려 했더니 수상 경찰서에 가서 신체검사를 받아 오랍니다. 다시 수상 경찰서로 갔더니, 외국 가는 사람은 요코하마나 고베, 나가사키에서 미리 검사를 받

---

*   에밀리오 아기날도(Emilio Aguinaldo, 1869~1964): 필리핀 독립운동 지도자. 1935년 공화국 초대 대통령선거에 입후보했으나 케손에게 패하고 말았다.
**   마누엘 루이스 케손(Manuel Luis Quezon, 1878~1944): 필리핀의 정치가이자 독립운동가. 제1차 국민의회 의원이 됐으며, 필리핀연방공화국 초대 대통령을 지냈다.

아야 모지에서 태우지 그렇지 않으면 승선시킬 수 없다고 하더이다. 후일 외국에 가려는 여행자는 미리미리 알아둘 만한 지식이더이다.

그래서 나가사키 항에 가서 검사를 받아가지고 다시 모지에 오니 하루가 늦은 대신 배 떠날 시간까지는 여유가 있었습니다. 메카리 공원 和布刈公園(일본 후쿠오카 현의 기타큐슈 시에 위치한 공원)에 올라가 모지 전체 시가지를 구경하다가 고향에 편지 한 장 쓰려고 공원 육각 벤치에 앉아 펜을 움직일 때였습니다. 어떤 사복 차림의 한 분이 곁에 오더니 이곳은 요새지니까 사진이나 무엇이나 기록하는 것을 금지한다고 하더이다. 이것도 초행자가 미리 조심해야 할 경험인 줄 알았나이다. 어쨌든 여러 가지 우여곡절을 겪고 난 뒤, 마닐라행 배를 탔소이다.

배를 타고 보니 벌써 목적지에 도착한 듯한 감상이 들었습니다. 제가 탄 배의 이름은 시카고 마루シカコ丸였는데, 그리 크지는 않지만 시설은 완전하고 깨끗했습니다. 이 배는 1등실과 3등실만 있었습니다. 1등실에는 미국 사람이 두 명, 일본 사람이 다섯 명, 합이 일곱 명의 손님이 있었고, 3등실에는 일본인 74명에 조선인 한 명 해서 합이 75명이었으며, 선원은 96명이었습니다. 이 배는 178명이 사는 하나의 세상이었습니다. 3등실 손님은 반 이상이 이민자였고, 그 외는 상인이었습니다. 공부하러 가는 사람은 저 혼자뿐이었고, 조선 사람도 저 혼자뿐이었습니다. 바다 위에 뜬 배 안에서 사람들은 퍽 친절하고 인심이 좋습디다. 음식을 나눠 먹는 일이라든지 서로 편의를 봐주는 일은 육지에서보다 퍽 좋았습니다. 해상 생활은 처음이었지만 대단히 흥미가 있습

오영섭이 마닐라까지 타고 간 시카고 마루
1910년 주조되어 1943년까지 항해한 일본의 여객선이다.

디다. 하루 세 번 잘 해주는 음식을 먹고, 갑갑하면 책도 보고, 잠도 자며, 또 몇 사람씩 모여 앉아 이야기도 하고, 갑판 위에서 한없이 넓고 큰 바다를 바라보며, 때때로 갑판 위에 준비해놓은 골프도 했습니다. 바다 위에서 특별히 볼 만한 것은 아침에 둥글고 붉은 해가 동쪽 바다에서 움실움실 솟아오르는 것과 저녁에는 그리 멀지 않은 저편 바다 속으로 조금씩 조금씩 들어가는 광경이 참 구경할 만했습니다.

사랑하는 형이여

9일 아침에 나는 대만 지룽 항基隆港(대만에서 가장 큰 항구)에 도착했는데 배가 항구에 다다를 때 20~30명의 대만 사람들이 물고기 모양으로 된 작은 배를 타고 청흑색 옷에 농사일 할 때 쓰는 이상한 모자를 쓰고

1930년대 대만 지룽 항 풍경

있었습니다. 그들이 기선 주변을 돌아다니면서 자기 배에 손님을 태우기 위해 기다리는 광경은 참으로 이상한 느낌이었습니다. 지룽 항에 내려 시가를 구경했는데, 지룽 시가와 상점들은 조선이나 일본식과는 전혀 다릅니다. 건물은 모두 벽돌로 큼직큼직하게 지었습다. 조선에서는 아직 아침저녁으로 겹옷을 입는데, 지룽의 유명한 고사高沙 공원에 올라가니 매미 소리가 굉장히 요란했습니다. 공원에서 내려오다가 대만은 바나나가 하도 싸다고 하기에 10전을 내고 바나나와 파파야를 샀더니 정말 싸더이다. 혼자서는 누구든지 다 먹을 수 없을 것입니다. 보기 좋은 야자수 밑에 설치해놓은 의자에 걸터 앉아 실컷 먹고도 남아서 지나가는 대만 소녀를 불러 주고 말았습니다. 오전 10시에 지룽 역에서 타이베이행 기차를 탔습니다. 타이베이에 도착해 버스를 타고 타이

완 신궁에 있는 공원[이름 잊었음]으로 올라가 타이베이 시가 전경을 바라본 후, 대만 동물원에 들어갔습니다. 과연 이곳은 열대지방인 만큼 창경원 동물원에서 보지 못했던 열대지방 동물이 많았습니다. 한곳에 가보니 조선산 승냥이 한 마리가 있더이다. 그 후에는 타이베이 식물원과 그 건물 안에 있는 타이베이 상품 진열관을 구경했는데, 보기 좋은 열대지방 식물들과 대만산 모든 물품들을 구경했습니다. 다시 대만 총독부와 그 근처에 있는 대만 박물관을 구경했는데, 박물관 안에는 없는 것이 없었습니다. 대만 원주민의 생활 상태와 인물을 그대로 다 만들어 놓았는데, 원주민들을 직접 보는 것 같은 느낌이었습니다. 한곳에 가니 일본 관할 아래 있는 각 지방 사람들의 모형을 만들어놓았는데, 조선인 부부도 있었습니다. 남자는 큰 갓을 쓰고 관헌이 입는 예복에 행건(바지나 고의를 입을 때 정강이에 감아 무릎 아래 매는 물건)과 짚신을 신은 사람이었고, 여자는 몹시 짧은 저고리를 입어서 유방이 저고리 바깥으로 나오게 만들었는데 보기에 참 창피했습니다.

그 후에는 타이베이에서 제일 큰 백화점으로 가서 대만의 현재 상품들을 구경하고 열대지방 음식을 조금 맛본 후 대만인의 생활 상태와 심리 사상을 좀 알아볼 마음으로 대만인 여관에서 하룻밤을 지내기로 생각했습니다. 혼자서 대만인 여관을 찾을 수가 없으므로 인력거를 불러 타고 대만인이 하는 제일 큰 여관을 가자고 하니까 대남관이라는 큰 여관으로 안내하더이다. 이 여관에서 하룻밤을 지내면서 대만인의 심리 사상을 잠깐 알아보았습니다.

사랑하는 형이여

10일 아침에는 타이베이에 있는 조선 동포들을 방문했습니다. 이곳에는 고려공사高麗公司와 선흥사鮮興社라는 인삼상회가 있고, 또 조선루朝鮮樓와 조선정朝鮮停이라는 요릿집이 있더이다. 그리고 알아보니 타이베이 시에만 조선 동포 2백 명가량이 있다고 합디다. 대만에서 동포가 살아가는 방법은 인삼장사와 요리업이 대부분이고 그 밖에는 약장사가 많다고 합디다. 다시 기차를 타고 타이중臺中으로 갔는데, 타이중 선로는 지난번 지진에 파괴되어 개통하지 않으므로 해안선으로 갔습니다. 타이중에 하차하여 세 시간 동안 시가를 구경하고 그곳에 있는 동포들을 방문했습니다. 여기에도 동포의 큰 요릿집이 네 곳이나 있더이다. 다시 타이난으로 가서 코야나기小柳 여관이라는 일본인 여관에서 하룻밤을 지냈습니다. 11일에는 타이난臺南에서 안식일예수재림교회 사업을 시작하는 일본인 선교사를 방문했는데 퍽 친절히 대해주더이다. 그와 같이 타이난 명승지들을 구경하고 그곳에서 제일 큰 백화점 식당에서 후한 점심 대접을 받았습니다. 시간 관계상 타이난에 있는 동포들은 방문하지 못했습니다. 11시에 다시 가오슝高雄(타이완 남서부에 있는 항구 도시)행 기차를 탔습니다.

사랑하는 형이여

조선에서 듣던 바와 같이 대만 기후는 조선보다 대단히 덥습니다. 내가 조선을 떠날 때에는 벼의 모종이 이제 모판에서 자라나기 시작했었는데, 대만 남부를 지날 때 보니 이곳에서는 벼 추수가 한창이었습니다. 철로 연변에 있는 대만 농촌은 조선 농촌보다 퍽 발전되어 보이더이다. 기차 안에서 볼 수 있는 농가들은 거의 다 벽돌집이었습니다. 농촌에서 볼 만한 구경은 수십 마리의 물소들이 냇물에서 같이 목욕하는 광경과 수백 마리의 집오리들이 떼를 지어 다니는 것, 또 소같이 큰 돼지들이 20~30마리씩 한곳에 뭉쳐 있는 것으로 조선 농촌에서 볼 수 없는 귀한 구경거리였습니다. 가오슝에 도착해서는 시간이 넉넉지 못해 동포들을 방문하지 않고 시가만 잠깐 구경한 후 다시 마닐라행 시카고 마루를 탔습니다. 들어보니 가오슝 항구에는 조선동포 재산가가 두세 명이 있어서 모든 것을 잘 해나간다고 합디다. 타이중 시에는 타이중 친우회라는 25명으로 조직된 동포 단체가 있고, 가오슝 항에도 동포 단체가 조직되어 있다고 합니다. 나가사키에서 대만까지 오는 동중국해는 바다가 온화해 퍽 좋았지만 대만에서 떠날 때부터는 파도가 좀 심해져서 바다 생활에 익숙지 못한 저는 대단히 두려웠습니다. 이 남중국해에서 볼 만한 구경은 날치들이 가을날 제비 떼 날아다니듯이 수백 마리 떼를 지어 바다 속에서 삑릉삑릉 나와 한참씩 날아가다가 다시 바다 속으로 들어가고 하는 것이었습니다.

사랑하는 형이여

대만을 떠날 때 현금은 단 1원 50전뿐이었습니다. 배에서 학교에 전보를 보내려고 했지만 전보 요금이 최하 5원이므로 보낼 수 없었습니다. 편지는 벌써 했지만 마닐라에 도착하는 시일을 전보로 다시 알려드리겠다고 했습니다. 만일 학교에서 누가 배웅 나오지 않으면 어쩌나, 말 모르고 풍속 다른 저곳에서 여비조차 없는데 어려운 일이나 당하지 않을까 하고 염려하던 가운데, 배는 14일 아침 마닐라에 도착했습니다. 배에서 내려 제가 먼저 편지한 사람의 이름을 아무리 불러봐도 그는 나타나지 않았습니다. 배에서 짐 내려준 값 1원을 주고 나니, 현금은 단 50전뿐이었습니다. 어쩔 줄 모르며 세관의 짐 검사를 기다리는 때에 알지 못하는 서양 사람 한 명이 내 양복에 꽂혀 있는 청년의용선교회靑年義勇宣敎會 마크를 보고 반갑게 내 손을 잡아서 나도 그의 손을 반갑게 잡았습니다. 오…… 나를 사랑하는 주께서 나를 도와주셨습니다. 그가 가지고 온 자동차를 타고 목적지인 이 학교까지 무사히 도착했습니다. 오늘은 이만 실례하고 후일에 다시 이 지방 소식과 학교 소식을 올리겠습니다.

　사랑하는 형이여

　저의 편지를 많이 기다리셨지요. 저도 이곳에 온 그날부터 형에게 편지를 올리려고 생각했지만 편지 쓸 시간을 얻지 못했습니다. 형께서 보내주신 7월호 《삼천리》는 감사히 받아 봅니다. 형이 부탁한 대로 경성에서 이곳까지 온 여행기를 기록해 보내니 보시고 또 원하시면 이곳 풍속과 내 학교생활의 현재 상태를 기록해 보내겠습니다.

　이 학교에는 미국 사람, 필리핀 사람, 중국 사람, 말레이 사람, 일

1930년대 초 마닐라의 번화가 크루즈 플라자 앞 광경

본 사람, 에스파냐 사람, 조선 사람 모두가 같이 공부합니다. 제가 있는 기숙사에도 각국 사람이 다 같이 있습니다. 이곳에 온 후, 아직 조선 사람은 만나보지 못했습니다. 지금은 말이 잘 통하지 않아 많이 곤란합니다만 점점 나아지고 있습니다.

형께서 부탁하셨던 조선 동포의 주소, 이름을 기록해 보냅니다.

이어 편지를 받았다고 회답해주시면 감사하겠습니다. 그리고 8월호《삼천리》도 곧 보내주시기를 기다리겠습니다.

필리핀 대통령을 회견하고자,
새로운 수도에서 대통령 취임식 준비 장면

친애하는 X형

초대 대통령 취임식을 20일 앞둔 새로운 국가 수도 마닐라 시는 안 팎으로 굉장히 소란스럽습니다. 시가의 외관 장식은 거의 다 끝나가고 있으며, 각 호텔에서는 손님 맞을 준비로 바쁜 와중에 모두 객실 부족 을 한탄하고 있습니다. 가너 부대통령 이하 미국 측 참여자들은 동양에 서 제일이라고 이름난 마닐라 호텔에 투숙하기로 결정됐으며, 그 외 1 등, 2등 호텔도 벌써 외국 참여자들로 가득 찰 예정입니다. 또 3등 여 관도 지방 각 주에서 오는 참여자들로 가득 찰 예정이라 벌써부터 숙소 문제로 쩔쩔매는 중입니다.

내부에서는 지난번 대통령 선거 이후로 큰 불만을 가진 아기날도당 이 케손당을 공격하는 중입니다. 얼마 전에 아기날도 장군은 몇 가지 증거를 가지고 머피* 총독과 직접 대면해 케손과 오스메냐 두 사람의

---

*   프랭크 머피(Frank Murphy, 1890~1949): 미국의 정치가이자 행정가. 1935년부터 1936

당선이 부정선거라고 상소했습니다. 머피 총독은 곧 조사관을 특별히 임명해 부정의 흔적을 조사 중이라 내부는 대단히 어지럽습니다.

케손당의 적극 반대당인 삭달당과 아기날도당은 연합하여 케손을 공격 중입니다. 아기날도당 간부 중 유력 인사인 뷔인손 씨(헌법회의 대표)와 대학생 후안 씨는 케손과 오스메냐* 암살을 선동했다고 기소되었습니다. 이와 같은 여러 가지 사건들로 내부는 몹시 복잡합니다.

마닐라 순찰대 본부에서는 11월 15일 당일에 아기날도당과 삭달당, 그 외 과격분자들이 연합하여 대시위 운동을 거행할 염려가 많으므로 만일의 위험에 대비해 순찰대 2천 명을 각 주로부터 소집하는 중입니다. 또 재무장관은 임시예산을 내어 신병 4백 명을 신규 징집하는 중입니다. 이런저런 일로 11월 15일은 모든 사람의 주목을 끌고 있습니다.

이번 초대 대통령 취임식에 케손 씨는 일본, 중국, 태국, 기타 영국, 프랑스, 오스트레일리아 제국에 초대장을 보내려고 했습니다. 그러나 미국 정부에서 이것이 경제와 크게 관계되므로 그만두는 것이 좋겠다고 부탁하여 미국 외에는 아무 나라에도 정식 초대장을 보내지 않았답니다. 이곳의 한 유력 인사의 말을 들으면, 미국 정부에서 각국 초대를 금지시킨 이유가 만일 일본을 초대하면 이 기회를 이용해 일본 제

년까지 필리핀 총독을 지냈고, 1935년부터 1936년까지 필리핀 고등 판무관을 지냈다. 그 뒤로 미국에 돌아가서 법무장관, 미 연방대법원 대법관을 역임했다.

* 세르히오 오스메냐(Sergio Osmeña, 1878~1961): 필리핀의 정치가이며 필리핀 국민의회 의장직을 지냈다. 필리핀이 공화국이 되자 부통령을 역임한 후, 대통령직을 승계했다.

국이 굉장한 군함들을 파견하리라는 것입니다. 필리핀 관리들과 일반인이 일본의 세력을 보고 놀라면 야단나기 때문이라고 합니다만 각국에서 많은 손님이 오리라고 예상합니다.

오는 11월 15일 초대 대통령 취임식을 실제로 구경한 후 다시 자세히 통지해드리기로 하고 지금은 제가 이 나라에 와서 보고 듣고 감상한 몇 가지를 말씀해드리오리다.

사랑하는 형이여

새로운 국가 수도 마닐라 시에서 처음으로 느낀 것은 앗 – 따! 자동차가 굉장히 많다는 것입니다. 주요 거리에는 지도 순경이 차들을 정지시키기 전에 거리를 횡단할 수 없습니다. 동양 도시 중에서 이곳이 자동차가 제일 많답니다. 또 두 번째로 느낀 것은 웬 신문, 잡지 파는 아이가 이렇게 많은가 하는 것입니다. 각 전차 정류소나 주요 사거리에는 신문, 잡지 파는 아이들의 뉴스 사라는 소리에 귀가 괴롭습니다. 이곳 신사 숙녀들은 그날 뉴스를 자기 집에서 보지 못했으면, 거리에서 으레 신문이나 잡지를 삽니다. 이곳 사람들의 신문, 잡지 보는 열성은 조선 사람들보다 몇 배가 앞선 듯합니다.

그리고 이곳 사람들의 사치는 제 눈에는 너무 과한 듯합니다. 이곳 부녀들의 이상야릇한 화장과 화려한 옷은 어떠하다고 붓으로는 다 형언할 수 없습니다. 며칠 전에 저는 친구와 같이 거리를 지나다가 한 여자의 옷이 너무도 찬란하고 이상하기에 그 옷이 몇 가지 색이나 있는

가 하고 세어보았더니 열 가지 색이 넘었습니다. 이곳 여자들은 아름다운 색깔의 옷을 퍽 좋아합니다. 그리고 종아리에 분 바르는 화장은 아직 조선에서는 볼 수 없지요? 종아리에 아름다운 살빛 분가루를 바르고 엄지발톱에는 빨간 기름을 칠한 후 가죽을 오려서 만든 이상한 구두를 신고 지나가는 것을 언뜻 보면 살빛 양말을 신은 것 같지만 자세히 보면 맨 종아리입니다. 이곳은 날씨가 항상 덥기 때문에 부녀들이 팔이나 종아리를 많이 내놓고 다닙니다.

사랑하는 형이여

마닐라 시를 지나다니는 거의 모든 여자들은 경성에서 볼 수 있는 '카페 걸'과 같습니다. 단발을 많이 하고 머리털을 별나게 꼬불꼬불 꾸몄으며, 양 뺨에 연지를 찍고 입술에 분홍색을 칠했습니다. 목에는 진주 꾸러미를 두르고 귀에는 금은보석으로 꾸민 아름다운 장식품을 걸고 다니는 여자를 보면 아름답다기보다도 제게는 괴이하게 보입니다.

필리핀 여자들은 거의 다 미인입니다. 보기에 흉한 여자는 별로 없습니다. 그리고 이곳 여자들은 외국인과 결혼하는 것을 좋아합니다. 할 수만 있으면 외국인과 결혼합니다. 필리핀 여자들은 외국인과 결혼하는 것을 큰 영광으로 생각합니다. 그렇기 때문에 혼혈종이 많기로는 이 나라가 전 세계를 통해 제일입니다. 순 필리핀 인의 살빛은 갈색이지만 시가나 학교에는 백인, 황인의 필리핀 사람이 대부분입니다. 수백 년 동안 중국인과 에스파냐 인들이 필리핀 여자들과 결혼했고, 또 최근 몇 해 사이에는 많은 미국인들이 필리핀 미인과 결혼하는 중입니다. 혼혈종은 모두 인물이 얌전하고 재주가 비상합니다. 새로운 대통령 케손 씨로 말하더라도 그의 아버지는 에스파냐 인입니다. 필리핀의 유명한 인물들은 대부분 혼혈종들입니다.

그리고 이곳 남자들의 복장은 10분의 9가 백색 양복입니다. 저는 이곳에 와서 백의민족을 보는 중입니다. 백의민족으로 이름 있던 조선 민족은 색의色衣민족으로 변하는데 필리핀 민족이 백의민족으로 변하는 듯합니다.

마닐라 시에 극장, 댄스홀, 도박장은 수백 곳이 넘는답니다. 저는 여기에는 상식이 없는지라 그 내용이 어떤지는 알 수 없습니다.

사랑하는 형이여

다시 이곳 학생 생활에 대해 몇 말씀 드리고자 합니다. 제가 공부하는 필리핀 유니온 대학은 세계적으로 깨끗한 백성이라고 이름난 제7일 안식일예수재림교회安息日耶蘇再臨敎會가 경영합니다. 대학에는 신학과, 고등사범과, 상과, 보통사범과 이상 네 개 과가 있습니다. 이 대학에는 다른 곳과 달리 일본 내지, 조선, 미국, 필리핀, 중국, 말레이, 에스파냐 이상 일곱 민족이 같이 공부하기 때문에 은연중 모든 것에 경쟁하는 일이 많습니다. 겉으로 나타나게 대놓고 경쟁하진 않지만 제각기 속마음으로는 자기 민족을 내세우려 하기 때문에 누구나 모든 일에서 남에게 지지 않으려고 애를 씁니다. 그리고 이 학교는 남녀공학입니다.

이곳 학생 생활은 조선보다 오락적이고 퍽 흥미가 있습니다. 교육제도는 학년제가 아닌 과목제이므로 재주 있는 사람은 여러 과목을 공부하고 재주 없는 사람은 자기가 감당할 수 있을 만큼 몇 과목만 공부하기 때문에 낙제를 염려할 일이 적습니다. 이 대학 보통사범과를 빼곤 모두 중학을 졸업한 후 4년에 마치게 되지만, 재주 없는 사람은 5년 혹은 6년이라도 그 과에 있는 과목을 마쳐야 졸업하게 됩니다.

이 학교에는 일주일에 한 번씩[매주 일요일 저녁 혹은 토요일 저녁] 남녀가 연합하는 흥미로운 집회가 있습니다. 음악회, 가극회, 구연동화, 행진회行進會, 오락회 등을 번갈아 하는데 퍽 흥미 있습니다. 음악회와 가극회는 조선에서 하는 것과 큰 차이가 없습니다만 그 밖에 다른 집회들은 조선에서 보지 못한 것들입니다. 구연동화란 재미있는 동화를 몸짓과 표정으로 이야기에 맞춰가며 하는 것이고, 행진회란 남녀 두 학생씩 발걸음을 맞춰 지휘자의 호령에 따라 이리저리 행진하는 것입니다. 또 오락회란 10여 종의 오락[Game]을 넓은 방 안에 준비해놓고 한 반을 남녀 총 여덟 명으로 조직해서 10분 혹은 15분씩 돌아가면서 다른 게임을 하는 것인데 퍽 유쾌합니다. 행진회나 오락회를 할 때에는 남녀 학생이 각각 자기가 좋아하는 사람과 같이 놀았으면 하고 간절히 희망하지만 마음대로 할 수가 없고 지휘자의 지도대로 따르게 됩니다.

이 집회들이 애인, 즉 장래의 부인과 남편을 찾는 모임이고 찾은 애인에게는 정을 두텁게 만드는 집회입니다. 남녀 학생이 이같이 놀 때에는 활발하고 재미있게 잘 놀지만 남녀 간에 비밀 편지 교환이나 사람의 눈을 피해 산책하는 일이 비밀 집회 같은 것은 절대로 없습니다. 이곳 남녀들은 제각기 자기 인격의 고상함을 나타내기 위해 힘쓰기 때문에 비도덕적 행동은 도무지 없습니다.

사랑하는 형이여

이곳 학생들의 화장도 제가 보기에는 너무 과한 듯합니다. 저는 이름도 모르는 화장품과 장식품들로 머리, 얼굴, 몸을 화장합니다. 남학생들은 하루에 적어도 넥타이를 두 번씩 갈아매고 또 여학생들은 아침, 낮, 저녁으로 옷을 갈아입습니다. 저는 손톱에 기름 바르는 화장을 이곳에 와서 처음으로 보았습니다. 최신식 유행을 피하는 제7일 안식일 예수재림교회가 경영하는 학교가 이러한데 하물며 다른 집단 학교 남녀학생들의 사치는 말할 것도 없습니다. 이 학교 남녀 기숙사는 학교 앞뒤에 따로 있지만 식사만은 같은 식당에서 합니다. 그러므로 학생들이 식당에 갈 때에는 할 수 있는 대로 아름답게 화장을 합니다. 식사 시간에 식당에 모여드는 남녀 학생들을 보면 모두 결혼식장에 나가는 신랑 신부 같은 느낌이 있습니다. 이 학교에는 10여 개의 다른 방언을 말하는 사람들이[필리핀에는 여러 방언이 있음] 모여서 영어로 통용합니다. 학교 구내에서는 영어로만 말하는 것이 학교 규정 가운데 하나입니다. 누구나 다 영어를 잘하기 때문에 언어가 다른 여러 지방 사람들이 모였지만 언어에 아무 불편이 없습니다.

필리핀 학생들은 비교적 다른 나라 학생들보다 활발하고 항상 기뻐

합니다. 어떤 날 한 학생에게 필리핀 학생들이 항상 기뻐하는 이유를 물었습니다. 그의 대답이 우리 민족이 수백 년 동안 에스파냐의 손에 매여 있다가 지금은 자기 민족이 되었으니 왜 기뻐하지 않고 뛰놀지 않겠느냐고 하더이다. 필리핀 학생들이 에스파냐 사람에 대해 말할 때에는 화가 나서 에스파냐 인에 대한 악담을 합니다.*

사랑하는 형이여

이제 필리핀의 가을에 대해 몇 말씀 드리겠습니다. 저는 어렸을 때 동네 어른들께 음력 9월 9일이면 제비들이 강남에 갔다가 3월 3일이 되면 강남 갔던 제비들이 다시 돌아온다는 말을 들었습니다. 강남이 어떤 곳이며 우리 동네에서 얼마나 먼 곳일까? 강남에 한번 가보았으면! 하고 생각하던 유년 시절의 숙원이 이제 실현되어 강남에 친히 와서 가을을 맞게 되었습니다. 옛사람이 하던 말씀이 거짓은 아닐진대, 9월 9일이 지난 지는 벌써 20일이 되었으나 아직 고향에서 돌아오는 제비들을 볼 수가 없습니다.

강남의 가을이란 참 무미건조합니다. 가을이라면 모든 들에 곡식이 누렇게 되고, 산악에는 단풍이 붉어지며, 하늘은 높아지고, 날씨는 청량해짐을 뜻함이 아닙니까. 그러나 강남의 가을이란 산과 들에 푸른 나

---

* 1521년 포루투갈의 마젤란에 의해 필리핀이 유럽에 알려진 후 에스파냐의 식민지가 되었고, 19세기 말까지 2백 년 넘게 식민통치가 이어졌다. 1898년 미국과의 전쟁에서 패배한 스페인이 미국에 필리핀, 괌 등의 지배권을 2천만 달러를 받고 넘기면서 미국의 식민지가 되었다.

무들은 여전히 싱싱하게 푸르고, 날씨는 변함없이 뜨거우며, 논밭에는 곡식들이 자랄 뿐입니다. 지방에 따라 벼 추수를 12월과 1월에 한답니다. 지방에 따라 심고 거두는 시기가 다르답니다. 한 지방에서는 거두고, 또 다른 지방에서는 심는답니다.

사랑하는 형이여

가을이라면 우리 농촌에서는 추수에 바쁘고 부녀자들은 겨울 의복 준비에 분주하며 또 각 가정에서는 겨울에 땔 땔나무 준비와 겨울을 날 김장 준비에 분주한 때가 아닙니까만, 필리핀의 가을이란 전혀 그렇지 않습니다. 이 나라 날씨는 언제나 큰 차이가 없으므로 농촌에서 심고 거두는 시기가 그리 급하지 않습니다. 오늘 못 심으면 내일 심고, 내일 못 심으면 그다음 날 심지 하고 대수롭지 않게 생각하기 때문에 조선에서와 같이 심고 거두는 시기를 잊어버릴까 봐 서두르는 일이 없습니다. 부녀들이 의복 준비에 분주한 일도 없습니다. 1년 사계절을 통해 여름 옷 한 벌이면 그만이므로 가을이 되었지만 겨울옷 준비에 분주할 필요가 없습니다. 또 겨울에 땔 땔나무 준비에 대해 말할지라도 조선과 다른 것은 이 나라의 날씨가 항상 덥기만 하니까 방을 따뜻하게 하기 위해 불을 땔 필요가 없고, 사계절로 풀과 나무가 자라기만 하니까 흔한 것이 나무라는 것입니다. 그러므로 땔나무 걱정은 조금도 없습니다. 겨울을 날 김장 준비에 대해 말할지라도 채소가 언제나 채소밭에서 싱싱하고 푸르게 자라고 있으며 많은 종류의 과실들이 사계절을 통해 항상 열리므로 겨울을 지낼 김장 준비를 할 필요가 없습니다. 이 나라 도시에 사는 사람들 중에서는 혹 생활에 좀 쪼들리는 사람이 있는지 모르지만, 시골 농촌으로 가보면 의식주에 대한 걱정, 즉 생활난이라고는 없습니다. 왜 그런가 하면 의복에 대해서는 홑바지[잠방이] 하나면 사계절을 통해 언제나 살 수 있고, 음식에 대해 말할지라도 바나나, 파파야, 야자수, 그 외 여러 가지 과실들이 춘하추동 언제나 계속해서 열립니다. 또 곡류와 채소 중에도 1년에 여러 번 심고 거두는 것들이 있기 때문에 식량의 궁핍이라고는 모릅니다. 농민들의 주택도 여름에 조선 농촌에서 흔히 볼 수 있는 원두막처럼 짓는 것이므로 목재가 흔한 이 나라에서 주택 걱정은 도무지 없습니다. 그러므로 필리핀 농촌에 사는 사람들은 의식주에 대한 걱정, 즉 생활난이라고는 도무지 없답니다. 저는 이 나라를 게으르고 가난한 사람들의 낙원이라고 하고 싶습니다. 이 살기 좋은 나라에 벌써 중국인, 일본 내지인, 미국인, 그 외 여러 나라 사람들이 많이 와서 잘 살고 있습니다. 그러나 이 큰 도시 안에 조선 사람의 집이라고는 543 Gnan Lnna Binondo manila P.1에 약방을 개업한 최명즙 씨 댁 하나뿐이고, 조선 사람이라고는 최명즙 씨 부부와 그 외 동거하는 조상복 등 10여 명이 있을 뿐입니다.

　야자수 무성한 강남에서 멀리 흰 구름 저편 고향 산천과 사랑하는 형을 생각하면서 오늘은 이것으로 실례하고 후일 기회 있는 대로 다시 이곳 소식을 전하기로 합시다.

취임 연설하는 대통령의 인상

친애하는 X형

지난 11월 15일 오전 30분 여름이 계속되는 도시요, 극동 올림픽 대회가 열렸던 마닐라를 들끓게 한, 필리핀 역사상 전례 없는 성대한 의식인 신정부 수립식을 구경하기 위해 몇몇 동무들과 동행하여 필리핀 국회의사당 앞 광장에 다다랐습니다.

그때는 벌써 20만 명의 참여자가 있었습니다. 나는 얼른 아래와 같은 진행 순서를 보았습니다.

11월 15일

오전 7시 15분 개문

오전 7시 45분 의사당 전 특별석에 일반 귀빈 착석

오전 8시 15분 총독 미 육군장 정부 대통령 착석

오전 8시 20분 개회식

오전 40분 정부 대통령 선서

1935년 11월 15일 필리핀 초대 대통령 마누엘 L. 케손 취임식

오전 45분 대통령 취임연설

오전 9시 휴게

오전 9시 30분 행렬 개시

[새 대통령은 행렬 후 말라카냥 궁전*으로 이동]

오후 4시 국민의회 개회, 각 의원 신 의장 선서

동 9시 30분 와레스, 후일도의 강당에서 축하 대무도회 개최

이러한 진행 순서가 눈에 띄었던 것입니다. 이날 필리핀의 환희는

---

* 　말라카냥 궁전(Malacanang Palace): 1863년에 건립됐으며, 옛 총독의 관저이자 현재의 대통령 관저이다.

취임식 날 말라카낭 궁에서 케손 대통령과 오스메냐 부통령

이 식장에 넘쳐흐르고 있었습니다. 7,083개의 크고 작은 섬으로 된 필리핀이 움직이는 듯했습니다. 45만 명이나 되는 마닐라 시민의 얼굴에는 활기가 가득 찼던 것입니다.

　케손 새 대통령과 오스메냐 부통령, 두 거두가 의기양양하게 등단할 식장에는 오른쪽에 필리핀 국기를 게양했고 왼쪽에는 미국 국기를 날리고 있으며, 주 관람석에 모인 사람들의 수는 적었고 흰 신사복이 많았습니다. 식이 시작될 시간이 되자 문자 그대로 인산인해로 갑자기 변해버렸습니다. 식장 바깥 큰길에서부터 골프장까지 사람들이 몰려 더는 서 있을 자리가 없었습니다. 옛 성의 벽 위에까지 방울이 달리듯 막 어울려 쌓이는 성황을 이루었습니다.

　식은 단 육군 장관, 케손 대통령 이하 장엄한 입장과 함께 8시 15분에 시작되었습니다.

　자주색의 법의法衣를 입고 나선 세부의 대승정大僧正 프리엘 레이에스 승려의 기원식이 있은 후, 8시 28분 총독 프랭크 머피 씨가 천지를 흔들 듯한 박수와 함께 단상에 올랐고, 미국 대통령 루스벨트 씨의 특사 단 장관을 소개하자 그는 약 20분간에 걸쳐 열변을 토하는 연설을 했습니다.

　이어서 8시 42분부터 머피 씨는 루스벨트 대통령의 필리핀 독립선언서를 대독하고 케손, 오스메냐를 비롯해 국회의원들을 소개했으며, 8시 47분부터 케손 대통령의 뜻깊은 선서가 있었습니다. 필리핀 고등법원장 라몬 아반세니야 씨의 사회로 케손 씨가 오른손을 높이 들어 선서하자 일동의 기립으로 엄숙하고 정중한 장면이 펼쳐졌습니다.

　바로 이때 육군사령부의 후오 도산자고 포대로부터 심금을 울렁이게 하는 은은한 축포 소리가 들려왔습니다. 그 장엄한 분위기가 물결치는 듯했습니다.

　8시 52분부터 부통령 오스메냐 씨의 선서가 마찬가지로 아반세니야 법원장의 사회로 거행되었습니다. 단 장관은 다시 일어서서 루스벨트 대통령을 대신해 필리핀 구 정부가 이것으로써 기꺼운 종언을 고하고 연방 정부가 정식으로 수립된 것을 선언하자 케손 씨는 미소를 띤 얼굴로 단상에 올라 감격에 넘치는 연설을 했습니다. 이 연설이야말로 케손 자신으로 본다든가 또는 필리핀으로 보아도 전례 없는 역사적 사실로서 식장은 비상한 긴장감이 돌았습니다. 약 25분간 연설을 끝내고 내려가자, 미 부대통령 가너 씨가 맨 먼저 일어서서 축복했습니다.

이리하여 정부 대통령의 취임은 아무 문제없이 끝나고 동양 일각에 코먼웰스commonwealth(미국의 연방국)의 새 출현을 보기에 이르렀습니다.

친애하는 X형

이 식이 끝나자 축하 행렬이 시작됐습니다. 맨 먼저 필리핀 군인들의 행렬이 있었습니다. 그러고는 여러 주에서 온 의복 제도와 색깔이 동일하지 않은 수많은 군인 단체의 행렬이 있었는데 이때 여러 가지의 군 깃발을 보았고 여러 가지 군악 소리를 들었습니다.

실로 이런 성대한 광경을 처음 목격한 어린 청년인 내게는 많은 자극이 있었습니다. 그다음으로는 각 학교 학생들의 행렬이 있었고, 그 뒤 행렬로는 필리핀 시골 평야, 산골짜기 여러 지방에서 온 단체 행렬이 있었습니다. 나는 이 행렬에서도 여러 지방의 특이한 의복과 화장 기술을 엿보았습니다. 보는 것마다 새로운 것뿐이었습니다. 그 뒤에는 마닐라 사람, 각국 사람들의 행렬이 있었는데, 나는 10여 개국의 사람을 보았고, 그들의 모든 행동이라든가 체질을 구경했습니다. 특히 새하얀 남자들의 복장을 한, 선녀의 날개를 연상하리만큼 엷고 아름다운 부인복은 세계 어느 곳에서도 찾아볼 수 없는 우아한 의상이었습니다. 이유 없이 화려한 복장은 스페인 통치 시대 즉 16~17세기경의 풍속이 어느 때나 더운 세상인 필리핀에 보존되어 오늘과 같은 진보에 이른 것입니다. 엷은 베옷에다가 예쁘게 재봉한 치맛자락을 날리며 묘한 구두를 받쳐 신고 다니는 자태는, 마닐라 여인! 참으로 아름답다! 아름다움에 감탄을 금치 못하게 했습니다.

이날 마닐라를 평화의 꿈속에 잠기게 하고 활발하게 살아 있는 바다에서 용솟음치게 하는 맑은 군악 소리에 한 걸음 두 걸음 옮겨놓는 광경은 그야말로 신선이 사는 현실 세계인 듯한 기분을 자아내게 했습니다. 그리고 사이사이마다 자동차 행렬이 있었습니다. 이 자동차 행렬 또한 가관이었습니다. 여러 가지 모양으로 꾸몄는데 어떤 자동차 위에 필리핀의 큰 가옥을 꾸민 것도 있었고, 큰 기선을 만들어 실은 것도 있었습니다. 그 외에도 형용할 수 없는 재밌는 것이 있었고, 우스운 것을 꾸며 실은 자동차가 부지기수였습니다. 특히 모든 사람의 시선을 끄는 것은 마닐라에 사는 각국 미인들을 아름답게 화장시켜 태운 차였는데, 이야, 참으로 화려하고 찬란하게 핀 정원 속의 꽃이었습니다. 그다음 끝으로는 일본 내지인들의 행렬이 있었는데, 이 단체는 특별히 대통령이 앉은 앞에서 우렁차게 만세삼창을 불렀습니다. 이로써 이날의 뜻깊은 필리핀 신정부 수립식은 20만 참여자에게 감명 깊은 인상을 남겨주고 막을 내렸습니다.

친애하는 X형

이 찬란한 식을 구경하고 난 감상 삼아 필리핀에 대한 옛 이야기를 잠깐 하려 합니다.

필리핀의 역사는 에스파냐 인이 들어오면서부터 기록되었다고 합니다. 그전의 일은 전설이며 현존하는 인종의 분포 상태, 고고학적 연구 등은 인도 및 중국 역사상에 약간씩 있는 필리핀에 관한 기록에 의해 역사가 있게 된 것이라고 합니다. 원시 주민은 흑색으로 왜소하였고, 머리털이 꼬부라진 니그리토Negrito(동남아시아, 필리핀 등의 오지에 사는 왜소한 흑인종) 인종이었다고 합니다. 이 인종은 단지 필리핀만이 아니라, 말레이 군도 일대에도 그 족적을 남기고 있었다고 합니다. 현재 루손 섬(필리핀 제도에서 가장 큰 섬으로 필리핀 북부에 위치) 북부 산속에 있는 이고로트 족 및 이푸가오 족 등은 인도네시아 인종이었다고 합니다. 그 후 말레이 인종이 각 지방으로부터 그 시대의 모국motherland과는 다른 이異문화를 가지고 이주해왔다고 합니다. 특히 필리핀의 중앙 군도에 거주하는 사람들을 비사야 인*이라고 칭하는 것은 기원후 7세기 내지 13세기경에 가장 왕성했던 수마트라의 왕국 스리비자야** 족이 필리핀에까지 이주했던 것을 입증하는 것이랍니다. 또한 에스파냐 인 마젤란***이 필리핀을 발견했을 때에는 각지에 부락의 명칭이 있었습니다. 후에 에스파냐 통치시대에도 지방의 최소 행정 구획의 명칭으로 쓰인

---

* 　비사야 인(Bisayan): 필리핀 세부 섬, 파나이 섬, 레이테 섬, 사마르 섬을 중심으로 루손 남부 및 민다나오 북부에 거주하는 개화(開化)된 말레이계 인종.

** 　스리비자야(Srivijaya): 2~13세기 동안 말레이 반도 남부와 인도네시아의 수마트라, 자바 섬을 거점으로 발전. 지금의 수마트라 섬 팔렘방을 수도로 삼았다.

*** 　페르디난드 마젤란(Ferdinand Magellan, 1480~1521): 16세기 초 포르투갈 태생의 에스파냐 항해가. 인류 최초의 지구 일주 항해의 지휘자이며, 마젤란 해협과 태평양, 필리핀, 마리아나 제도 등을 명명했다.

1940년 즈음 유니온 신학대학 건물
조선인으로는 처음으로 필리핀으로 유학을 갔던 오영섭은 1935년 6월부터 1938년 3월까지 필리핀 퍼시픽 유니
온 대학에서 유학했다.

바랑가이Barangay(필리핀 최소 지방자치 단위, 마을이란 뜻의 필리핀어)라는 말의
어원은 '선船'이라는 의미로, 즉 배로 이주해 일정한 지대에 주거하며
부락을 이루어서 드디어 오늘의 필리핀을 형성한 것이라고 합니다.

이제 필리핀 사람들의 의복과 먹거리를 본다면, 남자의 복장은 새
하얀 신사복이 많고 쓰메에리[*]는 적습니다. 전차, 자동차 등의 승무원
이나 기공, 직공 등의 노동에 취업하는 사람은 카키색을 사용합니다.
그 밖에는 에스파냐 시대에 유행했던 것이라 생각되는 바롱 타갈로그^{**}

---

*   쓰메에리(つめえり, tsumeeri, 詰襟): 일본어이며, 깃의 높이가 4센티미터쯤 되게 하여, 목
을 둘러 바짝 여미게 지은 양복이다. 학생복으로 많이 지었다.
**   바롱 타갈로그(barong tagalog): 원문에는 일본어 바론 다가로구(バロン·タガログ)로 표

로 와이셔츠의 옷깃이 없는 것 같은 상의가 상당히 많이 사용되고 있습니다. 이것은 마麻이며 파인애플 종류 등의 가는 실로 짠 얇은 천으로 색깔이 훌륭한 것이라든지 바느질이 미묘한 것을 입고 나서면 부인이라고 생각할 만큼 가냘픕니다. 여자들의 의복은 구미와 같이 서양식 복장이 많습니다.

그다음으로 주로 쓰는 식물로는 쌀 또는 마이스mais라고 칭하는 옥수수로, 가루를 만들어 먹습니다. 이 마이스를 주식물로 하는 땅은 비사얀 제도와 카가얀 주(민다나오 섬 북부 마카할라르 만 연안)의 여러 지방입니다.

끝으로 한 가지만 더 이야기할 것은 결혼입니다. 부모들의 알선이나 중매로 하는 것이 아니고, 남녀가 자유롭게 오래오래 두고 교제한 후 여자의 승낙을 얻는 것입니다. 여자가 받아들이면 여자의 어머니에게 결혼을 요청합니다. 만약 여자의 어머니가 허락하지 않으면 두 사람은 같이 살림살이를 준비해서 그냥 사라져버리고 맙니다. 그리고 여자가 실연한 경우에는 평생 결혼하지 않습니다. 그리하여 가톨릭 수도원에 가서 수녀 생활을 합니다. 또한 연애 관계 중에 선물은 꽃 등으로 합니다. 꽃의 색은 분홍빛을 띤 흰색으로 서로 즐겁게 지내자는 의미를 나타내고, 갈색이나 붉은색은 금단禁斷을 의미하는 것이라고 합니다. 결혼식은 대개 교회에서 한다고 합니다. 결혼식 전날, 두 사람은 사원

기됐다. 필리핀에서 남성이 정장으로 입는 긴 소매의 셔츠형 상의.

에 가서 한 사람씩 결혼에 대한 사정을 고백하고 신의 허락을 청한다고 합니다. 결혼식은 두 사람이 같이 사원에 비치해둔 새하얀 면사포를 쓰고 가운데 들어서서 성직자가 낭독하는 서약서에 대답하면서 각각 손가락에 반지를 끼워줍니다. 결혼식 후에는 음식을 먹고, 춤도 춘다고 합니다.

친애하는 X형

이제 이만하고 마치려 합니다. 후일 다시 기회 더 자세한 것을 드리려고 하오니 그리 아옵소서. 이번에는 우선 이만합니다.

필리핀에서 본 조선, 쓰이지 않은 말

1935년 7월부터 1938년 3월까지 유니온 대학에서 공부했던 오영섭은 조선인으로서는 최초의 필리핀 유학생이었다. 그가 유학을 떠날 당시는 필리핀 초대 대통령 취임식이 임박했던 때로, 조선 언론에서는 비상한 관심을 보이고 있었다. 인도, 아일랜드와 함께 식민지 경험을 공유한 필리핀은 진작부터 조선 언론이 주목해오던 바였지만, 1930년대 들어 미국 민주당이 필리핀의 독립을 승인한다고 표방하자 세간의 이목은 더욱 집중될 수밖에 없었다. 언론은 "약소민족운동"[1] "독립운동, 독립대회"[2] "식민지 자치운동과 의회"[3] 등의 기사를 통해 필리핀의 움직임을 보도하기에 분주했고, 1934년 5월 1일 필리핀 독립 법안이 가결되자, 일본의 식민지였던 조선에서도 독립의지가 한껏 고무되기에 이르렀다.

그리고 1935년 11월 15일 마누엘 케손 초대 대통령의 취임과 함께, 필리핀 연방정부가 세워진다. 오영섭이 유학길에 오르고 4개월 뒤의 일이었다. 평소《삼천리》에 글 한 편 기고한 적 없던 오영섭에게 편집장 김동환은 '본지 특별기고원'이란 임시 직함까지 붙여주며 친히 배웅까지 나섰다. 물론 기사에 대한 당부도 잊지 않았다. 오영섭이 보낸 세 편의 기행문은《삼천리》에 차례로 게재되었고, 특별히 첫 번째 여행기 말미에는 "필리핀 대통령의 취임식이 11월에 박도迫到하였습니다. 이 성대한 역사적 기사는 호號를 따라서 오 씨로부터 기고, 게재될 터이니 기대하여주옵소서"라는 사고社告를 덧붙이기도 했다. 여기에는 이 세 편의 기행문을 실었다.

편지 형식으로 쓰인 이 기행문들은 대통령 취임식에 관한 내용이 유독 부각되는 것은 아니다. 다만 그곳의 광경을 현장감 있게 전달할 뿐이고, 개인적 감상이나 견해가 기행문에 드러나지 않는다. 다시 말해, 필리핀에 도착하기까지의 여정과 수도 마닐라의 모습, 학생들의 생활, 사람들의 사치, 결혼관 등에 대해서는 비교적 자신의 감상을 드러내지만, '자치국 필리핀'은 단순한 뉴스거리로 기술하고 있다.

필리핀의 다양한 면모를 특정 부분에 치우치지 않고, 충실하게 관찰해 보여주는 이 글에서는 오히려 조선이 빈번하게 상기된다는 것을 알 수 있다. 예컨대, 오영섭은 조선 동포들을 방문하며, 필리핀 사람들의 신문, 잡지 구독열이 조선 사람들보다 몇 배가 앞선 듯하다고 느낀다. 또한 마닐라 시가를 거니는 여성들은 '경성에서 볼 수 있는 카페 걸'과 같았으며, 백색 양복을 입은 필리핀 남성을 통해 '백의민족'을 보았고, 조선에서 볼 수 없었던 '화장'하는 법과 조선과는 다른 계절로 인해 농촌 생활상의 차이를 가늠해보기도 한다.

필리핀의 정보를 전달해주는 오영섭의 글에서 우리는 필리핀이라는 대상보다 이를 바탕으로 상징적으로 드러나는 조선과 조선인의 상을 보게 된다. 필리핀은 조선과의 대비를 통해서만 서술되며, 이로써 조선이 지속적으로 환기되고 있는 것이다. 유학을 목적으로 국경을 넘었던 오영섭은 학생이라는 신분 덕분에 안정된 정체성을 유지할 수 있었지만, 또한 학생이기 때문에 이질적인 공간에서 안정적으로 지낼 수 있는 여건을 만드는 것이 시급했다. 일반 여행자들과 달리, 필리핀이라는 낯선 공간에 일정 기간 머물러야 하며 그곳에서 생활해야 했기 때문이다. 조선과 다른 필리핀의 이질적인 문화가 일상적인 삶에 녹아들기 위해서는 익숙한 생활세계와 이질적인 문화를 대입해 자기 삶의 질서로 자리잡을 필요가 있었던 것이다. 조선과의 공통점과 차이로 인해 표상되는 필리핀은 오영섭이 유학생으로서 존재론적 안정감을 확보하기 위한 공간 인식의 기제였다고 할 것이다.

그리고 검열의 문제가 있었다. 오영섭의 기행문은 일관되게 '친애하는' 혹은 '사랑하는 형'을 부르며 시작하는 편지 형식을 의도적으로 고수하는 것에 반해, 내용은 정보 전달 관찰기에 충실한 방식을 보여주고 있다. 일반적으로 편지는 개인의 생활, 경험, 감정 등의 내밀한 이야기로 타인과 소통하는 유용한 장치다. 글쓰는 이의 경험과 내밀함을 드러내는 데 효과적이기 때문에 고백의 장치로 쓰이기도 한다. 그렇기 때문에 편지 형식으로 글을 쓰는 것은 보다 개인적인 행위가 되고, 동시에 작자의 고백을 유도하게 된다. 독자 역시 마찬가지인데, 매체에 실린 기사를 볼 때 기사의 양식, 즉 글쓰기 양식에 대해 독자는 제 나름의 기대를 갖게 된다. 예컨대, 편지라는 형식이 작자에게 고백을 유도한다면, 독자는 편지를 보면서 작자의 고백을 기대하게 된다는 것이다.

그런데 필리핀 대통령 취임식에 관련된 오영섭의 글은 자신이 본 사실을 있는 그대로 전달하여, 단순한 정보 전달의 기능 이상을 넘어서지 않고 있다. 당시 조선과 같은 식민지 경험을 공유한 장소로서 필리핀이 상기시키는 시대적·정치적 중요성은 기행문에 전혀 드러나지 않는다. 오영섭이 말하는 필리핀은 유학 생활지로서의 범위를 초과하지 않으며, 독립과 자치를 이룬 과거 식민지에 대한 개인의 내적 감상은 언급하지 않고 있다. 이러한 현상은 검열의 한계를 넘어서지 않으려는 '자기 검열'의 발로라 할 수 있다. "이제부터 약속한 바 인도기행을 써야 할 터이오나 고국 사정을 잘 아는 제 붓끝이 대동맥을 치는 이 나라 정치 사정 등 산 사실이야 보도할 수가 있사오리까"[4]라는 김추관의 언급처럼 말할 수 없는 것을 안으로부터 한계지어 버림으로써 말할 수 있는 것만을 언급한 것이었다.

필리핀의 풍경, 문화, 현장성만이 강조된 취임식 등으로 채워진 오영섭의 글들은 내밀함이 소거된 편지로, 말할 수 있는 것을 명백하게 나타냄으로써 말할 수 없는 것을 독자에게 환기시키고 있다. 오영섭의 내밀한 고백은 없는 것이 아니라, 지워진 것이었다. 쓰이지 못한 오영섭의 고백은 편지 글쓰기라는 사적 양식을 통해 독자 스스로가 사유의 주체로서 그 의미를 형성하게 한다. 오영섭의 기행문이 편지로 쓰인 이유가 여기에 있지 않았을까. 그리고 어쩌면, 이것이 오영섭이 말하고자 한 필리핀 기행문의 숨겨진 내용일지도 모른다.

9장

세계성의 세계,
조선 사람의 만국 유람기

프랑스 파리의 5월 1일 행진

이정섭

꽃의 파리 시가에는 상점에 돌진하는
신사풍의 운전수들

예술의 꽃 가운데 잠긴 파리. 유행의 최첨단을 걷는 파리. 교통 소음에 신경질이 난 파리. 이런 파리에도 일 년에 한 번은 번화함에서 적막함으로 급템포의 변화를 보게 되니, 그날은 곧 노동절이다. 택시라는 택시, 버스라는 버스, 전차, 마차 할 것 없이 그냥 일제히 '스톱' 하고 만다. 그러나 4백 만 인구가 사는 수도 파리에 만일 교통을 완전히 정지시킨다면, 파업 시위단에 대한 시민의 불만은 도리어 노동자 측에 불리한 결과를 초래하고 만다. 그래서 지하철과 육상 전차 일부분은 몇 분간 '정숙'의 예를 표하고는 평일과 같이 운전한다. 아니 사실은 시민의 불만을 두려워한다기보다도 교외 시위 장소에 모이는 노동자의 편의상 교통기관의 일부분을 살려둔다고 보는 것이 차라리 정당한 관찰이 아닐까 한다.

이날 파업으로 좌익 노동자의 평소 힘이 사회적으로 이만큼 크다는 것을 보임은 우익, 특히 권왕당勸王黨으로서는 그냥 보고 있을 수 없는 것이다. 어떻게 하든지 파업의 위력을 작게 보이자는 것이 권왕당의 노력이요 또한 임무다. 여기서 당원을 독려해 버스 운전에 총출동시키니, 이날 신사복에 중산모나 중절모 쓴 신사풍의 운전수나 차장이 있다면 그는 대개 권왕당 당원이다. 좌우 양 파의 적대 행위에서 어부지리를 보는 사람은 시민과 정부지만, 원래 서툰 샌님 운전수라 상점에 차 몰고 들어가고 사람을 깔고 넘어가는 불순한 재주를 자주 부려 거리의 행인은 물론 승객까지도 안심하고 엉덩이를 자리에 붙일 수 없는 형편이다.

큰일이나 날 듯한 예감, 시위 행렬 중에도 키스

시위운동을 구경하고자 파리 시외로 쓱 나가면 광장에 모인 수천의 남녀 노동자는 각각 자기 소속 단체의 붉은 깃발을 중심으로 여기저기 떼를 지어 서 있다. 그 기세는 구경꾼의 가슴을 싸늘하게 하여 무슨 대사변이나 일어날 듯한 예감을 준다. 그러면 왜 파리 시내에서 시위운동을 전개하지 않고 시외에서 하는 것인가? 여기에는 두 가지 이유가 있으니, 첫째로 파리 시내에는 수천의 군중이 모이기에 편한 장소가 적다는 것과 둘째는 파리 시내에 일체의 시위운동을 법률로써 금지하였다는 것 등이다. 설령 법률에 정한 바가 없다 하더라도 비사회주의 집권자로서는 시위운동의 시내 행렬을 허용할 수 없을 것이다. 몇천 명으로 된 시위운동이 진행되던 끝에 어떤 사변을 야기할지 모를 것이라는 점도 있지만, 무엇보다도 많은 수의 행렬이 시내를 오르락내리락해서 교통이 거의 두절되면 일반 사업가, 상인의 불평이 심하다. 그러므로 필자가 있던 동안 파리 집권자는 언제나 시내 행렬을 금지했다.

어느덧 집합 시간이 되면 군중은 서서히 한군데로 모이기 시작한다. 이 가운데는 술이 얼큰하게 취한 자, 아이 안은 젊은 부인, 눈살 찌푸리고 크게 화난 듯한 청소년, 어쨌든 여러 가지 모습이다. 다만 주의해 볼 것은 원래 프랑스인지라 시위 행렬 중에 쌍쌍이 부부가 나란히 서서 이야기를 한다든가, 피곤할 때마다 아이를 서로 안아주는 것쯤이야 별로 이렇다 할 것은 없다. 그러나 시위 행렬 바로 그 한가운데에서까지 키스하는 것은 너무나 프랑스적 특성이 아닌가 한다. 왜 그러냐면 카페에서나 큰길에서나 사랑하는 사이에는 좍좍 소리를 내며 키스하는 것이 프랑스의 풍속이니까!

소음이 된 인터내셔널가, 무장한 기마병이 성문을 엄수

군중의 집합이라지만 그 대열의 편성은 매우 조직적이다. 5월 1일 이전에 벌써 신문을 통해 총지휘자와 대장 격 되는 자, 그 대장의 지휘

아래에 설 단체명 등을 발표하고 당일에는 이 프로그램대로 행렬을 지어 시위한다. 뾰족한 모양의 장대에 금색을 입힌 단체기 수십 개가 햇빛에 번쩍이는 광경은 휘날리는 적색기와 함께 무섭고 두려운 느낌을 준다. 동시에 노동자들이 쉰 듯한 목소리로 〈인터내셔널가〉을 합창할 때, 누구나 처참한 느낌을 갖게 되는 것이다. 그러나 아무리 예술의 나라 프랑스라 하지만 원래 오합지졸이라 합창의 높낮이와 장단이 맞지 않아 얼마 지난 뒤에는 조화를 잃게 된다. 〈인터내셔널가〉의 어수선한 합창 소리를 들을 때 시위운동 그 자체까지 부조화로 향하는 것 같은 동시에 오늘의 무산계급운동의 고질인 분열과 그에 따른 무질서를 암시하는 듯하였다.

그러면 이 시위 행렬은 어디로 가는가? 원래 시위운동의 목적은 문자가 가리키는 바와 같이 노동자의 위세를 보이려는 것과 그들의 요구를 부르짖자는 것에 있다. 그러므로 노동자가 많은 시외 시골에서 자리를 크게 차지하고 있다는 것은 얼마쯤 싱거운 것이다. 동시에 아무리 수백 개의 표어를 들고 수천의 말로 무어니 무어니 함성을 질러봐야 그역시 통쾌한 느낌을 줄 수 없을 것이다. 그러므로 언제나 대열의 조직은 시외에서 하고 진행의 방향은 시내로 한다. 여기서 정부는 시위군이 진입하려는 성문에 보기만 해도 스산한 무장 기마병을 배치하여 시위군으로 하여금 한 걸음도 문 안에 들여놓지 못하게 한다.

무전 장치의 비행기가
시내 시위운동에서는 공중의 마귀

"길을 비켜라. 들어오지 못한다." 서로 다툼하는 끝에 만일 시위군이 대중의 세력을 믿고 홍수같이 냅다 밀면 이때는 기마군이 정사복正私服 경관과 함께 진출 방어에 노력하다가 결국 충돌이 생겨 이따금 죽거나 다치는 일이 발생한다. 이것은 필자가 여러 번 목격한 바이다. 이리하여 한번 충돌이 생기면 기마경관대가 흩어지는 틈을 타 시위군이 성내에 진입하기는 하지만 말을 타며 군중을 헤치는데 무슨 시위 행렬이 있으랴. 할 수 없이 시위군은 이리저리 흩어져 소규모의 시위대를 조직해 시내 여기저기에서 말썽을 부린다. 그러나 이 흩어진 시위군에게도 가는 방향이 있다. 성문 주변 가까이에서 흩어지게 되면 시내 모 지점으로 모이라는 비밀 명령에 의해 그곳으로 집합한다.

그러면 소설에 자주 오를 만큼 유명한 파리 경시청은 어떤 수단을 취하는가? 만일 시내에서 노동자의 시위운동이 이렇다면 그것은 곧 경시청의 책임인 까닭에 갖은 수단을 모조리 이용해 사생결단으로 저지한다. 그 수단은 비행기와 무전을 이용하는 것이다. 무전 장치한 비행기를 타고 파리 상공을 배회하면서 노동자가 모여드는 방향과 장소를 경시청과 위수사령부衛戍司令部에 무전으로 또드락또드락 신호를 보낸다. 경시청에서는 경관을, 위수사령부에서는 무장 군대를 피복被覆 자동차에 실어 노동자가 순조롭게 집합하기도 전에 벌써 그 장소에 가서 감시한다. 그런 까닭에 문명의 이기가 발달된 오늘날에 파리 시내의 시위 행렬은 대개 실패로 돌아가고 만다. 다만 시내에서 어떤 시위운동을 허락한다면 그것은 유명한 파리 코뮌의 날이다. 시내의 묘지 내에서라는 조건과 이를 이끄는 우두머리가 정부에 대한 시위운동상의 모든 책임을 진다는 조건에서 허락하는 것이므로 이때는 정부도 안심하고 그대로 내버려두는 것이 보통이다.

공격·방어하는 쌍방의 고심은 무엇, 미묘한 군중심리의 작용

시위운동에서 중대 문제는 전위대前衛隊에 있다. 시외에서 성문을 들어올 때나 성문을 들어와서라도 충돌이 일어날 때, 만일 행렬의 선두에 선 사람이 도망치기 시작하면 그 뒤에 잇달아 선 수천의 군중은 무슨 영문인지도 모르고 그냥 모조리 흩어져버리고 만다. 이것이야말로 군중심리라는 것이어서 여기에는 현명하거나 어리석거나 강하거나 약하거나를 막론하고 한가지로 지배되지 않을 수 없는 것이다. 짓밟혀서 "에쿠, 에쿠" 하는 자, "아이, 아이" 우는 부인, 모자 잃어버린 자, 지팡이 부러뜨린 자, 의복 찢어진 자, 코피투성이인 사람, 완전한 아수라장을 이룬 끝에 시위운동은 결국 근본적으로 실패하고 만다. 그러므로 언제나 시위 행렬의 전위대는 굳세고 용맹스러운 사람을 택하여 배치하며 방어 역할에 있는 기마군 경관대도 이 전위대에 맹격을 가하려고 노력하는 것이다. 이 점이 쌍방의 작전상 고심일까 한다.

　시위운동에서 군중심리란 퍽 미묘한 것이어서 세력이 버틸 때에는 한 사람의 기세가 능히 세 사람의 일을 하지만 그와 반대로 기세가 꺾이기 시작하면 뿔뿔이 흩어져버리고 만다. 평소에 세 사람이나 협력해야 쉽게 들어 올리며 깰 수 있는 것도 군중의 한 사람으로서 전 대중의 기분에 자극되어 기운이 강해지면 혼자서 쉽게 들거나 깨트릴 수 있다. 반면에 대중의 일부분이 크게 놀라 도망치게 되면 순식간에 모든 대중이 혼비백산하는 폐해가 있다. 그것은 몇 해 전 파리의 한 회의에서 반대 사상을 가진 구성원이 그 회의에 분란을 일으키기 위해 나무를 긴 칼처럼 만들어 그 위에 종이를 붙여 휘황찬란한 전등 빛에 한 번 휘둘렀더니 예상과 같이 회의장이 크게 문란해졌다는 사실로도 알 수 있는 것이다. 그뿐 아니라 군중은 남의 의견에 따라 줏대 없이 움직이는 특성을 자체로 가진 것 외에 사람을 휩쓰는 힘도 충분히 갖고 있다. 파리의 노동절 시위운동 때 이따금 보는 일이지만 노동자가 맹렬한 기세로 고함을 지를 때는 곁에서 구경하던 우익 사상을 가진 사람이 자신을 망각하고 따라서 고함을 지르는 일이 있다. 그러므로 시위운동을 지도하는 사람에게는 항상 군중심리의 작용에 대한 지식이 요구되는 동시에 관헌도 군중을 섣부르게 단속하다가는 의외로 큰 사변을 야기하는 일이 없지 않는 것이다. 어쨌든 5월 1일이 기념일이건만 노동자와 관헌이 다 같이 크게 긴장하고 있다는 점에서 다른 기념일과는 아주 딴판이다.

인도 특집, 상해의 인도인 시위운동 광경

김세용

    1928년 5월 귀국 예정일을 2~3일 앞두고 마지막으로 상해의 얼굴을 보기 위해 숙박집을 나섰다. 상해의 대동맥, 화이트 로드 난징루에 들어서면서부터 위아래로 넘치는 가득 찬 검은 인파에 실려 와이탄 거리까지 빠져나오게 됐을 때 눈의 피로에서 오는 난시 상태와 감각의 비정상적인 흥분, 운동신경의 균형이 파괴되는 것을 느꼈다. 소란과 잡담, 움직이는 색채의 배합과 변화는 강렬한 매혹을 주는 도시의 색안色眼이다. 고혈압의 혈액과 같은 인간의 압력에 팽창되어 도로와 건물이 모두 삐뚤어지고, 늘어지고, 줄어드는 것 같다. 움직이는 사람의 수와 스피드가 도시의 영업 작용이고, 맥박이라면 상해의 영양 상태는 언제든지 지나치게 병적으로 좋은 셈이니 특히 난징루는 더욱 그러하다.

    분주한 인파에 저항하며 건너편 보도를 춤추듯 걷는 각선미 혹은 허리에서 엉덩이까지 도발적인 입체미를 가진 중국 처녀의 리드미컬한 움직임에 단 몇 초라도 시선이 팔려 걷는 방향을 제대로 잡지 못하면 그 순간부터 전후좌우 움직임의 모든 방향을 교란시킨 책임자로 팔꿈

치와 어깨에 충돌을 피하지 못할 것이다. 난징루에서 걷는 일은 확실히 모험이며 유혹이다.

와이탄 거리는 뉴욕의 은행가이자, 외국자본의 총본부가 있는 곳이며 이들 자본이 중국에게는 디스토마와 십이지장충과 같은 흡반*의 행렬이다.

회색 군함과 5월의 따뜻한 햇빛에 빛나는 대포는 흡반의 착취 행위를 보호하고 강행하는 기계의 시녀. 난징루의 모험에 얼떨떨한 머리를 황푸 공원의 벤치에 앉아 양쯔 강[상해의 양쯔 강은 운하로서 황푸 강이라 부르지만 양쯔 강이라고 통칭한다] 강바람에 식히는 맛은 한 잔의 청량음료를 마시는 것보다 훨씬 낫다.

세기의 희생자? 보잘것없이 되어버린 백계 러시아 이주민과 간혹 불우함에 학대받는 동포가 그들 생애와 같이 맑지 못한 탁류를 맥없이 응시하고 앉아 있는 것을 본다. 그리고 회색 군함을 전체 배경으로 하여 건너편 양저우 강가에 있는 무수한 공장 굴뚝에서 풍겨 나오는 검은 연기…… 중국 노동자의 승화[?]된 피다. 맞은편 백아白亞의 석조물에 새겨진 XX주의를 흡반과 대조해보고 들개같이 짖어대며 따라다니는 황푸 강의 배를 따라 시선을 옮기던 나는 본격적인 소음에 섞여 그리 멀지않은 거리에서 이따금 들리는 이상한 노래와 장구 소리에 의아

---

* 흡반(吸盤): 다른 것에 달라붙는 기관을 뜻하는 빨판과 같은 말이며, 여기서는 착취의 의미를 지닌다.

해지기 시작했다. 장구 소리! 확실히 동물의 가죽으로 팽팽하게 만든 장구 소리다. 이 소리에 맞춰 남국南國의 특성을 띤 간단하고 구슬픈 곡조의 노래가 들렸다. 처음 몇 번은 혹 구세군의 행진인가 하다가 아무래도 이상하여 드디어 소리 나는 방향을 향해 공원을 나갔다.

외백도교*를 못가서 영국 영사관 앞 부근 일대를 군중이 새까맣게 둘러싸고 영사관 울타리 밖 보도 위에 낯익은 인도인이 2백여 명이나 진을 치고 있다. 그중 흰 베로 아래위 전신을 감은 인도인 한 사람이 우리나라 장구와 모양은 같지만 훨씬 작은 장구를 메고 무당춤 같은 것을 추며 10여 명은 이에 맞춰 노래를 부른다. 또 두세 명은 길이 한 척 되는 사각 막대기 밑의 가운데를 파서 징 같은 네다섯 개 쇳조각을 끼워넣은 독특한 악기로 가락을 맞춰준다. 그중 한 무리는 모여 서서 무슨 말인지 격렬한 연설조로 떠들고 대열의 맨 뒤를 따르는 한 무리는 보도에 주저앉아 담배 피우고 대화를 하고 있다. 한편으로 거리 위에는 백계 러시아 경관들이 군중을 이리 쫓고 저리 쫓으며 도로를 정리하는 데 흥분해 있고 영사관 정문 내에는 영국 경관과 중국 경관 무리가 나무 몽둥이 혹은 고무 몽둥이를 들고 경계하고 있다. 이 광경을 처음에는 해석하기 곤란했으나 백계 러시아 경관에게 쫓겨 외백도교 바로 옆 식

---

* 외백도교(와이바이두차오, 外白渡僑): 중국 상하이 황푸취에 있는 다리. 원문에 표기된 명칭이자 원래 이름은 '가든 브리지(Garden Bridge)'이다. 그러나 상하이 사람들이 '외백도교'라고 부르기 때문에 중국식 이름으로 더 많이 알려져 있다. 영국인 웨일스(Wales)는 '외파두교(外罢渡僑)'란 다리를 만들어 통행료를 받기 시작했는데, 이후 건설된 이 다리는 통행료를 지불하지 않아도 되었기 때문에 '와이바이두차오(외백도교)'라고 했다('白'은 무료라는 뜻).

물원 담장 위에 몸을 내밀고 아래에서 오는 외국인 신사에게 까닭을 물어 비로소 인도인의 시위운동인 것을 알았다.

기이한 시위운동이다. 장구 치고, 무당춤 추고, 물레를 돌리면서 농촌 들판에서 부를 목가적인 노래, 마치 자장가 같았다. 또 울타리 안에서 경계하고 서 있는 영국인 경관과 군중 모두 긴장감 없이 무슨 재미있는 노름 구경하듯 빙그레 웃고 있고, 오직 부지런히 충성을 다해 애쓰는 백계 러시아 경관까지도 이따금 군중이 모여드는 것을 그대로 방치한다. 시위운동! 상해에서 영국인에 대한 인도인의 시위운동…… 이렇게 무기력하고 긴장감 없음에 나는 공연히 불만이었다. 한편으로 이 국제도시에서 세련된 신사적 아량을 자랑하고자 함인지, 시위군중의 무력함을 잘 알아서 그럼인지는 모르겠다. 지극히 점잖고 관대해 보이는, 어느 점에선 오만에서 오는 모멸적인 무관심이랄까. 양코배기 경관의 심리가 도리어 증오스럽다. 혹은 이것이 경험 많고 교활한 영국 신사의 전술인가, 자극을 주면 처리하기 괴로울 테니 제멋대로 두라는 셈인지, 이 인도인들의 혈관은 3백 년간 영국의 지배와 싸워 나온 피를 계승하였고 또 민족적 본능[?]에서 폭발하는 증오와 반항이 반드시 이런 절호의 기회에 표현되어야 할 것인데……, 규율 없고 싸울 생각 없이 산만한 것은 웬일일까. 차르카*를 돌리면서 부르는 노래는 만일 고

---

* 　차르카(charkhā): 힌디어로 '물레'라는 말로 인도 독립운동 때에 민족의식을 고취하기 위해 쓰여진 소도구. 간디가 이것을 직접 다루며 외국제의 옷감, 외국풍의 의복을 배척하는 한편, 실을 잣고 베를 짜는 일에 힘쓰도록 국민을 계몽하였다. 이 차르카는 그 후 인도 '국민회의파'의

요한 달밤에 듣는다면 애상적이고, 잠자리에서 들으면 자장가가 될 노래인데, 인도인에게는 어떤 흥분을 주는지, 인도산 코브라[독사]는 음악을 들으면 머리를 쳐들고 춤을 춘다는데 코브라인 이 사람들은 노래와 장구 소리에 어째서 조금도 반응하지 않아 보일까.

나는 견디지 못해 때마침 외국 숙녀가 타고 온 자동차가 식물원 문앞에 정차할 때 그 틈을 타 경관의 정면 감시선을 돌파하고 도로를 횡단해 인도인 무리에 가까이 서 있는 외국인 신사들 속에 들어갔다. 신사들의 대화를 종합하여 행동의 원인을 알았지만 좀 더 자세히 알기 위해 시위단의 한 사람으로 중절모 쓴 인도 청년에게 물었다.

바로 전날이 인도인의 기념일이어서 상해에 거주하는 인도인이 행렬을 지어 공동조계*에 있는 인도 사원에 참배하고자 했다. 영국 영사관은 당시 비밀리에 인도 본국에서 상해로 망명해온 혁명가들이 이 기회를 이용해 무슨 계획이나 하지 않을까, 그렇지 않으면 중국공산당이 반영反英운동을 하기 위해 인도인을 이용하지 않을까 하는 생각으로 행렬 참배를 금지했다. 이에 불응한 인도인들이 무저항 청원운동을 하기 위해 드디어 이렇게 모였다는 것이다. 포악한 영국인은 교섭 대표자와 면회를 거절할 뿐 아니라 발길로 차 내서 부상까지 당했으며 이것이 올

상징 마크가 되었다.

*   공동조계: 조약에 의해 한 국가가 그 영토의 일부를 한정하여 외국인의 거주와 영업을 허가한 땅으로, 행정이 여러 나라에 속하는 것을 공동조계라 한다. 보통 거류지라 부르지만 중국에서는 조계라 칭하며, 아편전쟁(1840) 후, 1845년 영국이 상해에 둔 것이 최초이다. 조계에는 그 나라의 행정권이 없고 조약국의 행정권이 행해지며, 치외법권도 인정된다.

해뿐 아니라 4~5년 동안 불허가주의로 일관해왔다. 그러므로 올해는 기어코 불법적인 단속을 철회하도록 하겠다는 것이 분노한 어조로 말하는 인도 청년의 설명이다. 그는 내가 조선인이란 말을 듣고 또 간단했으나 조선의 정치적 환경을 말하니 반가워 마지않으며, 그 자리에서 동지란 칭호를 쓴다.

이러는 동안 30명으로 한 집단이 된 전위부대가 아까부터 무슨 계획을 결정했는지 전원에게 간단한 지령을 내리자 흑색 깃발을 앞세우고 영사관 정문을 향해 안으로 들어가고자 이동을 개시하였다. 영국 경관 서너 명의 제지에도 불구하고 정문까지 선두가 이어졌을 때, 영사관 안에서 이제까지 보이지 않던 붉은색 대형 장갑차가 야수 같은 사이렌을 울리면서 따라 나온다. 자동차 윗부분에는 기관총 두 대의 총구가 시위단을 향해 있고 좌우로 뚫린 총구멍 안에서는 권총 끝을 내밀고 있다. 부근의 공기는 달라졌다. 시위군의 선두는 장갑차에 밀려 후퇴하기 시작하고 관중의 안색도 비로소 긴장감이 돌며 부녀들은 길 건너편 쪽으로 흩어졌다.

영국인의 신사적 관대함과 무관심, 그리고 미소의 배후에 무엇이 숨어 있었던가. 그들 자신이 예견한 것 이상으로 군중이 행동하고 요구할 때, 그들은 1분간 1천 5백 발을 발사하는 기관총으로 까만 인도인의 가슴에 시뻘건 바람구멍을 낼 준비를 하고 있었다. 이때는 벌써 그들 자신이 웃는 대로 기관총으로 하여금 웃게 할 것이다.

인도인들은 침묵하며 서로 얼굴을 쳐다볼 따름이다. 흰 수건, 누런 수건을 감은 그들의 머릿속에서 타던 불길이 죽었을까. 큰 키와 검은 얼굴은 확실히 공포에 떠는 어린아이들 같아 보였다.

청년은 말했다. 본래 상해에 와 있는 인도인은 대개 영국인에게 거세되어 반발력이 적은 시크 족*이며 오늘의 행동은 아무런 경제적 이해관계나 절박한 정치적 요구로 출발된 것이 아니다. 또 지도자가 없어서 계획적으로 통제하지 못하게 되었는데 우리와 같은 처지에서 용감하게 싸운다는 당신네들 보기가 인도인의 한 사람으로 부끄럽다고 한다. 물론 상해에 있는 인도인의 거의 전부가 순경 아니면 백인과 중국인 부호, 기타 관공서의 수위로 있어 생활이 비교적 안정되고 또 사회적으로 단결할 기회를 갖고 있지 않다. 우리들 몇몇의 선동으로 이들이 용감하게 싸우지는 못할 것이며 무엇보다 두려워하는 것은 백인의 총알이다. 백인은 옛날 펀자브 대학살 사건** 이후로 인도인의 지배에 무엇이 제일 적당한가를 잘 알고 있다. 당신네 나라에서는 이와 같은 경우에 어떻게 군중을 자유로이 움직이는가?

영사관 안에서 고급 경관 서너 명이 십여 명의 무장경관에게 경호받으며 정문까지 나오더니 장갑차를 안으로 들어가라고 명령했다. 기만과 교활에 넘치는 미소로 시위단을 향해 여러분이 원하는 요구 조건에 대해서는 내일 대표자에게 만족할 답을 할 테니 즉각 해산해달라고

---

* 시크(Sikh): 인도의 인더스 강 유역, 주로 펀자브 지방에 사는 민족. 시크교를 신봉한다.
** 펀자브 대학살 사건: 암리차르 학살사건(Amritsar massacre)을 일컫는다. 1919년 4월 13일 인도 북부의 암리차르 시(펀자브 주 서부에 있는 도시)에서 일어난 학살사건이다.

아주 온순하고 교섭적인 태도로 말한다. 그러나 그의 허리에 찬 브라우닝 총은 물론 장전되어 있고 그의 두 눈은 기관총이 될 것이다.

우리의 유순한 인도인은 꾸중하는 어버이에게 응석 부리는 아이같이 손짓, 몸짓 해가면서 자기, 남 할 것 없이 불만을 지껄여대는 치기를 부리고 경관은 의연한 미소로 위협하면서 타이르고 달랬다. 이 광경은 가장 야만적이고 잔인하며 권력을 남발하는 다른 나라 경관에게 보여줄 만한 모범적 장면이랄까!

나는 청년에게 말했다. 이대로 해산한다는 것은 치욕이고 패배요, 또 반드시 요구 조건의 성취에만 목표를 두지 말고 이만한 무대와 기회를 달리 바꿀 수 없을까, 예를 들자면 2백여 명의 시위군이 대열을 편성해서 가장 복잡한 상해 중심가 난징루로 행진하여 인도인의 왕성한 투지와 기세를 올리고 이로써 다른 약소민족에게 좋은 선동과 또 자신의 훈련에 대한 부차적 효과를 내도록 하는 것이 좋을 것 같다, 그리고 행렬은 8열 종대로 서로 팔을 껴서 흩어지지 않게 하며 만일 영사관 측에서 적극적인 태도로 나온다면 당신들과 같은 혁명가의 계획은 얼마든지 재미있게 전개시킬 수 있지 않을까 제안하였다.

이 제안에 만족한 청년이 시위군 중 가장 기세 있어 보이는 한 집단과 교섭한 결과, 시위행진을 하기로 의외의 결정을 하였다. 그러나 난징루는 거리가 좀 떨어져 있으므로 도중에 시위단 내부에서 낙오자와 회피자가 생길 우려가 있으니 영국 영사관을 싸고도는 거리를 시위 구역으로 하였다고 한다. 어떤 의미로 보면 이것이 더 나을 것 같다 하여 그 청년과 작전 짜기를 제1선 부대인 30여 명을 네 대로 나눠 선두와 전군을 강하게 하고 두 대는 중간에 끼우기로 했다. 이 청년이란 연령이 27~28세로 신장이 6척에 가까운 아주 위풍 있는 쾌남아같이 보이고 잠깐의 인상에서도 본국에 있을 때, 혁명운동의 고난을 겪은 것처럼 보였다. 영국 관헌의 주의를 피함인지 나와 말할 때는 식물원 울타리 안에 들어가 수군거리다가 시치미를 뚝 떼고 방관자같이 시위군 부근을 어슬렁대다가 간단하게 지령을 하곤 한다.

시위행진이 결정되고 전군에게 전달되자 몇몇의 반대가 있었다고 하나 결국 결행하기로 하였다. 선두에 검은색 깃발을 높이 들고 노래에 맞춰 장구를 치고, 전과 다름없이 흰 베를 감은 친구의 무당춤에 전군은 행진을 개시하였다. 이것을 어째서 교활한 백인이 허용하였을까. 아마 탄압을 심하게 하다가는 사태가 험악해질 것과 각국 사람들이 둘러서서 보는 중이라 대국민의 도량을 보이고자 함인지 어쨌든 시위 행렬에 아무 간섭도 하지 않았다.

행군의 선두 무리에 70세는 되어 보이는 거대한 체구의 노인이 있었는데, 그가 노래의 구절이 끊어질 때 뒤로 돌아서서 구호를 외치자 전군은 "반래라만다"[? 정확한지 의문이나 이렇게 기억한다], "반래라만다" 만세란 의미라고……, 위세를 떨친다. 이 노인의 음성은 그의 수염과 같이 쉬었으나 높은 이마와 쭉 선 콧대가 몹시 강한 기개와 지조를 보여주는 것 같다.

전군은 낙오자를 경계하고 우리는 다른 군중에 섞여 그 뒤를 따랐다. 거리의 건물은 창문마다 사람 머리가 내다보고, 조금 전까지 원시적이고 감상적 애조로 들리던 노래도 이젠 3~4층 석조 건물을 쾅쾅 울리는 피 끓는 노래로 들렸다. 전군의 기세와 흥분은 점점 높아져갔다. 영사관 뒤, 담 위에 어린 영국 경관들이 상반신을 걸치고 웃으면서 구경하다가 시위 군중 몇 사람이 그 밑을 지날 때 들었던 채찍으로 머리를 갈긴다. 그때 "반래라만다"의 외침은 공간을 진동시켰다.

3백 명의 관중을 거느린 시위군이 다시 영사관 정문 앞까지 돌아왔을 때, 생각다 못한 백인은 드디어 인내치 못하는지 그들의 무지한 노예인 중국 순경과 함께 40~50명이 곤봉을 휘두르면서 시위군을 강제 해산을 시킨다. 이만해도 행군은 대성공이니 해산해도 좋겠으나 모처럼 흥분하기 어려운 이들 마음을 이렇게까지 흥분시켜놓고 그대로 해산하는 것도 아까웠다. 오랜 동지처럼 팔을 끼고 오던 인도 청년에게 "황푸 공원으로" 하였다. "댓 이즈 굿 아이디어." 청년은 혼잡한 통에 선두 대열까지 가서 이리저리 말했는지 검은 깃발은 공원을 향해 달음질치고 그 뒤로 시위군이 따랐다. 넓은 잔디밭 위에 2백여 명이 앉고 주변에는 주로 백인 남녀와 중국인이 10여 겹으로 둘러싸서 사람의 방어벽이 만들어졌다. 따라오던 경관들도 단념했는지 팔을 늘어뜨리고 돌아가는 자, 혹은 군중과 같이 서서 구경하는 자 등 경계선은 완전히 해체되고 말았다.

외백도교를 건너서는 폐쇄되어 있지만 무대는 1백 퍼센트 걸작이다. 노농러시아 영사관과 좀 더 올라가면 일장기를 날리는 일본 영사

관, 그리고 앞은 XX의 상징인 외국 군함과 양자강 뒤로 이들의 XXXX
인 영국 영사관, 그쪽으로 잇닿아 제국주의 열강의 중국 총본부인 어마
어마하게 큰 수십 개의 은행 건물……, 때마침 상해 세관에 있는 40만
원짜리 큰 시계탑에서 오후 5시를 울린다.

둥근 모양으로 자리를 차지한 인도인 중에서 한 사람이 나와 인도
어로 연설을 시작하고 나니 한 청년이 영어로 통역을 한다. 대략적인
뜻은 상해에 거주하는 인도인에 대한 영국인의 학대와 인도인의 단결
적인 행동, 인도 본국의 운동 정세, 그리고 사원 참배의 자유 획득까
지, 희생적 항쟁 등……. 나는 청년이 권하여 시위군에 섞여 앉았다가
맞은편에서 이상하게 노려보는 시선에 자리를 피해 둘러서 있는 사람
들의 울타리 속에 숨어들었다.

그다음으로 인도 본국에서 얼마 전 상해로 왔다는 사람이 일어나
유창한 영어로 인도인의 비참한 환경과 영국인의 압박, 정의의 투쟁과
약소민족의 단결을 열렬하게 말했다. 그의 체구는 다른 인도인에 비해
왜소하지만 밝게 빛나는 눈빛과 붉어진 광대뼈, 막힘 없는 어조로 보아
결코 심상치 않은 사람 같았다. 웅변에 경탄함인지, 그의 사상에 공감
함인지 둘러싼 백인은 때때로 박수를 보낸다. 이것도 상해란 곳이 아니
면 못 보는 광경일 것이다. 백인 중에는 영국인보다 인도 사람과 별로
이해관계가 깊지 않은 양키들이 많고 박수도 대부분 이들 양키가 친다.
아마 무슨 스포츠나 연극 같은 볼거리로 생각한 것 같기도 하다.

뒤이어 연설자가 바뀌고 일고여덟 명이나 계속된 후, 드디어 해산

하게 되었다. 헤어질 때 그 청년과 나는 다시 팔을 끼고 강가 벤치에 앉아서 이런 말 저런 말을 나누며 서로 처해 있는 환경을 말했다. 유창한 그의 영어와 돼지 꼬리만 한 나의 피전 잉글리시*……. 몹시 답답했으나 대략 의미는 통하게 된 것이 다행이었다.

내일 오후 2시 자베이閘北(상하이 도심 북쪽에 위치한 구) 모 동지의 집에서 회의가 있는데 그 회의에서 이후 투쟁에 대한 계책을 수립할 것이라고 한다. 상해에 있는 인도인이 오늘과 같은 기개와 투쟁의 뜻을 보인 것은 아마 이번이 처음일 것이므로 이 기회를 이용해 의의 있는 단체를 조직할 계획까지도 있을 것이라 한다. 그리고 내게 참석을 권하며 다른 동지에게도 이미 간단하게나마 소개해두었다고 한다. 나도 시간만 있으면 꼭 참석하고 싶었으나 혹시 어떻게 될지 몰라서 주소만 적어두었다. 머지않은 나의 귀국을 서운히 여겨 몇 시간의 동지이지만 회의 자리를 같이하자는 그 청년의 간청도 고사하고 뜨거운 악수로 헤어졌다.

우연한 기회로 잠시였지만 인도 청년과 교분을 얻은 것도 기쁘지만, 단조롭던 상해 생활을 마치는 마지막 날에 보기 드문 광경을 보고 또 단순한 관객만이 아니었던 것을 만족한다. 공원의 돌층계를 올라 돌아오는 길로 향했다.

---

* 피전 잉글리시(pidgin English): 중국의 상업 영어를 뜻하는 말로 영어에 중국어, 포르투갈어, 말레이어 등이 뒤섞인 영어를 일컫는다.

간디의 소부르주아적 종교철학을 체현한 무저항 운동은 결코 인도 대중을 이끌지 못할 것이라 생각된다. 차르카는 인도인의 잠자는 정신을 오직 재우고자 하는 속임수이며 사티아그라하*는 이들에 대한 늙은 이의 행복한 유머이자 간디의 자장가가 아닌가 한다. 1930년 이후의 인도는 확실히 이것을 증명하였다. 인도의 지도자는 간디뿐만이 아니고, 간디즘에 대해 자각한 인도 대중은 느리지만 참다운 비판을 시작하였다.

그리운 인도 청년의 생사는 모르지만 살아서 본국에 있다면 그는 부지런하고 용감한 지도자가 되어 있을 것이며, 나 이상으로 인도의 젊은 사람들은 조각과 같은 그의 얼굴과 생기 넘치는 거대한 체구에 매혹되고 공경하여 우러러볼 것이다. 여러 가지로 마음이 흥분되었던 나는 도중에 술집에서 마신 소승주로 얼큰하게 취해 집에 돌아왔다. 어떻게 되었나 하고 걱정하던 R형에게 톡톡히 말을 듣고 웃었다. 오늘 한나절의 이야기를 하자 우리는 반쯤은 다른 나라인 이곳의 한쪽 구석에서 밤새는 줄 모르고 여러 가지로 감개가 깊었다.

---

* 　사티아그라하(satyāgraha): 인도 민족운동 지도자 간디의 반식민 투쟁의 근본 사상. 의미는 '사티아(진리)'의 '그라하(파악, 주장)'를 뜻한다.

인도 여행기

김추관

상해와 홍콩을 거쳐 20여 일 전에 인도의 서해안에 있는 유명한 무역항 뭄바이에 도착했습니다. 목적지인 유럽을 가자면 시베리아 철도도 있고, 북미 대륙도 관광할 겸 태평양을 횡단하는 방법도 있겠지만, 최근 반영反英운동의 커다란 상징 인도를 보고 싶어 일부러 이 항로를 택했습니다. 뭄바이 시가를 한 번 훑어봄으로써 과연 잘 왔구나 하는 감탄을 멈출 길이 없습니다.

인도! 이 나라는 지금 반半식민지가 되어 제국주의 각국의 착취에 신음하고 있는 이웃 나라 중국이나 이집트와 같이 가장 최고 최대의 문명 국가가 아니었습니까. 이렇듯 뿌리 깊은 대국가가 영인도회사英印度會社라는 독사에 물리자 불과 얼마 되지 않아 오늘날과 같은 꼴을 이루었습니다.

이 뭄바이로 말하더라도 16세기 무렵에는 포르투갈 인이 차지하고 있던 한 섬이었습니다. 포르투갈은 이 섬을 영국 왕 찰스 2세가 브라간사* 여왕과 결혼할 때 영국 왕에게 선물로 준 것이었습니다. 결혼 선물로 자신이 점령한 섬을 증여하는 이 사실이 벌써 어찌나 로맨틱하고도 저주할 행사였습니까.

어쨌든 도로의 건축물, 이상한 옷을 입은 군중, 알지 못할 언어와 풍속 등 생경하기만 한 이국의 정서에 나의 가슴은 뛰는 것을 그치지 아니합니다.

이제부터 약속한 바, 인도 기행을 써야 할 테지만 고국 사정을 잘 아는 제 붓끝이 대동맥을 치는 이 나라 정치 사정 등 산 사실이야 보도 할 수가 있겠습니까. 그러기에 그것은 귀국한 후 우리가 서로 자리를 같이하며 긴긴밤을 새워가며 이야기하기로 하고 여기에선 다만 인도의 인정, 풍속 등 물에 물 탄 것 같은 견문기를 우선 몇 장 써드리고 유럽 으로 가서 속고를 쓰려 합니다.

침묵의 탑

뭄바이 주택 지대에서 산으로 조금 올라가면 장례식장이 있습니다. 여기에서 두어 마장(5리나 10리가 못 되는 거리)가량 되는 돌층계를 디디고 올라가면 흰 돌기둥이 서 있습니다. 안내하는 대로 그 안에 들어가니 수풀 사이로 흰 벽의 큰 탱크가 보입니다. 이것이 유명한 침묵의 탑입

---

* 캐서린 드 브라간사(Catherine de Bragança, 1638~1705): 포르투갈의 공주이며, 1622년 5월 찰스의 왕비가 되었다.

니다. 모든 죽은 시체는 여기에 운반됩니다. 운반된 시체는 이 땅속에 방치하여 솔개나 까마귀나 어쨌든 새들이 밥으로 먹으며, 살을 다 뜯어 간 백골은 비바람에 스스로 가루가 되어 날아가게 되는 것입니다. 이것은 모든 인도인의 장례식 관례는 아니고, 배화교*도들의 예법이라 합니다.

그리고 이 침묵의 탑에서 서쪽으로, 우리 조선의 거리 단위로 약 5리쯤 갈까요. 그러면 "자살비업自殺非業의 탑塔"이 있습니다. 이것은 타고난 수명에 죽지 않고 스스로 제 목숨을 끊은 자살자를 매장하는 곳입니다.

어찌됐든 이 '침묵의 탑'과 '자살비업의 탑'은 영원히 외국 여행객의 호기심을 끄는 존재입니다.

간디 모자의 유행

지금 인도에는 간디 모자가 크게 유행하고 있습니다. 둥근 모양에 흰, 매우 단순하지만 실용적인 이 모자는 국민운동에 다소의 관심을 가진 사람들은 너나 할 것 없이 모두 쓰고 있습니다. 그러기에 길가를 다

---

*   배화교: 조로아스터교(Zoroastrianism)를 칭한다. 예언자 조로아스터의 가르침에 종교적·철학적 기반을 두고 있으며, 유일신 아후라 마즈다를 믿는 고대 페르시아 종교이다. 이들을 일컬어 배화교(拜火敎)라고 말하기도 하는 것은 불을 숭배하는 종교라는 뜻에서 기인한 것이다. 이슬람교도의 박해를 피해 신자들이 8세기 무렵 뭄바이 근처로 옮겨와 정착했다고 하며, 뭄바이에는 6~7만여 명의 조로아스터교도가 있다.

니다보면 간디 모자를 안 쓴 사람이 별로 없습니다. 차라리 모자를 안 썼을지언정.

그만큼 이 땅 인심의 경향은 언뜻 보아도 알 수 있습니다. 국기를 가지지 못한 대신에 인민 공통의 모자를 가지고 자기 집단의 특징을 표현하기에 애쓰는 것입니다.

그리고 한 가지 특기할 것은 고국에서도 항상 전해 들어 몽환적 연상을 가졌던 인도의 과부들입니다. 실로 여기는 적도 바로 아래의 열대 지방인 만큼 인도인의 사망률은 놀랍습니다. 그러니까 과부가 많이 생길 수밖에요. 예전에는 약혼만 한 처녀라도 과부가 되면 재혼을 시키지 않았고, 심하게는 남편이 죽으면 산 채로 그 아내를 화장까지 했다고 합니다.

이 비참한 악습에 대해 개혁의 큰 신호탄을 던진 사람은 바로 모한 로이* 씨였습니다. 그는 당시 정치가에게 '과부 분사 금지 운동'을 일으켜 끝끝내 금지령의 발표를 얻어냈습니다. 대개는 이 악습이 끊어졌지만 아직도 교통이 갖춰지지 않은 산간에는 이 악습이 그냥 남아 있다니 어찌 전율할 일이 아니겠습니까.

지금 인도에는 과부 수용소라는 것이 있습니다. 과부의 생활을 개선하기 위하여 뭄바이, 캘커타 등지에 설치되었는데, 물론 과부 개혁

---

* 　라자 람 모한 로이(Raja Ram Mohan Roy, 1772~1833): 인도의 개혁가로 교육·사회·정치적 개혁을 추구하는 운동단체인 '브라모 사마지(Brahmo Samaj)'를 창설, 인도의 근대화 운동에 기여했으며, 대영 제국의 식민 지배에 맞서 저항했다.

운동가의 열성으로 만들어진 것입니다. 나도 시간의 기회를 얻어 캘커타 시의 과부 수용소를 가보았습니다. 거기에는 직업 보호소도 있고 교육을 가르치는 곳도 있습니다. 수용된 과부가 모두 2백 명 정도에 이른다는데, 내가 갔을 때는 마침 그 근교로 소풍을 가서 자세한 광경은 보지 못한 것이 유감이었습니다. 지금은 정부에서까지 재정상의 보조가 있어 사회 개량 사업의 주요한 한 부문으로 이 운동이 퍼지고 있다고 합니다.

여류 혁명가의 프로필

인도의 무수한 남녀 혁명가 중 아주 다른 색깔의 여류 운동가 한 분이 있어서 인도 정부를 몹시 골리고 있는데, 그녀는 영국 여성으로 '마로라스'라는 노부인입니다. 여사는 심혈을 기울여 인도 해방을 위해 진심을 바치려는 사람으로 비기독교 웅변가인데다가 사상이 탁월하여 인민의 신뢰가 깊다고 합니다.

여사는 인도 총독이 가끔 점진적인 평화 기초 안건을 내놓는 것을 보고 "이 안건은 인도인을 영원히 노예로 두려고 하는 것이다"고 결론 내리는 것이 대부분이었습니다. 그 운동의 근거지인 회관에서 그녀를 만났습니다. 백발이 귀 밑을 덮고 도수 높은 안경을 썼으며, 생김새는 기운이 왕성하고 부지런해 보였습니다. 그녀는 고요히 입을 열고 인도에 대한 영국의 정치를 공격했습니다.

이제 대서양으로 가는 배에 오르겠습니다. 우리 배는 파오낼 호, 물론 영국 기선입니다. 이제 갑판 위의 바닷바람을 쐬어가며 틈틈이 인도 여행기의 뒤를 이어 써보겠습니다.

표박의 시민 '집시의 연애와 생활'
그들과 함께 지낸 3일간의 이야기

백림학인

집시 무리가 유랑하는 예술적 그룹이라는 것은 누구나 알고 있지만, 그들의 생활 내면까지 자세히 아는 이는 몇 분 안 되실 겁니다.

이제 내가 3일 동안 그들과 함께 지내던 이야기를 자세히 하려고 합니다. 때는 바로 작년 초가을, 나뭇잎이 누레지기 시작하던 무렵이었습니다.

나는 베를린 여관에서 저녁을 먹은 후, 긴 여행의 피로함에도 불구하고 거리로 나가게 되었습니다.

내가 있는 여관에서 남쪽으로 얼마 멀지 않은 무성한 삼림이 늘어선 곳이 보였습니다. 목적도 없이 내 발이 그곳으로 향하게 되었을 때, 이상한 불꽃이 나무 사이를 통해 비치는 것을 보았습니다. 불안한 생각을 가지면서 그곳으로 더 가까이 걸어가니, 또 이상한 것은 그 속에서 여자의 가냘픈 노랫소리가 들려옵니다. 주위를 자세히 살펴보니 거의 깨트려진 마차가 몇 대 놓여 있으며, 다 떨어진 옷 같은 것 등이 여기 저기 흩어져 있었습니다. 나는 전보다 더 호기심에 끌려 발자취 소리를 죽여가면서, 그 수풀 사이 불빛이 있는 곳을 향해 들어갔습니다.

장작 등으로 불을 피워놓고, 그 주위에 때가 몹시 묻은 이불을 쓰고 누운 어린애들, 담배를 피우면서 뜨개질을 하고 있는 늙은 여인, 카드[화투]를 가지고 노는 어린 계집애들. 이런 여러 가지 정경이 눈에 띄었습니다. 나는 유럽까지 여행하는 중에 집시 무리를 만나게 된 때는 한두 번이 아니었지만, 원시적 생활을 보는 듯한 느낌을 가지게 된 것은 그날 밤뿐이었습니다.

카드놀이를 하던 어린 계집애들은 어느 틈에 저희들을 엿보는 줄 알았던지, 내가 있는 곳으로 쏜살같이 달려와서 요구하지도 않은 춤을 추기 시작했습니다. 춤을 다 추고 나서는 "자, 돈을 주십시오" 하고 내 포켓에 손을 넣어서 돈을 찾는답니다. 그들이 거지의 천품을 확실히 가지고 있다는 것은 처음 보는 사람이라도 느끼게 됩니다. 첫째, 머리카락에서부터 발끝까지 그들이 하는 행동을 보면 누가 거지라고 하지 않을까요.

내 포켓에는 동전이 몇 푼밖에 없었으므로 만족할 만큼 주지는 못했습니다만 그들은 몹시 기뻐하면서 또다시 춤추기 시작했습니다. 그런 때에 저쪽 천막에서 바이올린을 가진 남자 셋이 나와서 "우리들도 하겠습니다" 하고 똑같이 보조를 맞춰 시작했습니다. 밤새의 우는 소리, 때때로 수풀 사이를 새어드는 초가을의 가는 실바람, 몽롱하게 비추는 달빛, 어느 것이나 바이올린의 멜로디와 함께 나의 맘을 몹시도 멜랑콜리하게 만들었습니다. 글자도 없이 선조로부터 전하는 집시의 곡을 귀로 듣고 배워서 연주하는 그들의 천재성에는 놀라지 않을 수 없었습니다.

어쨌든 그날 밤은 그곳을 떠나기 싫어서 여관에 돌아올 생각도 하지 않고, 그들의 권유대로 하룻밤을 함께 추접한 천막 속에서 지내기로 했지요.

나는 더러운 줄도 모르고 냄새가 물컥물컥 나는 자리 위에 누웠습니다. 잠깐 있자니 전신이 가려워지기 시작해서 견딜 수가 없었습니다. 이가 무는 까닭인지, 벼룩인지, 그렇지 않으면 빈대인지, 하여간 온몸에 두드러기가 돋기 시작했습니다. 하지만 그것도 둘째로 하고 그들의 내면 생활을 자세히 알아보려는 호기심에서 하룻밤을 샜습니다. 어느 틈에 날이 밝았습니다. 어린애들이 제일 먼저 일어나 냇물 있는 곳으로 달려가서 전신을 씻습니다. 집시 아이들은 12~13세 될 때까지 아무리 추운 겨울이라도 냇가에 가서 찬물을 끼얹는다고 합니다. 그렇기 때문에 겨울에 홑옷을 입고도 감기가 들지 않는다고 합니다. 나도 어린애들을 따라서 세수하러 나가려고 하니 17~18세 되는 계집애가 "냇가까지 가실 필요가 없습니다. 제가 화장수를 드릴 테니 이것으로 씻으십시오" 하고는 맥주병을 들면서 손을 내밀어 받으라고 합니다. 시키는 대로 받아서 얼굴에 끼얹으려고 하니 이상한 냄새가 코를 찌르는 것 같았습니다. 무엇이냐고 물어보았더니, 어린 계집애 둘의 소변이라더군요. 오줌으로 고양이 세수를 하고나니 기분이 좋지 못했지만, 돌아오려고 할 때에도 그들은 아침을 먹고 가라고 저를 잡았습니다.

아침이라고는 빵과 소금에 절인 돼지고기를 가운데 놓고, 그 주위에 쭉 둘러앉아서 제각기 까만 손으로 하나씩 집어먹습니다. 내가 어쩔 줄 몰라 앉아 있노라니 한 처녀가 "손님이니까 따로 대접해야지요" 하고 저쪽에 가서 새까맣게 때가 묻은 은 접시 하나를 가져다가 거기에 빵을 한 개 담아줍니다. 더러워서 먹을 수 없는 것을 하도 권하니 먹는 체만 했습니다. 아침 식사가 다 끝난 뒤 그 처녀는 자기들의 여왕을 면회시켜준다고 좀 떨어져 있는 천막으로 날 데리고 갔습니다. 별로 주저함도 없이 들어가자고 하여 따라갔더니, 한 40세가량 되어 보이는 여왕이 금속으로 몸단장을 하고 앉아 있었습니다. 여왕은 처음 보는 사람에게 퍽 친절히 여러 가지 이야기를 자세히 들려주었으며, 언제까지나 자기들과 함께 생활하자고 몇 번이나 말했습니다. 하지만 앞길이 바빠서 여왕의 말대로 하기는 매우 어렵다고 대답했더니, 그러면 내일 있는 결혼식까지만 구경하고 가라더군요. 결혼식이 있다는 말에 갈 길을 재촉해야 하는 것도 미루고 그날 하루를 또 거기서 묵고 이튿날 결혼식을 구경하기로 작정했지요.

나는 본래부터 집시의 생활을 알고자 했으며, 그들 생활에 대단한 흥미를 가지고 있었던 만큼 3일간이라도 그들과 함께 지내게 된 것을 다시없는 행복으로 여겼습니다.

집시의 결혼

하룻밤을 지나고 또 하루 종일이 지나서 해가 서쪽에 떨어지려 할 즈음 여러 젊은 청년이 말 한 필을 끌고 나와 천막 앞에 세우고 신랑을 태워 신부의 천막으로 향합니다. 그럴 때 신부의 천막 위에는 흰 헝겊을 국기 모양으로 띄워놓습니다. 그리고 그 천막 앞에는 처녀들이 많이 모여서 떠들고 있습니다. 신랑의 말이 신부의 천막 앞에 다다르면, 그때까지 기다리고 있던 신부가 바라던 대로 신랑이 타고 온 말에 함께 올라탑니다. 그러면 신랑은 말을 돌려서 자기 천막으로 향합니다.

그들은 법률상, 종교상 거쳐야 할 절차는 아무것도 없지만 신랑 신부가 여왕 앞에 서서 장엄한 식을 거행한 후, 넓은 마당에 서서 쌀과 과자를 뿌립니다. 모인 군중은 그것을 다시 주워서 신랑 신부의 머리에 던집니다. 그다음부터는 먹고, 노래하고, 춤추는 것으로 넓은 마당에는 대소동이 일어난 듯싶습니다.

그들 사회에서는 다른 종류 사람과는 결혼시키지 않으려고 하며, 결혼의 제일 조건은 돈이라고 합니다. 그렇기 때문에 결혼하기 전에는 남녀를 물론하고 돈 모으는 것에 힘쓴다고 합니다. 그러곤 결혼하는 날 밤에 그 돈을 죄다 써버린다고 합니다. 물론 그들에게 정조 관념은 적습니다만 일부일처주의는 꼭 실행된답니다.

정조 관념이 없는 것만큼 간통은 자유이기 때문에 "연애는 날개를 가지고 있다"고 합니다.

그들과 이별하던 때

그들과 세월이 어떻게 가는 줄도 모르고 사흘을 지냈습니다. 갈 길이 바쁘지 않으면 그곳을 떠나고 싶은 생각이 조금도 없었습니다. 하지만 그들과 한가지로 생활할 만한 환경을 가지지 못한 나로서는 떠나기 어려운 길이지만 떠나지 않을 수 없었습니다.

그날 밤, 12시가 넘어서 신랑 신부를 둘러싸고 재미있게 노래하며, 춤추는 그들과 이별하고 천막 밖으로 나왔습니다. 내게 친절히 안내해 주며 아침밥을 먹으라고 권하던 젊은 처녀가 따라 나와서, "당신은 어디로 가십니까. 이제 다시는 못 만나겠지요" 하고 안타까운 이별을 서러워합니다.

나는 그녀에게 무어라 대답할 줄도 모르고 안타까운 가슴만 쥐어뜯고 싶었습니다. 그러나 떠나야만 하므로, "다시 만날 기회를 기다릴 수밖에 없습니다" 하고 그 처녀가 서 있는 곳을 떠나 여관으로 향했습니다. 초가을 깊은 밤은 안타까운 이별을 더욱 서럽게 만들어줍니다. 아직도 그 처녀의 애달파하던 표정이 머릿속에서 사라지지 않으며, 그들이 부르던 노래는 여전히 내 귓가에 들려오는 듯싶습니다.

필리핀 시찰기

안창호

1929년 4월 당시 상해에 있던 안창호는 미국 의학박사 김창세 씨의 권유도 있고 또 미국의 식민지 통치 상황을 한번 보아두자는 오랜 소망도 있어 여장을 정비하고 필리핀에 이르러 약 3개월간 머물면서 제반 사정을 시찰하고 돌아왔다. 본문은 그 감상담이다.

공중위생 상황을 시찰할 목적으로 필리핀에 갔던 김창세 박사로부터 "필리핀은 조선인의 이주에 가장 적당할 듯 생각되니 한번 와서 실제 답사를 한 뒤 당국과 교섭해보면 어떻겠느냐"는 편지를 받았다. 미국의 필리핀 통치 상황을 한번 보아두자던 오랜 소망도 달성할 때가 지금이라 생각했다. 곧 중화민국 외교부와 미국 영사관의 여행권을 받아 가지고 1929년 4월 28일 상해에서 미국 배를 탔다. 예정대로 마닐라 항구에 상륙하자 김 박사 외 동포 여러 사람이 마중 나와주었다. 나는 이국의 여관에 여장을 풀고 며칠 동안 괴로웠던 몸을 쉰 뒤 총독부를 방문하였다. 처음에 만난 것은 내무총장과 이민국장이었다. 나는 "조선 동포를 필리핀에 이주시키고 싶다"는 말을 하고 여러 가지 정세를 설명했다. 그랬더니 흔쾌히 승낙할 뿐 아니라, 오히려 현재 필리핀은 땅이 넓어서 공터가 많으니 노동력을 가진 좋은 이민을 환영하고 있었노라고 하더라. 이 회견에서 희망을 가진 나는 이 문제를 더 구체화시키기 위해 이민국장을 다시 만나 구체적인 방안을 협의했다. 그 자리에서 이민국장은 가장 선결 조건인 입국 문제에 대하여 "중국인은 상민 이외의 농민 노동자는 전혀 입국시키지 않으나 조선인은 일본인이므로 여행권과 보증금으로 50원 이상만 가지고 오면 입국을 선선히 허가하겠노라"고 한다. 그런데 나의 속마음으로 말하면 만주 방면에 있는 조선인을 중국 사람 명의로 입국시키려 한 것이었다. 수차례 여러 가지 사정을 알기 쉽게 설명하고 담판 지으려 했으나 이민국장은 입국 조건에 대해서 좀처럼 양보하지 않았다. 나는 할 수 없이 이 문제는 단념할 수밖에 없었다.

이민 문제가 이렇게 어그러지자 나는 방향을 바꿔 원주민의 생활 상황과 미국인의 통치 상황을 살펴보려 하였다.

필리핀은 자치제도가 확립된 곳이다. 원주민의 의사가 실제 정치에 많이 반영되고 있지만 그중에서도 가장 놀라운 점 몇 가지를 간단히 이야기하자면, 첫째로 교육의 보급은 가히 놀랄 만했다. 지금 취학 아동 수의 백분율 같은 것은 기억할 수 없으나 전국의 문맹률이 매년 격감되고 있는 점이라든지 대학 이하 전문, 중등, 소학교 등 교육기관을 완비하고 있는 점에 대해서는 오직 놀랄 뿐이었다. 건물과 기구의 완비는 서양 문명국의 정수를 보이고 있으며 그 교육 정신도 필리핀 주민의 민지民智 계발에 모든 힘을 쏟고 있었다.

교육에 전력하고 있다는 증거는 무엇보다 필리핀의 예산이 명시하고 있다. 필리핀의 예산 방면을 보면 전체 세입의 약 절반이 교육비로 지출되고 있었다.

둘째로 놀라운 것은 관청에서 대부분 필리핀 인을 채용하고 있는 점이다.* 재판소를 가보아도 판사, 검사의 대부분이 필리핀 인이고, 미국인 관리는 얼마 없었으며, 미국인들은 즐겨 필리핀 인 검사의 심리와 판결을 받고 있었다. 학교도 그렇고 행정 관청도 그랬다. 경찰관 또한 그랬으니 다만 부족한 인원을 미국인으로 보태어 쓰는 것에 불과했다. 이러니 최고 기관인 총독부의 고급 관리는 더 설명할 것 없이 원주민이 대부분이고 미국인은 그 아래에 사무관 등으로 있었다.

셋째로 언론이 대단히 자유로웠다. 나는 어떤 공원을 지나다가 수많은 군중들이 모였기에 달려가 보았더니 필리핀 인이 미국을 규탄하는 연설을 하고 있었다. 격렬한 말에도 사실 놀라웠으나 그 자리를 지키는 경관이 이를 금지하지도 않고 있었다. 그뿐 아니라 군중 속에 낀

---

* 　스페인의 식민지였던 필리핀은 미국-스페인 전쟁 후, 1898년부터 1946년까지 미국의 식민지가 된다. 1934년 미국 의회는 필리핀을 10년 후에 완전 독립시킨다는 '타이딩스-맥더피법'을 통과시켰고, 이로 인해 1935년 11월 마누엘 루이스 케손 대통령 취임, 미국의 보호 아래 필리핀 독립 과도정부가 출범하게 된다.

다수의 미국인도 벙글벙글 웃으며 필리핀 인들이 박수갈채를 보낼 때 그들도 박수 치고 있었다. 이만 한 정도니 언론 문장의 자유는 쉽게 짐작할 것이다.

이 밖에도 들자면 한이 없겠다. 그런데 나는 필리핀 안에서 특수한 현상 한 가지를 보았다.

그것은 필리핀 내의 도시나 농촌 촌락 할 것 없이 중국인들이 상권을 쥐고 있는 점이었다. 경제적으로 거의 절반은 중국 상민의 세력 아래 있는 것이 속일 수 없는 사실이었다. 그래서 나는 이 점을 국민당 당수에게 물어보았다. 그는 탄식하며 자기네들은 우선 경제적 자립운동을 해야겠다고 하더라. 그러면서 이러한 말까지 해주었다. 필리핀이 한 사람 앞에 가질 수 있는 토지를 제한하는 중이라 한다. 즉 대지주를 없애기 위해 토지 소유를 제한하고 있다는 것인데, 이것은 아마 미국 대지주의 토지 점유를 막아내자는 속마음같이 생각되었다.

이 밖에 상원의장인 깁손 씨와 민주당 대표들을 만나서 들은 말도 많았으나 일이 정치 문제에 들어가므로 이에 그치노라.

러시아의 볼가 강을 향해

김니콜라이

나는 지금 볼가 강가에 서서 고국 동포에게 이 글을 적습니다. 볼가! 볼가! 나는 지난해 서울에 있을 때 K형과 함께 단성사에서 상연되었던 〈볼가의 뱃노래〉란 영화를 보고 감격하던 생각을 되풀이하고 있습니다.

사실 볼가 강에 대한 러시아 사람들의 동경은 고국 동포들이 한강이나 대동강을 그리워하는 것에 견줄 바가 아닙니다. 러시아 사람들은 볼가를 '러시아의 어머니'라고 부르며 정말 그리워합니다. 유유히 오래도록 변하지 않는 웅장한 자태로 러시아의 중앙부에 가로누워 크고 작은 백여 개의 지류가 한데 어우러져 산업, 문화, 교통의 총체가 되어 있는 모양은 참으로 우리 같은 타국인이 보기에도 '어머니'라는 말이 맞습니다.

지금 고국에는 여름이 와서 여러분들은 튼튼한 다리로 백두산을 등산하고, 금강산으로 오르며, 뗏목이 떠다니는 국경 압록강과 두만강에 발 담그며 노래도 부를 것입니다. 그에 본받아 수만 리 멀리 떨어져 러시아에 와 있는 우리 젊은이들도 오늘 아침 2주일 예정으로 '러시아의 어머니'라는 볼가 강을 항해하기로 했습니다.

여장을 짊어지고

볼가 강에는 132개의 크고 작은 지류가 흘러들고 있으며 총연장이 3천 7백 킬로미터, 이 하류가 차지한 토지는 450만 제곱킬로미터에 달하는 세계에서 두 번째로 큰 강*입니다.

수량이 풍부해 혜택이 많은 볼가는 이후 교통 운송의 간선이 되어 현재 일곱 개의 서로 다른 공화국이 볼가 강을 향해 있습니다. 모스크바를 비롯해 크고 작은 도시가 이 강기슭에 빽빽이 늘어서 실로 러시아 문화의 발상지가 되어 있습니다.

모스크바에서 볼가로 내려갈 때에는 도시 중앙을 관류貫流하는 모스크바 강에서 배를 저어 볼가 강의 본류로 나올 수도 있지만 대부분 기차를 타고 고리키 시(볼가 강과 오카 강의 합류점 부근의 저지대로 현재 지명은 니주니노브고로드)로 나옵니다. 고리키 시는 문호文豪 막심 고리키의 문단 생활 40년 기념제가 행해진 지난해, 그의 공적을 후세에 알리기 위해 이 거리를 고리키 시라고 개칭한 것입니다. 고리키 시는 모스크바

---

* 　세계에서 가장 큰 강은 6,853킬로미터인 나일 강이고, 유역면적이 가장 넓은 강은 705만 제곱킬로미터인 아마존 강이다. 볼가 강은 유럽에서 가장 큰 강이다.

에서 육로 440킬로미터, 급행을 타고 밤 7시에 모스크바를 떠나면 이튿날 아침 9시에 여기에 도착합니다. 이 도시 인구는 35만 명, 지금은 자동차 공장이 빽빽하게 늘어서 연간 10만 대를 생산한다고 합니다.

사실상 이 도시는 막심 고리키의 고향입니다. 도시 동쪽의 언덕진 곳이 그의 집이고, 소년 시절 놀던 터전이며, 그의 작품 『밑바닥에서』를 체험한 주막집, 심부름꾼이 되어 일하던 구둣방들이 흩어져 있습니다. 레닌의 아버지가 교편을 잡고 있었다던 중학교는 지금 대학으로 승격되어 있습니다. 어쨌든 깊은 흥미를 끄는 곳이기에 우리 일행은 이곳에 내려 하루를 묵고 다시 떠났습니다.

문호 고리키의 출생지

푸른빛의 여름이나, 주홍빛 단풍으로 물드는 가을이나, 볼가 강의 훌륭한 경치는 각기 아름다운 빛의 다른 맛이 있습니다. 고리키 시 바깥으로 나가면 대륙의 웅대한 모양이 양쪽 기슭에 나타납니다. 여기서부터 넓은 들판이 이어집니다.

급행 선박은 그다음으로 카잔Kansan 시(볼가 강 중류에 있는 도시)의 부두에 닿습니다. 시의 중앙까지는 거리가 한참 되지만 승합자동차와 전차 편이 있습니다. 카잔은 인구 270만을 가진 타타르스탄 자치공화국의 수도입니다. 카잔 시는 현재 인구 20만, 시가의 중앙 거리, 번화한 곳은 러시아의 문화시설로 겉모습을 새롭게 했으나, 그 옛날 타타르스탄의 수도 여기저기에는 당시 모습을 전하는 유적이 있습니다. 적적한 모습을 풍기는 크렘린 성터라든지, 중앙 교회당의 대사원이라든지. 구시가는 타타르스탄 사람의 거리지만 신시가에서도 꽃을 팔고 있는 그들을 만납니다.

고리키와 카잔 간의 거리는 430킬로미터로, 급행 선박으로 19시간이 걸립니다. 정오에 고리키 부두를 떠난 배는 이튿날 아침 7시 전후로 카잔 시에 도착하니까요.

카잔을 지나면서부터 볼가의 강폭은 점점 더 넓어집니다. 우리가 탄 배는 그다음으로 울리야놉스크(지금의 심비르스크)에 도착합니다. 여기에서 레닌이 태어났습니다.

레닌이 어릴 때 사랑했다는 마을 앞 냇가에는 버들이 드리우고 있어서 평양 대동강을 연상케 했습니다.

지금도 레닌이 배웠던 중등학교의 건물이 보존되어 있는데, 2월 혁명의 일꾼 케렌스키*도 이 학교 출신입니다. 당시에는 케렌스키의 부친이 이 학교의 교장으로 있었다고 합니다.

---

* 　케렌스키(Aleksandr Fyodorovich Kerenskii, 1881~1970): 러시아의 정치가로 1917년 2월 혁명 후 사회혁명당 당수로서 임시정부의 수상 겸 총사령관에 취임하여 레닌이 이끄는 혁명 세력에 반대하는 반혁명 세력의 중심이 되었다.

볼고그라드의 장관

그다음에 역사 도시인 사마라 시를 지나 공장으로 유명한 볼고그라드 시(스탈린그라드라고 불렸던 불가 강 하류의 중공업 도시)에 도착했습니다. '트랙터 공장'의 대명사라고 할 만한 볼고그라드는 북쪽에 자리한 캅카스(흑해와 카스피 해 사이 지역 일대)의 농업지를 배경으로 볼가의 흐름을 이용하며 수륙 교통의 요충지에 위치해 무역의 중심이 되어 볼가 교역을 손안에 쥐고 흔듭니다.

혁명 후 국내 전쟁에서는 스탈린을 비롯하여 현재 소비에트 연방의 요직에 있는 거의 모든 사람이 이 전선에 출전한 것으로 유명했던 곳입니다.

아마 소비에트 정부는 볼고그라드를 새로운 시대의 완전한 모범 도시로 만들고자 모든 힘을 쏟아 건설한 보람이 있어, 볼가 연안에 줄지어 생긴 공장 거리는 노동자 거리로서도 이채로움을 낳고 있습니다. 어쨌든 노동자만 35만 명이 살고 장차 예정된 공장 설계가 완료되는 날에는 그 수가 70만 명에 달할 것이라고 합니다.

여기서 트랙터 공장을 조금 더 자세히 소개해야겠습니다. 총 공사비 1억 4천만 루블(러시아의 화폐단위)의 비용을 들여 1931년 7월에 완성했습니다. 1년에 트랙터 3만 7천 대를 제조하는 것이 목표인데 최초에는 숙련공, 재료 등의 부족, 노동자의 이동 등으로 성적이 뜻대로 나타나지 못했으나 최근에는 대단히 기대한 성적을 얻고 있다고 합니다.

또 여기에는 상류 지방으로부터 많은 목재가 뗏목으로 흘러내려 옵니다.

듣자하니, 최근 소비에트 정부는 이 볼가 물을 이용해 발전소 건설을 계획하고 있답니다. 대농장의 개척, 어업 등이 이 볼가 강을 중심으로 러시아를 살찌우게 하려고 하니, 그 장래는 주목할 바가 있으리라고 봅니다.

우리의 여행기는 인문 지리에만 그 일부분을 접촉하였고, 이 나라의 제도와 정치, 경제에는 조금도 접하지 못하였습니다. 그렇게 한 것이 본의는 아니지만 필자의 괴로움 또한 알아주시기를 빌며 앞으로 틈나는 대로 좋은 기사를 많이 써 보내드릴까 합니다.

예술의 도성을 찾아,
폼페이의 폐허여!

이순탁

나폴리에서 동남쪽으로 약 80리쯤에 폼페이라는 고대 희랍 도시가 있다. 이 도시는 기원후 63년에 대지진이 있은 후, 동 79년 그 부근에 있는 베수비오 화산의 대폭발로 말미암아 전부 땅속에 매몰된 것이다. 그래서 이 부근 일대는 그 후 고대 도시라는 이름으로 전해져왔다. 이탈리아 남부가 프랑스 왕가에 소속되어 있을 때, 즉 1748년 이 고대 도시의 포도밭에서 우연히 발견한 대리석 상이 폼페이 발굴의 단서가 되었다. 프랑스 부르봉 왕가 시대(1589~1792년과 1814~1830년)에도 상당히 발굴되었으나 일정한 질서를 갖추고 학문적으로 발굴하기 시작한 것은 이탈리아 통일 후이다. 그리하여 지금은 전체 도시의 약 3분의 2가 발굴되었는데, 나머지 발굴을 완전히 마치기 위해서는 아직도 1백여 년이 필요하다고 한다. 내가 방문하던 때에도 이 발굴 사업이 진행 중이었다.

나는 폼페이 베수비오 관광 승차권을 사서 관광 전차 정거장에서 차를 타고 지금까지도 검은 연기를 끊임없이 내뿜는 베수비오 화산 아래를 통과해 약 45분 만에 폼페이 동쪽 노라문Nola Gate 정거장에 하차하여 성으로 들어갔다. 이 도시는 동서로 길고 남북으로 좁은 타원형이며 도시 주위는 성곽으로 둘러싸여 있고 성곽에는 동서남북에 각 두 개씩 문이 있다. 이는 타원형 안에 '정#' 자의 큰길이 있으므로 자연스럽게 그렇게 된 것이다. 도시의 주택은 거의 전부가 2층 건물이요, 재료는 모두 석재 및 벽돌이다. 도로는 전부 평평한 돌로 꽉 맞춰 깔았고 보행로와 차, 말, 도로를 구별해놓았다. 건물의 구조와 양식은 대단히 진보해서 비록 현대인이라도 놀라지 않을 수 없다. 도시계획도 꼭꼭 '정' 자와 '십+' 자로 되어 있어 통행, 하수, 소방 등에 편리하게 되어 있다. 주택, 주점, 목욕탕, 여관, 세탁소, 상점, 상업거래소 등 전업 가옥 안에 그려진 벽화와 모자이크는 미술 발달의 극치를 증명하는 듯하다. 그리고 주택 안으로 들어가보면 침실, 식당, 욕실, 서재, 부엌, 정원, 안방, 응접실 등이 벽화의 그림 내용으로 구분이 확연하고 수도의 설비 또한 완전하다. 건물 바깥의 발굴물 진열장을 가보니 당시에 사용하던 매우 기묘한 청동 대리석, 도자기로 만든 가구 집기, 기타 장식품 등이 나의 호기심을 끌었으며 생매장된 사람과 가축의 발굴물은 보기에도 소름이 끼쳤다.

특히 나의 흥미를 끄는 것은 대⋏건물의 재판소와 공동 변소, 공동 목욕탕, 세관, 공동묘지, 노천극장 등의 설비가 완전하다는 것이다. 2천 년 전의 도시가 이렇게 완전했던가 하고 생각해보면, 오늘날 인류의 발달은 차라리 더디다는 것을 탄식하지 않을 수가 없다. 자세히 보려면 한이 없지만 그럴 필요를 느끼지 않았기 때문에 나는 잠깐잠깐 돌아보고 다시 나폴리를 향해 발을 급히 로마로 돌렸다.

옛 수도 로마에서

이탈리아의 서울인 로마는 기원전 8세기 무렵부터 있었다고 한다. 유럽에서는 역사적으로 최고라 소위 로마 문명 내지 유럽 현대 문화의 발상지가 되어 있다. 그러나 이 최고 도시도 현재 이탈리아의 수도가 된 것은 그다지 오래되지 않았다. 즉 로마는 1871년 사르데냐(이탈리아 반도 서쪽 해상에 있는 지중해 제2의 섬) 왕국이 이탈리아 반도를 통일하면서 수도가 되었다. 우리가 잘 아는 바와 같이 이탈리아는 각 지방에 작은 나라들이 땅을 나눠 차지하여 천하는 어지럽게 뒤얽히고 왕국들은 부귀영화만 탐했다. 결국 북유럽의 소위 야만족이 침입한 결과 온 나라가 분열되어 통일 전까지 약 천여 년간 로마 교황청에서 관리하게 되었다. 19세기 중엽 이후에 마치니,* 카보우르,** 가리발디*** 등의 노력이 공을

---

*   주세페 마치니(Giuseppe Mazzinii, 1805~1872): 이탈리아의 정치 지도자이자 공화주의자로 이탈리아의 통일 공화국을 추구했다.
**   콘테 디 카보우르(Conte di Cavour, 1810~1861): 이탈리아의 정치가이며, 파리 평화회의에서 이탈리아의 통일을 유럽의 중요 문제로서 열강에 인식시켰다.
***   주세페 가리발디(Giuseppe Garibaldi, 1807~1882): 19세기 이탈리아 통일운동에 헌신한 군인이며 공화주의자이다.

세워 에마누엘레 2세* 아래 비로소 통일이 완성되어 오늘에 이르렀다.

현재 로마 시 인구는 1백만이고, 테베레 강은 도시를 관류한다. 로마의 일곱 언덕은 세계에서 가장 유명한 것인데 언덕 위는 모두 공원으로 되어 있어 시민과 여행객이 즐겁게 놀 수 있는 장소이다. 이 일곱 언덕을 따라 오랜 옛날부터 현대에 이르기까지의 미술 건축이 공존해 있는데, 그 장관이며 미관을 덮을 것이 없다. 특히 팔라티노 언덕에 있는 각종 건축과 시설의 옛터는 기원전 753년의 찬란했던 로마 문화를 오히려 이제야 천하에 자랑하고 있다. 3천 년의 문화가 계속된 역사적 고향인 만큼 그 사적 명승지는 오늘날 세계에서 비견될 만한 곳이 없다. 따라서 일일이 구경하기도 어렵거니와 일일이 소개하기는 더욱 어려운 일이다. 그러므로 가장 주요한 몇 가지만 그려볼까 한다.

콜로세움. 이것은 원형극장 또는 투기장闘技場인데 기원 후 70년경 로마의 유명한 폭왕 네로[Nero]가 건축을 시작하여 지금의 4층 건물로 완성하기까지 약 150여 년이 걸렸다 한다. 기원 후 80년에 티투스[Titus] 왕이 비로소 개장식을 했는데, 1백 일 동안 공개 투기를 하는 동안 소와 말 5천 마리가 죽었다 한다. 그 높이는 569척, 면적은 자세하지 않지만 8만 명은 쉽게 수용할 수 있는 넓고 큰 건물이며, 외부는 석회석이요, 내부는 벽돌과 대리석이다. 그 구조의 훌륭함은 놀랄 수밖

---

* 비토리오 에마누엘레 2세(Vittorio Emanuele II, 1820~1878): 사르데냐의 제2대 국왕(1843~1861년 재위)이자 이탈리아의 제1대 국왕(1861~1878년 재위).

에 없다. 도쿄의 신궁神宮 야구장이 이 방식인 듯한 느낌이 나더라. 최초 건설한 목적은 투기장으로 사용하려는 데 있었지만, 역사적으로 보면 어느 때는 싸움터로 이용되었고, 또 어느 때는 포대砲臺로 이용되었다. 그러나 한 가지 잊을 수 없는 일은 그리 오래지 않은 옛날, 기독교도의 대학살장으로 이용되었다는 것이다. 잔학한 로마의 군왕 때문에 유명 무명한 신도들의 주요한 생명이 이 투기장의 이슬로 사라진 수 그 얼마일고. 때문에 오늘날 투기장 정문 바로 입구 광장에는 과거에 학살당한 순교도의 영혼을 위로하기 위한 기념비가 서 있고, 그 앞에서 묵념하는 교도들이 머물러 있는 것을 목격하였다.

에마누엘레 2세 기념관과 가리발디 동상. 로마 시 한복판 도로가 사방으로 통하는 지점에는 이탈리아를 통일한 명군名君 에마누엘레 2세의 기념관이 있고 기념관 정면 중앙에는 승마형의 큰 동상이 있다. 전부 이탈리아 특산인 대리석으로 건설했고, 장식은 모두 모자이크로 되어 있다. 웅장하고 아름다운 것으로는 세계 제일을 자랑하며, 동시에 이탈리아 통일 독립기념관이라고도 칭한다. 정면 좌우에는 근위병이 서 있으며 계단의 중간쯤에는 과거 세계대전 당시 무명전사의 위령소가 있다. 먼저도 말한 바와 같이.

이탈리아가 통일되기 전, 약 1천 년간 많은 수의 소국으로 분열되어 항상 외국의 간섭을 받아왔다. 19세기 이후에는 오스트리아의 국력이 북부 이탈리아에 널리 퍼져 유명한 메테르니히*의 정책 아래 자유 통일의 정신은 더욱 억제되었다. 이에 이탈리아 지사들은 분노하기 시작했다. 때마침 사르데냐 왕 에마누엘레 2세는 총명한 군왕이라 인민과 함께 이탈리아·오스트리아 전쟁에서 결국 승리하여 1861년 베니스 교황령 등을 병합해 통일된 이탈리아 왕위에 즉위하였다. 이곳 에마누엘레 2세 기념관이 이탈리아 통일 국립기념관이기도 한 까닭이다. 이 기념관은 1811년에 준공했다는데, 그 높이는 약 2백 척이다. 유명한 무솔리니의 사무실은 정면 좌측에 있더라.

로마는 높이 50척 되는 성벽으로 둘러싸여 있고 그 주위는 14리에 이른다. 이는 전국시대戰國時代에 건축한 것으로써 19세기 말엽에는 포대를 건설해 방어를 튼튼하게 했다. 그 서쪽 높은 성 위에는 1895년에 세워진 유명한 애국지사 가리발디의 기마 동상이 로마 전 시가를 내려다보고 있고, 아래쪽에는 그 부인의 동상이 그를 우러러보고 있다. 가리발디는 니스[Nice] 출생으로 1848년 마치니와 결탁해 이탈리아 청년당을 조직하고 로마 시민을 움직여 교황을 추방했다. 그러나 프랑스의 도움으로 이 운동이 실패하자 미국에서 머물다가 1860년 에마누엘레 왕의 이탈리아 통일 군사 모집에 응한다. 의용병을 거느리고 나폴리 왕국을 정복하여 사르데냐에 바침으로써 1861년 이탈리아 왕국 창립을 돕고 자신은 모든 영예를 사양한 뒤 살던 곳으로 돌아갔다. 그 기념비에는 "1849년 로마의 방어", "1860년의 칼라타피미[Calatafimi]의 전쟁"이라고 새겨져 있다. 이것은 특히 그 당시의 공로를 나타내기 위한 것

---

*   클레멘스 메테르니히(Klemens on Metternich, 1773~1859): 오스트리아의 정치가.

이다. 나는 동상 아래에서 휴식 중인 이탈리아 한 청년에게 가리발디가 그렇게까지 유명하냐고 물으니 가리발디라는 말은 이탈리아 자유 통일이란 말과 같다면서 웃는다. 나는 웃으면서 무솔리니는 제2의 가리발디가 되겠냐고 하니, "아니다, 무솔리니는 가리발디 이상이다" 하면서 역시 따라 웃더라. 기념관이나 기념비, 기념 동상 등이 훌륭한 것이 아니라 이것을 보고 고인들의 위대한 업적을 생각할 때, 그 후대에게 주는 무형의 정신적 훈련, 그것이 위대한 영향을 미치는 것이다.

산피에트로 성당. 세계에서, 건축물로나 내부를 장식한 보물로나 역사적으로나 어떤 방면이든지 첫째가는 성당이 곧 이곳이다. 이곳은 로마의 서쪽 바티칸[Vatican] 시 중앙에 서 있다. 어마어마한 크기에 화려하고 기묘한 외부와 형용할 수 없는 각종 유명·무명의 보물 장식, 조각 벽화[모자이크]의 내부. 보지 않고는 도저히 그 훌륭한 정도를 알지 못할 것이다. 그리고 광활한 정면 광장과 이를 둘러싼 4열의 큰 대리석, 둥근 기둥으로 된 훌륭한 복도(회랑)와 그 난간에 서 있는 대리석 성인상의 미묘함 또한 입을 벌리지 않을 수 없다. 이 높고 큰 둥근 기둥의 수가 284개라 하며, 성인의 석상은 166개라 한다. 광장 전체는 평평한 돌로 정확히 맞춰 깔렸는데, 그 중앙에는 이집트에서 가져온 화려한 화강석의 방첨탑[Obelisk]이 서 있고, 좌우에는 더할 수 없이 아름답고 색다른 분수대가 수량水量을 풍부하게 내뿜고 있다.

내가 본 파리기념일

김련금

　　파리 대학에 입학한 뒤 처음으로 고국 계신 선생에게 이 편지 드리나이다. 저는 그동안 미국에 있다가 마침 동행할 좋은 동무가 있어 뉴욕에서 배를 타고 대서양을 건너 파리에 온 지 두어 달밖에 안 됩니다.

　　동무라 하니 또 남자 친구인가 알지 마소서. 사실 나와 같이 워싱턴에서 글을 배우던 미국 어떤 큰 시계 상인의 따님입니다. 이름은 코르벨입니다. 미국 여학생은 모두 말괄량이 같다고 하지만 내 동무인 코르벨만은 정말 동양 여자같이 몹시 부끄럼을 타고, 겸손하고, 얼굴도 수양버들 잎같이 길쭉한 것이 동양미가 있습니다. 나와 함께 같은 전문학교에 다니는 상해에서 온 중국 여학생도 코르벨을 몹시 좋아합니다. 혹 영화에 나오는 〈제복의 처녀〉(1933)를 보셨는지요. 거기에 동성애자인 젊은 여성의 섬세한 심리가 잘 나타나 있지 않습니까. 마치 그와 같은 동경의 정을 저는 코르벨에게 가지고 있습니다. 이제 그렇게 그립던 코르벨과 함께 같은 배, 같은 방, 같은 침대 위에서 푸른 물결을 가르고 저 멀리 대서양 바다를 건너 유럽의 꽃의 도시라는 파리로 향하게 되었으니 이 몸의 유쾌함을 어디에 비교하겠습니까.

아마 남성인 선생께서는 결혼 전인 저희 여성들의 가벼운 동성 간의 애정을 이해하지 못하실 거라 생각합니다.

고국을 떠나던 때 경성역까지 나오셔서 부탁하시던 파리 생활을 말씀드려 멀리 수만 리 밖에 있는 고국 형제에게 기쁨을 나누어드리는 것이 저의 소임이므로 여행 중에 얻은 여러 가지 아름다운 말씀은 다음 편으로 미루기로 하고 오늘은 제가 가장 유쾌하게 겪은 파리기념일을 말씀드리겠습니다.

파리가 원래 꿈의 도시요, 로맨스의 도시지만 그중에서도 1년에 한 번씩 있는 파리기념일이야말로 꿈속에도 꿈의 도시요, 그림 속에도 그림의 도시요, 꽃 속에도 꽃의 도시라 할 만합니다. 이 하루는 온 파리 천지 수백만 남녀가 모두 젊어지고 춤추고 노래하고 유쾌하게 놉니다. 이렇게 기쁜 날이 우리에게 있었습니까.

노래와 춤과 노래

파리기념일은 7월 13~15일 사흘 동안 프랑스 천지는 물론 프랑스 영토 온갖 곳에서 다 거행되는 경사스러운 날입니다. 이 기념일의 유래는 1871년 프랑스 혁명의 성공을 해마다 기념하기 위해 프랑스 인들이 기념일로 삼고 노래하고 춤추고 즐기는 것입니다. 그중에서도 서울인 파리에서 노는 것이 가장 대표적이요, 대규모이기 때문에 지금은 프랑스기념일이라기보다 파리기념일이라고 해야 전 세계 모든 나라 사람들이 잘 이해하게 된 듯합니다.

프랑스의 7월이라면 마치 고국 조선에서 보리를 추수하여 거둬들이고 말복 놀이를 하는 계절에 해당합니다. 포도밭에 다람다람 달린 포도를 거둬들이고 보리도 다 추수하며 날씨는 여름도 아니요, 가을도 아닌, 덥지도 춥지도 않은 이 계절을 맞아 명절이 아닐지라도 한번 놀고 싶은 것이 사람의 인정입니다. 더구나 프랑스를 건국한 날이요, 자유와 평등과 행복의 상징인 삼색 깃발이 높이 날리는 이날을 맞아 어째서 피가 많고 눈물 많은 프랑스 인민들이 어째서 가만히 있겠습니까.

이날 나는 코르벨과 함께 학교 기숙사를 나와 마르망드Marmande 거리로 나갔습니다. 거리에는 고무풍선과 종이로 만든 여러 가지 꽃들이 7월 바람에 하늘 공중 높이 운치 있게 날고 있었습니다. 그 아래에는 아름답게 새 옷을 장만해 입은 파리지엔느 색시들과 코가 둥실하고 이마를 시원하게 활활 빗어 올린 프랑스 청년이 서로 어깨를 걸고 웃으며 지나갑니다. 수레 위에는 꽃을 가득 실은 꽃 파는 각시들이 여러 곳에 서 있고, 모퉁이 모퉁이에는 기타나 만돌린을 켜는 청년도 있고, 무대를 만들어 놓고 음악을 연주하는 곳도 있습니다.

어찌됐든 이 거리로 발걸음을 들여놓기만 하면 마취된 듯이 사람들은 뭐라 말할 수 없는 유쾌한 기분에 빠집니다. 고국에 계신 여러분과 선생께서는 파리기념일이라는 것을 이렇게만 상상하십시오.

사월 초파일이 되면 개성에서는 초파일 놀이라 해서 남녀노소가 송악산에 올라 화전을 부쳐 먹으며 놀지 않습니까. 또 오월 단옷날이면 평양에서 단오놀이를 굉장하게 하지 않습니까. 또 팔월 보름날 함흥 감영監營(오늘날의 도청)에서 추석놀이를 만세교 난간이 내려앉게 잘 놀지 않습니까. 파리기념일이라는 것은 이 개성의 초파일과 평양의 단오놀이, 함흥의 추석놀이를 한데 뭉친 것 같습니다.

그렇게 유쾌하고 즐거울 때이며, 번화하고 화려한 명절입니다. 파리 각시들은 오뉴월부터 파리기념일에 입을 새 옷 장만에 분주합니다. 6월 달만 되면 벌써 파리기념일 놀이에 대한 이야기를 누구 입에서나 하고 있습니다. 그러다가 7월 13일, 14일이 되면 완전히 밤을 새고 놉니다. 넓은 길에서 좁은 길로, 좁은 길에서 넓은 길로 사람의 물결은 꿈같이 고요히 흐릅니다.

큰 거리의 번창함은 말할 수 없거니와 대문간에 붙은 방 뒷골목 아무리 좁고 구석진 길에서라도 집집마다 꽃 초롱을 해 달고 고무풍선을 창 앞에 띄워놓고 있습니다. 그리고 공원을 청소하는 청소부도, 여관집 유리창 닦는 하인도 이날만은 연미복에 윤이 나는 구두를 신고 넓은 길이 좁을세라 위풍당당하게 걸어갑니다.

마르망드 거리의 꿈

저기 마르망드 거리에서 지금 음악이 들려옵니다. 가슴의 맨 밑바닥을 훑어놓을 듯한 부드럽고 고요한 음악이 들려옵니다. 모두 미쳐요. 저 소리에 정말 모두 저 소리에 미쳐요. 더구나 저와 같이 수만리를 떨어진 먼 곳에서 온 여인은 뭐라 말할 수 없는 향수에 취합니다.

사람들은 서로 남녀 한 쌍이 되어 어깨를 걸고 춤추기 시작합니다. 코르벨과 나, 우리 둘도 그 가락에 맞춰 한참 춤을 췄습니다.

저녁 바람이 불기 시작하면서 이 거리에는 더 많은 파리 시민들이 모여듭니다. 음악은 더욱 높아가고, 춤은 더욱 복잡해집니다. 사람들의 흥분은 더욱 깊어지고, 남녀노소의 향기로운 살 냄새, 땀 냄새는 더욱 걸쭉해집니다.

이때 내가 다니는 파리 대학 학생들 한 무리가 노래를 부르며 달려옵니다. 시민들은 "우워!" 하고 소리칩니다. 대학생들은 꽃 파는 여자들을 끼고 한바탕 춤을 춥니다. 저는 남학생들과 그날 밤이 다하도록, 그날 밤이 밝도록 춤췄습니다.

행복한 사람! 바로 7월 14일 파리기념일에 춤출 수 있는 파리 시민일 것입니다. 우리도 옛날은 아마 이렇게 아름다운 춤과 노래 가득한 명절을 가졌으련만.

저는 지금 스위스로 동무들과 같이 떠납니다. 한여름을 거기서 지내고 가을에 다시 파리로 오겠습니다. 와서 다시 김 선생께 편지 드리겠습니다. 고국 소식을 가끔 전해주십시오.

세계 각국의 괴이한 항구로 떠나는 엽기행獵奇行
남미 리우 항

홍운봉

조선 사람으로 아직 조선 3경景도 모르는 내가 행복인지 불행인지 마도로스(외항선의 선원)가 된 이유로 세계 3대경 가운데 첫째라 불리는 리우 항의 아름다운 하천을 직접 보게 되었다.

리우 항이 서반구와 남반구에 위치해 있는 줄은 보통학교 학생이라도 잘 안다. 남위 22도 54분, 서경 43도 3분에 위치한 열대기후로 조선과는 정반대에 있다.

지금으로부터 4백여 년 전, 1502년 1월 1일 일개 마도로스가 처음으로 한 폭의 유화 같은 이 항구를 찾게 되었다. 이 항구를 발견한 아메리고 베스푸치*는 흐르는 강과 발견한 때가 1월이었다는 이유로 리우 데자네이루Rio de Janeiro, '1월의 강'이라고 명명했다.

넓고 윤택한 항구의 경색은 입체적인 선, 색채, 느낌을 가공한 이탈

---

*   아메리고 베스푸치(1454~1512): 이탈리아의 항해사. 신대륙 초기 탐험자이며, 아메리카라는 지명은 그의 이름 아메리고에서 유래한다.

리아 르네상스식 건축물과 빈랑나무 가로수로 된 미항이다.

어쨌든 도시의 외관만을 쓰는 사람은 많으나, 이면을 쓰는 사람은 적다. 표면만을 보고 풍광 좋은 국제적 무역항이며 시민의 소비생활과 호화로운 사치 등을 논할 수 없다. 이면의 암흑사회와 무슨 큰 관련이 있을 줄 안다.

경제학은 연구되지만 빈곤한 사람은 늘어가고, 의학은 발달되고 약물은 발명되지만 질병 있는 사람은 줄지 않는다. 종교는 1천여 년 전부터 인민에게 행복을 늘리지 못하고 범죄자를 구원하지 못한다.

어쨌든 리우도 표면만 훑어보면 미항이지만 이면에 한 걸음 들어서면 살인병자, 불량한 매음부가 가득 찬 악마의 도시다. 그 방면으로 말하자면 지금은 범죄 도시로서 세계에서 손꼽을 만큼 이름 있는 멕시코를 능가하려고 한다.

여행자가 호텔 침대에서 피곤한 몸을 쉬려고 하면 젊은 미녀가 노크하고 들어온다. 의미 있는 눈짓을 보내며 문고리를 안에서 걸어버린다. 열대지방이라 그런지 발달한 육체의 실루엣이 확실히 비치는 옷을 입었으며, 노 드로어즈*는 물론이다.

"나리, 적적해서 잠 못 이루지요. 동무 좀 해드리려고요." 그 말이 끝날 때는 벌써 탄력 있는 몸이 손님의 무릎 위에 와 있고, 가냘프고 고

---

* 노 드로어즈(no drawers): 드로어즈(여성용 속바지)를 입지 않았다는 뜻으로 무방비 상태, 몸을 지킬 수단이 없는 취약한 상황에 있음을 뜻한다.

운 손은 목을 얽매며 정열에 타는 입술은 젖어 오른다. 아주 먼 이국에서 향수가 가슴을 막아 잠 못 이룰 때 미인의 마음대로 위안을 받으면 불쾌할 사람이 없다.

순식간의 꿈을 깨고 나면 남국 미인은 온데간데없고 여비는 한 푼도 없이 빼앗겨버린다. 운이 불길하면 임질, 매독에 걸리기 다반사다. 리우의 호텔은 1류, 2류를 불구하고 그런 종류의 여자들이 활동하는 근거지이다.

만일 손님이 부당한 서비스 요금을 거절한다면 계집의 보호자[패트론] - 실은 정부情夫인데 - 인 불량배가 승낙하지 않는다. 그놈이 등장한 최후의 장면은 장갑을 벗어던지는 것[즉 주먹을 내지른다는 말]이다. 이곳에서 신사적 태도는 통용되지 않는다. 승부의 방법은 권총을 먼저 발사하는 자가 이기는 것이다. 그런 곳이 바로 리우라는 곳이다.

성병性病이 퍼지는 비율도 실로 심각하다. 산중턱쯤에 '새의 집'이라고 하는 빈민굴이 있다. 빈민굴이라는 것보다 질병을 가진 사람들의 마을이라고 하는 것이 적당할 줄 안다. 주민이 빈곤자임은 물론이고 반 이상이 매독과 낭창狼瘡으로 행인들이 눈으로 보지 못할 형편이다. 전신은 붓고 이곳저곳에 고름이 흐르며 살은 드러나 있어 파리 무리의 습격을 받는다.

여기서 파리가 많은 곳은 변소다. 변소라 해도 가옥 주위를 판 것이며 어느 누구를 분별하지 않고 대소변을 보는 공중변소나 다름없다. 설비가 불완전하고 더구나 바깥이라 남국 태양빛에 오물이 발효하여 불결함은 말할 것도 없고, 악취는 행인의 코를 덮는다.

영양 부족으로 인해 아이들도 만족할 만큼 발육하지 못하는 것 같다. 혈색 없는 창백한 얼굴에 조선 명태같이 마르고 파랗다. 이곳 생활이 너무 비참하므로 먹지 못하고 질병에 괴로워서 미치는 사람도 많다.

그러면 질병을 가진 사람이 많은데 사회의 무료 병원이 없는가 하면 없는 것은 아니다. 있기는 있으나 환자에 대한 대우는 물론이고 의사들의 행동이 매우 의심스럽다고 한다. 예를 들면 매독에 살바르산(성병 치료제)인지 수은인지 알지 못할 주사를 함부로 놓아 죽는 자도 많고, 죽을 뻔하다가 살아난 자도 많다. 주사 맞고, 약 먹고, 치료하다가 죽을 것 같으면 창녀에게 전염된 병으로 죽어도 무방하다고 하니, 화류병이 만연한 것도 이상하지 않다.

흑인 매음부와 창기娼妓는 키스하는 방법부터 다르다. 검은 천사 흑인의 키스는 코와 코를 마주대고 냄새 맡듯이 한다. 흑인 매음부와 즐기는 것에는 세계에서도 종류가 없는 방법이 많다.

독자는 영화, 소설 특히 탐정소설 중에서 기괴한 아편 대흡연장을 읽은 일이 있겠지요. 큰 방 안 곳곳에 있는 소파와 침대 위에서 수많은 남녀가 한 떼씩 거나하게 취하여 아편을 흡입하고 있다. 점점 서로 흥분이 극도에 달하면 입으로의 도취에만 만족하지 못하고 꿈속으로 찾아든다.

흑인 창기의 집에는 아편이 없다.

창기 집의 외면은 별로 기이한 건물은 아니지만 정면에 한 개의 흰색 등불이 있다. 손님이 들어가면 창기 노릇할 미녀가 빈방으로 안내한다. 빈방 테이블 위에 창기 사진이 놓여 있다. 도쿄나 오사카에 있는 창기 사진같이 잘 차려입고 바르게 찍은 사진이 아니다. 가릴 곳도 가리지 않은 나체 여성의 사진이다. 이것을 보고 잘못 선택한다면 자기 잘못이라고 생각하지 않으면 안 된다.

눈요기만 하는 것은 절대로 금지다. 창기 화대는 값이 비싸지만 그 시간 중에는 어떤 방법을 하든지 손님의 자유라 한다. 확실히 다른 나라에서는 맛보지 못할 특별한 점이 많이 있다. 어쨌든 평범한 형식적 욕구와는 뜻이 다르니 돈을 주고 얼마든지 쾌락을 누릴 수 있다. 흑인 창녀를 살 땐 오장伍臟이 녹아들 각오를 하고 사라.

매혹적이고 또는 압도적이다. 황인, 흑인, 백인 여러 남녀가 한자리에 모여 원시적인 포옹 속에 헤매는 그 가운데에 녹아버린다.

이런 해방적 성행위 가운데 간간이 흑인 천사가 나무로 만든 술잔에 향기롭고 맛이 좋은 술을 침대마다 부으며 돌아간다.

이런 꿈 속 같은 곳에도 까딱하면 칼과 권총의 세례를 각오하라.

세계 각국의 괴이한 항구로 떠나는 엽기행
프랑스 마르세유 항

홍운봉

마르세유의 에로 영화와 창기 거리는 너무나 유명하다. 마르세유의 역사를 자세히 모르는 나는 대체로 그것이 어느 시대부터 존재했는지 분명히 알지 못한다. 어쨌든 마르세유 도시가 하나의 무역항으로서 수많은 선박을 받아들이고 내보내기 시작한 때 처음 생기게 되었다. 졸리엣 부두에서 레퍼블리카 거리를 통해 구 항구로 나가기 전, 좌우의 좁은 모퉁이가 전부 그것이다.

수세기를 경과한 듯 보이는 석조 건물이 겨우 한 칸쯤 되는 도로를 끼고 가지런히 서 있어서 대낮이라도 깜깜하다. 사람이 다니지 않으면 폐허같이 보인다. 그것이 레퍼블리카 가에 가까이 있는 어두운 거리다. 이프 성Château d'if을 마주 대하고 세워진 호화롭고 견고한 옛 성 아래에 있으니 서론은 이만하고 영화부터 보자.

마르세유에 들르는 여행자 중 부야베스(프로방스 전통의 해산물 스튜)를 맛보지 않는 사람이 없는 것과 같이 마르세유에 기항하는 선박의 승조원은 영화를 보지 않는 자가 없다고 해도 과언이 아니다. 부야베스는 가격이 3천 원으로 한 종류인데 남부 프랑스 마르세유의 명물 요리다.

영화는 다른 곳에서 보지 못한 드물고 기이한 것인데, 물론 흥행물처럼 공개되어 상영하진 않고 매음집 2층에서 공공연하게 비밀로 상영하고 있다. 우리들이 그 울퉁불퉁한 길을 기웃기웃하면 문밖을 내다보던 할머니가 안으로 들어오라고 한다. 들어가면 곧 2층으로 안내한다. 안내를 한 계집은 문에 자물쇠를 채우고 자취를 감춘다.

오른쪽 벽에 30센티미터 정도의 구멍이 하나 있을 뿐이다. 문이 닫혀버린 후에는 절대로 나오지 못하게 되어 있다. 방은 열 평가량 되는 직사각형이다.

이런 일을 처음 당한다 하더라도 배 안에서 종종 말을 들어왔으므로 별로 놀라지 않는다. 곁에 놓인 소파와 직각으로 소파 한 개가 벽에 붙어 있다. 정면에는 흰 스크린이 걸려 있고, 방바닥에는 카펫이 깔려 있다. 많은 생각을 주는 좋은 방이다.

얼마 되지 않아 옆에 문이 열리더니 신사복에 검은색 나비넥타이를 한 젊은 남자가 나온다. 멋있는 스타일의 웨이터다.

"영화를 보겠습니까. 춤을 추겠습니까" 하고 영어로 묻는다. "영화다"라고 답하니 그 남자는 정중히 인사하고 다음 방으로 들어간다. 그러자 전등이 일제히 꺼지고 실내는 어두워진다. 담뱃불로 겨우 자기 혼자가 아닌 것만 알게 된다. 이윽고 우리들의 머리 위로 푸른빛이 도는 흰색의 광선이 나와서 정면 스크린에 닿는다.

장면은 어떤 시골, 그것도 사람이 사는 집을 벗어난 장소이다. 배경은 샘물이 흐르고, 새가 울고, 꽃 사이로 나비가 날아다닌다.

한 아름이 넘는 올리브 나무 위에 두 명의 젊은 처녀가 과일을 따고 있다. 아름답고 순수한 처녀다. 한 청년이 그곳을 지나가다가 처녀들을 보고 무슨 말을 한두 마디 건네더니 처녀가 낮은 가지로 내려온 것을 기회 삼아 여자의 바구니를 들면서 농담을 건넨다. 여자들은 남자를 향해 뛰어내려 부드러운 잔디밭 위에 누워서 구르며 키스와 포옹을 마음껏 한 후, 세 명의 남녀는 드디어 금단의 열매를 먹는다.

인간의 ○○ 가장 향락적인 ○○을 전부 필름으로 찍어놓은 것인데 이런 사진을 보고 억제하기 힘든 충동이 일어나지 않을 자 있으리오. 대체로 한 사람에 ○프랑을 내고 두 편을 보지만 다른 한 편도 전후 순서가 다를 뿐이지 대동소이하다. 상영이 끝나고 전등을 켜면 스크린 사이로 대여섯 명의 젊은 처녀가 따라 나온다. 속살이 비치는 가볍고 엷은 드레스를 입은 어여쁜 인형의 무리다. 금발, 갈색, 칠흑빛 등 여러 종류의 고운 머리는 찬란한 샹들리에 아래에서 반짝인다.

맑은 목소리로 불어와 영어를 섞어 쓰며 애교를 부리며 경쾌한 스텝으로 우리에게 뛰어와 안긴다.

마지막에 나온 여자는 피아노 덮개를 젖히고 뽕뽕 건반을 두드리기 시작한다. 영어를 잘 알지 못하는 여자들은 만약 우리가 불어로 대답하면 기름종이에 불붙인 것같이 전혀 알지 못하게 서로 떠들어댄다. 말의 속도를 조절하지 않으면 알아듣지 못한다. 춤추는 데 능숙하지 못한 우리들은 계집들의 꿀 같은 말을 거스를 용기도 없이 스텝을 밟기 시작했다. 2~3분 후에는 우리의 파트너가 된 계집을 따라 춤을 추면서 스크린 뒤 계집의 방으로 끌려 들어간다.

다음은 창기집

장소는 이프 성과 마주하고 있는 호화롭고 견고한 옛 성 아래, 대낮이라도 깜깜한 폐허 같은 거리에 보잘것없는 스산한 풍경의 바₍bar₎가 곳곳에 있다. 문자와 같이 참으로 보잘것없는 스산한 풍경이다. 다 드러나 있는 흙바닥에는 공중식당의 식탁과 같은 변변치 못한 테이블이 놓여 있다.

벽장 위에는 몇 종류의 술병이 놓여 있다. 시골 부잣집의 절구통 같고, 고릴라같이 생긴 40~50세 되는 귀신같은 할머니 두세 명이 낡은 의자에 걸터앉아 바깥을 내다보고 있다가 우리들이 그곳을 지나가면 "들어오시오" 하고 아양 있게 부르며 뛰어나온다. 그리고 우리들의 팔을 붙잡고 안으로 끌어들인다. 도망치려고 해도 막무가내다. 한두 명의 사나이쯤은 안아가지고 들어가버린다. 그와 같이 체격이 크고 힘 있는 할머니라 우리는 그녀들이 하는 대로 맡길 수밖에 없다.

할머니들은 위스키와 진 등을 술병 채로 번갈아 가지고 온다. "안 잡수쇼?"

"안 먹는다. 가지고 빨리 나가라"고 우리는 고함을 칠 수밖에 없다. 하지만 그때는 벌써 젊은 금발 미인의 부드러운 팔이 우리의 목을 얽어

맨다. 계집은 "여보세요. ○나리 저는 당신이 퍽 좋아요. 당신은 가장 선량한 ○○인이에요. 진심이에요. 자, 잡수세요, 나의 기사여. 그리고 내가 당신을 사랑하는 것과 같이 당신도 나를 사랑해주지 않으면 안 됩니다." 귀에다 입술을 대고 속삭인다.

싼 향수라도 본고장의 산물이로다. 젊은 이성의 냄새가 우리의 성적 감각을 맹렬히 돋운다. 그 유혹은 맑은 눈동자, 육감적 입술, 두드러진 젖가슴, 고운 선의 다리에서 나온다. 어쨌든 전면적으로 우리를 공격하고 있다. "네? 이걸 보아요. 오! 왜 이렇게도 사랑스러울까요. 내 말을 들으세요. 잡수세요. 잔 드세요. 당신은 선량한 신사지요. 꼭 그래요. 네! 나에게 ○프랑을 주세요. 그리고……."

이런 정열의 말에 취해가며 한 잔에 ○프랑 하는 술을 먹고 완전히 성적 감각의 포로가 된 때에 계집들은 이겼다는 만족스러운 미소를 지으며 2층, 3층으로 안내한다.

스트리트 걸

스트리트 걸은 주로 졸리엣 광장과 구 항구 부근 사이의 가로수와 전등 아래에서 사나이를 물색하고 있다. 사람이 적게 다니는 거리, 깜깜한 건물 아래에서도.

"아나타"*라고 부르는 소리를 듣는다. "아나타"는 이런 종류의 계집들이 아는 유일한 일본어이다.

가령 "아나타"가 그 계집 입술로 나왔을망정 일본과 1만여 해리海里 이상 떨어진 남유럽 땅에서 들을 것 같으면 한없이 정답게 선원의 귀를 울린다. 나는 스무 살쯤 되는 매춘부를 안다. 그 계집은 11월 말 찬바람에 부대끼며 깜깜한 건물 아래에서 검은색 망토에 싸여 떨고 있었다. "아나타"라고 그녀는 말한다. 내 주위를 돌아보니 일본 사람 한 명의 그림자도 없었다. "당신이오? 나를 부른 사람이?" 이때까지 나는 "아나타" 하며 부르는 것이 전부 매춘부인 줄 몰랐다. "아나타, 저의 집에 와주세요. 꼭이요." 나는 승낙하고 계집과 같이 걸었다. 멀지 않은 곳에 한 칸을 빌려서 있다. 깜깜하고 좁은 계단을 두세 번 돌아서 4층 꼭대기에 계집의 방이 있는데 변변치 못한 실내의 정면에는 2중 침대가 놓여 있다. 그녀의 이름은 '유지니'라고 부른다. 숙모와 둘이 사는데 매일 재봉 공장에서 먹고살아갈 돈은 얻으나 숙모의 약값까지 얻기는 불가능해서 나쁜 줄 알면서도 이런 천한 일을 하게 되었다며 유지니는 눈물을 흘리며 말한다. 다른 방에서 괴로운 기침소리가 때때로 들려온다. 나는 가지고 있던 프랑스 돈 전부를 유지니 손에 쥐여주고 나왔다.

---

* 아나타(あなた): 당신, 댁, 귀하 등의 뜻으로 윗사람에게 쓰는 말. 원문에는 'アナタ'라고 표기되었다.

파리, 못 잊을 파리

조택원

파리는 좋은 곳.

다시 한 번 가보고 싶은 곳입니다. 파리기념일의 밤, 저 청춘남녀로 하여금 피를 끓게 하는 파리. 사계절 어느 때나 온실 속같이 따스한 그 성城 안에 틀어박히면 젊은 사람은 늙지 않고, 이미 늙은 사람은 죽지 않을 것 같은 그 부드러운 파리.

이국의 방랑자가 오랜 방랑 끝에 찾을 곳이 없으면 마지막에 반드시 기어 들어가 사는 보금자리 같은 그 파리, 이 좋은 파리에 나는 다시 가보고 싶은 마음을 품은 채로 이 글을 적습니다.

파리에 머문 약 1개월, 그리고 그 부근 산천을 두루 다니며 구경하고 돌아온 나는 파리에 오래 살고 싶은 생각이 몇 번이나 가슴을 끌었는지 모르게 이 이국의 서울에 끌렸습니다.

나도 처음에는 파리가 좋은 줄 몰랐습니다. 마르세유에서 내려 파리로 들어가는 기차선로를 따라 펼쳐진 땅의 거칠고 메마른 풍경. 경부선이나 일본의 동해도선을 오르내리던 사람에게는 프랑스의 큰 나무나

도로나 보잘것없는 데 실증이 날 것입니다. 그리고 파리 정거장에 내려 메인 스트리트라는 중심가를 걸어보아도 시가의 건물이 모두 나폴레옹 시대 아니면, 더 올라가서 루이나 부르봉 왕조 시대 것으로 보입니다. 집집마다 벽돌에 이끼 낀 듯이 어두침침하고, 고층 건물이라서 햇빛을 포근히 내려 담을 수 없으며, 밤에도 전등 불빛이 희미하여 서울이나 도쿄처럼 밝고 산뜻하지 않았습니다.

더군다나 몹시 기대했던 파리의 젊은 여자가 도무지 어여쁘지 않아요. 체격은 어릴 때부터 춤으로 다져진 까닭에 날씬한 맛이 있지만 대체로 꽃 같은 미인이라고 얼굴 예쁜 여성은 찾아볼 수가 없어요. 그런데 어째서 파리가 좋은가. 도로 탄식도 하고 반성도 하게 되었습니다. 가슴 가득히 품어온 공상과 꿈, 기대가 많았던 만큼, 현실의 첫 인상에 부딪치니 그만 두서너 걸음씩 물러서지 않을 수 없었습니다.

그러나 하루 이틀 차츰 지나는 사이에 나는 그만 파리에 꽉 붙잡히고 말았습니다. 파리의 향기에, 저절로 술 취한 사람처럼 취하고 말았습니다. 그토록 나는 파리에 반했습니다. 파리가 좋아졌습니다.

마치 히비야 공원日比谷公園(1903년에 문을 연 일본 최초의 서양식 정원으로 도쿄 도심 속에 위치)이나 어느 유원지처럼 티끌 하나 없으리 만큼 깨끗하고 깔끔하며, 광채 있게 꾸며놓은 파리 거리에 아름다운 여자가 보이지 않던 이유도 곧 알았습니다. 젊고 어여쁜 중류 이상 가정의 귀한 부녀자들은 모두 걸어 다니지 않고, 자동차로 오가기에 그 얼굴을 미처 접해볼 기회가 없습니다. 그러다가 극장이나 클럽, 무용회 같은 곳에서야 비로소 꽃과 달을 속일 듯한 미모를 발견하고 진실로 파리는 미인의 도시인 줄 알았습니다. 그리고 파리의 유명하다는 극장을 처음 볼 때에는 그리 크지도 화려하지도 않지만, 정작 밤이 되어 전등이 켜지고 불빛이 휘황찬란한 내부에 발을 들여놓자 그 안이 어쩌면 그렇게 넓고 높으며 찬란하고 신비스럽습니까. 폴리 베르제르 극장(1869년 개장한 음악홀)이나 카지노 드 파리(1880년 설립된 공연장), 어느 오페라 극장이나 모두 다 그러하였습니다.

지금까지 가지고 있던 환멸감은 눈 녹듯 사라지고 무한한 애착이 생겼습니다.

나는 파리에서 일무釼舞, 아리랑, 가사호첩袈裟胡堞, 승무僧舞의 인상印象, 만종晚鍾, 굿거리 등 몇 가지 춤을 춰 많은 환영을 받았습니다. 조선 무용을 동방의 지극히 신비하고 품위 있는 종교적 방면으로 보아, 높이 평가해줍니다. 춤 출 때는 백설 같은 흰 옷을 입고 우리 고유의 넓고 큰 관을 썼습니다. 우리가 가진 민족적인 선과 테크닉을 완전히 이해해줍니다. 그래서 저명한 무용 비평가 티보 같은 사람을 비롯해 각 신문에서 한동안 조선 무용에 대한 감상과 비평을 매우 많이 실었습니다. 모두 깊고 높다고 해주었습니다.

파리에서 생활하려면 원화 즉 일본 돈 1백 원이면 한 달을 살고, 그보다 조금 더 잘 지내자면 150원이면 될 줄 알아요. 여관이나 호텔에서 지내면 많은 돈이 들겠지만 그저 온갖 나라 예술가들이 하는 것처럼 파리 지붕 밑 같은 방을 세로 얻지요. 음식은 레스토랑에 가면 먹고 싶은 걸 먹고도 시간과 돈이 경제적입니다.

여기는 이런 생활을 하는 것이 매우 편하게 되어 있지요. 아침이면 빵 5전, 커피 7전 5리면 만족하게 지낼 수 있고, 저녁은 70전 정도만 주면 20전가량의 360밀리리터 포도주 한 병을 곁들인 만찬이 차려지지요. 이런 시설의 음식점은 거리 곳곳에 있어 아주 간단히 살 수 있게 되어 있습니다.

지금 파리에는 조선 사람 일고여덟 명이 있어요. 첫째로 유명한 화가 양운성 씨, 신부로 황을수 씨, 또 만철(남만주철도) 사원으로 있는 장길용 씨 등등이고 일본인은 퍽이나 많아요.

파리의 총인구는 5백만 명이라 하는데, 이 가운데 1백만 명은 세계 각국에서 모여든 외국인들이라 합니다. 그중에 이탈리아인이 가장 많아서 약 40만 명이나 되고, 체코인도 20만 명가량 들어와 있다 합니다. 일본인도 많지요.

파리는 꽃의 서울, 늘 살고 싶은 거리라고 결국 말씀드릴 수밖에 없습니다.

빈과 부다페스트

계정식

도나우 강을 거쳐서

빈(오스트리아의 수도)이라면 음악과 처녀의 도시로 이름이 높다. 독일 국경에서 얼마 떨어지지 않은 곳으로 차를 타고도 갈 수 있지만 도나우 강(독일 남부의 산지에서 발원하여 오스트리아, 체코, 루마니아 등 여러 나라를 거쳐 흑해로 흘러드는 강)에서 배를 저어 가면 아침에 떠나 저녁쯤 닿을 수 있도록 가깝다. 나는 어느 여름 방학을 이용해 동무와 둘이서 배를 타고 빈 구경을 떠난 일이 있다.

여름이라 몹시 더웠다. 강가에 보이는 마을의 집과 숲이 지글지글 타는 태양빛 아래 숨 막힐 듯했다. 그러나 도나우 강에 흐르는 푸른 물결이 고요하고 맑아서 여름의 무더운 감각을 씻어줄 뿐 아니라 어릴 적부터 들었던 신비한 전설을 눈앞에 곱게 펼쳐놓을 수 있었다. 우리는 저녁 때 빈에 닿았다. 빈 여인네들이 웃음을 띠며 배에서 내리는 우리에게 손을 들어 맞줬다. 이런 풍경은 조선은 물론 독일에서도 도무지

볼 수 없던 것이다. 나는 모르는 여인들이 손을 흔들어 맞아주는 바람에 얼굴이 달아오름을 느꼈다. 더구나 여인들은 아주 미인이었다. 들으니, 이 나라 민족이 헝가리, 이탈리아, 체코, 프랑스 민족의 피를 받았다는 것이다. 그런 까닭인지 여인들을 언뜻 보면 동양 여인에 가까웠다. 머리와 눈썹이 까맣고 또 키가 크지 않았다. 그래서인지 몰라도 나는 빈 여인들이 무척 정답고 살뜰하게 느껴졌다.

악성들의 무덤

빈의 여인들만 살뜰하게 느낀 것이 아니라 시가도 마음에 들었다. 건물이 모두 웅대한 예술품이었다. 한 달을 있는 사이에 도무지 싫증나는 일이 한 번도 없었다. 극장도 모두 훌륭했다. 높은 성벽 위에 올라앉은 궁정 극장은 눈이 부실 만큼 황홀했다.

그리고 베토벤, 슈베르트, 모차르트, 하이든, 브람스 모든 악성樂聖의 무덤이 이곳에 있는 것은 자랑이 아닐 수 없었다. 예나 지금이나 빈은 여러 음악가들이 모이는 곳이다. 베토벤, 브람스, 하이든 같은 사람 모두 빈 출생은 아니었으나, 음악의 도시인 빈에서 활약하다가 이곳에서 죽은 것이다. 악성의 무덤은 시가에서 멀지 않은 곳에 있어서 나는 몇 번을 찾아갔다. 무덤 앞에 섰노라면 불행했던 악성들의 모습이 눈앞에 나타나는 듯했다.

슈테판 돔

빈의 시민은 슈테판 돔을 매우 사랑한다. 슈테판 돔이란 것은 가톨릭 교회당이다. 한없이 아찔하게 뻗어 오른 집이어서 그 꼭대기에 올라가면 빈 전체 시가가 모두 보였다. 나는 어느 날 오후 이 한없이 높은 집 꼭대기에 올라가서 시가 전체를 내려다보며 베토벤의 심포니와 같은 웅장한 예술이 이 집으로 인해 생긴 것이라고 생각했다. 또 이 집에 달린 종소리가 무척 요란해서 아침저녁으로 종이 울릴 때면 빈 시민은 고요히 자기를 반성하며 신을 생각하는 마음을 가진다고 했다.

집시 음악과 부다페스트 시가

부다페스트는 헝가리의 서울이다. 역시 도나우 강을 거쳐 가면 닿는 곳인데 빈과 마찬가지로 여인네들이 명랑하고 친절하며 살뜰하고 아름답다. 또 예술적 건물들이 시가지에 빽빽하게 늘어서 있다. 극장도 물론 훌륭하였다. 아마 예로부터 귀족들이 드나든 관계로 인해 극장이 그렇게 훌륭한 모양이다.

나는 여기에서 한 달을 있으며 집시 음악을 좀 연구해보고자 했다. 내가 부다페스트를 찾은 원인도 다른 것을 구경하려는 게 아니라 여기에 있었던 것이다. 그러므로 언제나 집시들이 많이 모이는 곳을 찾아다녔다. 그들은 대개 바bar나 카페 같은 곳에서 음악을 연주했다. 침발로

(옛 현악기), 첼로, 바이올린, 기타 어떤 악기를 가진 사람이건 연주 단체의 우두머리가 시작하는 음악이면 무엇이나 다 할 줄 알았다. 악보는 그들 머릿속에 전부 들어 있는 모양이었다. 다시 말하면 그들은 악보 없는 멜로디를 악기에 맞추는 재주를 가진 사람들이다.

바나 카페에서 손님 귀에 악기를 들이대고 무엇이든지 연주하는 것이다. 이렇게 수십 곡을 연주하는 사이 손님이 마음에 들면 자기도 모르는 와중에 주머니에서 돈을 꺼내준다. 독일 집시는 바나 카페에서 일정한 보수를 받으며 생활했으나, 부다페스트의 집시는 그것과 달라 퍽 재미있었다.

수박과 고추

부다페스트에서 또 유명한 것은 수박과 고추다. 13년을 독일에 있으면서도 수박과 고추를 구경한 일이 없었는데 부다페스트에서 수박과 고추를 볼 수 있는 것이 반갑지 않을 수 없었다. 더운 여름날 시뻘건 수박을 쩍쩍 쪼개놓고 먹는 풍경은 꼭 동양 정서와 다름없었다. 나는 오래간만에 먹는 수박이 맛도 있었지만 고향의 정서가 그리워서 하루에도 몇 통씩 수박을 먹곤 했다. 수박을 먹노라면 고향의 냄새가 금방 코에 스며드는 듯했다.

고추는 우리 조선 고추와 달랐다. 그들은 어른의 주먹보다 더 큰 고추 속에 밥과 양념을 넣어서 점심을 먹는 일이 많았다. 이런 것을 보더라도 동양적인 데가 많았다. 몽골의 칭기즈칸이 유럽을 쳐들어갔을 때 몽골 민족의 씨앗을 부다페스트에 남긴 탓이 아닌가 하고 생각해본 일도 있었다. 어쨌든 고추나 수박뿐 아니라 여자들도 동양 여자와 비슷했다. 그러기에 부다페스트에 있는 동안 여자와 함께 다니노라면 저희들끼리 아주 잘 어울린다고 하며 웃는 것이었다.

침묵의 흔적이 남긴 '네이션'의 안과 밖

    1930년대 조선인들이 즐겨 읽던 잡지 《삼천리》 1935년 9~10월호에는 모스크바 통通 최고 권위자들의 좌담회 기사가 실렸다.[1] 조선인들에게 모스크바에 대한 이야기를 들려주기 위한 자리였다. 백화제방百花齊放. 온갖 진귀한 이야기들이 백 가지 꽃처럼 어지럽게 펼쳐졌을 법하다. 그런데 좌담회에 참석한 모스크바 통 신구 권위자들이 전해준 이야기란 댄스, 스포츠, 예술, 명소, 즉 문화 일반에 해당하는 내용뿐 사상과 정치, 경제에 대한 언급은 전무했다. 두 번에 걸쳐 게재된 적지 않은 분량의 좌담회 내용은 이것이 전부였다. 2년 전 러시아를 여행한 김니콜라이가 "여행기는 인문지리에만 그 일단을 접촉하였고, 이 나라의 제도와 정치, 경제에는 조금도 접하지 못하였습니다"라고 언급한 것처럼, 좌담회는 '사회주의 혁명 국가' 러시아에 대해서 아무것도 말해주지 않았다. 과연 모스크바에 대한 견문이라면 내로라 할 사람들이 러시아에 대해 보고, 듣고, 느끼고, 안 것이 이것뿐이었을까? 이들이 감추고 침묵하고 있는 무언가가 있는 것은 아니었을까?

    1930년대 식민지 조선의 공기는 차가웠다. 일본은 1931년 만주사변을 일으키며 아시아 각국을 침략하기 시작했고, 이에 따라 조선에 대한 지배 방식도 변하게 되었다. 내선일체, 일선동조론, 황국신민화 등의 구호를 내

걸고, 신사참배, 창씨개명 등의 민족말살 정책을 펼치며 사회 전반을 통제했다. 이런 와중에 조선말로 출간되며 조선인들이 즐겨 읽던 잡지《삼천리》또한 일제의 검열과 통제 정책에서 한 발짝도 비껴갈 수 없었다.

이 때문에 《삼천리》에는 침묵의 흔적이 역력하다. 조선에서는 허용되지 않는 것을 견문한 여행자들의 기행문 또한 예외는 아니었다. 대상의 의미와 여행기에 쓸 수 있는 내용 사이의 간극에서 이들은 말할 수 있는 것만 말하거나, 말할 수 없는 것이 있다고 밝힘으로써 애써 글을 이어나갔다. 말할 수 있는 것을 통해 말하지 못한 것들을 대리 표상하거나 말할 수 없음을 명시하는 행위 모두 언표 불가능한 잔여를 남기기는 마찬가지지만, 그렇기 때문에 이들의 텍스트는 정치성을 담고 있었다. 특히 만국을 유람한 조선인들의 기행문 행간에는 독립과 해방에 대한 생각이 깃들어 있으며, 이 또한 그들의 발걸음이 세계 각지를 누비는 만큼이나 자국(조선)의 범위를 넘어서 있었고 변화하고 있는 세계체제에 대한 새로운 인식도 담고 있었다.

이 책의 9장에는 당시 조선에 대한 새로운 사유를 볼 수 있는 기행문 12편을 묶었다. 이 기행문의 주인공들은 안창호와 같은 역사적인 인물이기도 했지만, 대개는 오늘날 우리에게는 그저 익명일 뿐인 사람들이다. 이들은 식민지 조선인으로서 약소민족에 대한 연대감을 통해 세계체제를 식민지 대 제국의 틀로 이해하면서 고국을 해방시킬 또 다른 가능성을 사유하고자 했으며, 또 한편으로는 문화와 예술을 향유함으로써 코스모폴리탄적 보편성으로 세계를 사유하기도 했다.

독립과 해방을 위해 연대하는 세계인

유럽을 향해 조선을 떠난 김추관(343~348쪽)은 시베리아나 태평양을 횡단하는 방법 대신 인도를 거쳐 대서양을 지나는 항로를 택했다. 당시 인도에서 커다란 물결로 일어나고 있던 반영 운동을 두 눈으로 직접 보기 위한 것이었다. 그는 비록 고국의 사정으로 인해 인도의 정치 사정에 관계된 '산 사실'을 기행문에 언급할 수 없었지만, 글이라는 거울에 비친 그의 눈동자는 분명 정치적인 것으로 향해 있었다. 김추관은 인도에서 유행하고 있는 '간디 모자'에 관심을 보이고 있는데, 그가 보기에 인도인들은 국기 대신 '인민 공통의 모자'를 쓰고 인도 민족 '집단의 특징을 표현'하고 있었다. 요컨대, '간디모(帽)'는 '국기'를 대신하는 대표적인 상징이었고 식민지 인도의 현재를 단적으로 보여주는 것이었다. 국가가 없는 민족이었지만 간디모를 쓰는 것으로 민족 집단의 특징을 드러내고 지탱시킨다는 것, 바로 국가라는 보편적 구조가 개별 주체인 인민을 지탱시키는 것이 아닌, 반대로 개별 주체에 의해 보편적 구조가 지탱되는 체험을 갖게 된 것이다.

재현은 결국 관찰자가 속한 사회에서 형성된 편견을 포함할 수밖에 없다. 근대적 가치를 내면화한 조선의 여행자들도 비서구와 식민지를 위계적인 문명 질서 속에서 나타내곤 했다. 그러나 김추관의 간디모에 대한 관심처럼 약소민족에 대한 관심과 이 안에서 새로운 의미를 발견하려는 노력은 서구의 시선을 바탕으로 만들어진 것이라기보다는 식민지라는 동일성에서 비롯된 것이며, 조선의 정체성에 대한 정치적 수단을 모색하려는 과정에서 비롯된 것이었다. 비슷한 처지의 약소민족들과 연대감을 갖기 시작하면서 이들의 경험은 때론 주체들을 보다 적극적으로 변모시키기도 했다.

또 다른 기행문으로 눈을 돌려보자. 귀국을 앞둔 김세용[2](330~342쪽)은 중국 상하이 거리에서 인도인의 반영시위를 목격한다. 조선과 인도라는 멀고 다른 시공간적 차이가 상하이라는 또 다른 공간에서 만났음에도, 조선인 김세용과 인도 청년은 서로를 동지로 여겼다. 바로 '약소민족'이라는 공감대가 이들을 동지로 만들어주었다. 김세용은 직접 말을 남기지는 못했지만, 영국과 인도의 대치 상황을 통해 식민지 조선의 현실을 바라봤다. 민족해방과 독립운동이 철저하게 탄압당하던 조선과 달리 인도 민족은 제한적이나마 운신의 폭이 있어 보였다. 이 틈 사이로 들어간 김세용은 민족해방에 대한 열망을 표출할 수 있었고, 여행의 경험을 통해서나마 식민 지배에 대항한 집단적 개인적 의식을 나타냈다. 그의 여행기는 개인적 경험의 의미를 넘어 (조선) 집단의 기억과 연관되며, 더 나아가 조선 민족을 넘어서 제국과 식민지의 문제를 비교론적 관점에서 바라볼 수 있는 가능성을 열어줬다. 그가 인도와 영국의 문제를 통해 일본과 조선의 문제를 사고하고 식민지와 세계체제를 사고했듯이 말이다.

이는 세계에서 활동한 독립운동가 안창호의 기행문(355~358쪽)을 통해서 더 확인할 수 있다. 필리핀 여행의 목적이 미국의 식민지 통치 상황을 시찰하는 것이었던 안창호는 그곳에서 조선과는 다른 현실을 경험하게 된다. 그가 본 필리핀은 원주민(필리피노)의 의사가 정치에 반영되고, 언론이 자유로우며, 총독부의 고급 관리도 필리핀 인이 대부분이었다. 필리핀에서 식민지인들에게 권력과 자원이 배분되는 것, 즉 일본의 직접 통치와 달리 간접통치의 자치형태로 식민지 필리핀이 운영되고 있었던 것이다. 1930년대에는 이미 신문과 잡지를 통해서 세계 전역의 식민지 정세나 제국의 지배체제에 대한 정보를 얻을 수 있었다. 그렇지만 안창호는 이 여행을 통해 언론에서 얻을 수 있는 정보만으로는 알 수 없었던 생활 세계를 체감하고 비로소 각 식민지들의 생활상을 비교할 수 있게 해주는 시야를 확보할 수 있었다. 조선 동포의 필리핀 이주 계획은 단념할 수밖에 없었지만, 필리핀 여행은 안창호가 서구 제국의 통치체제를 잠정적이나마 조선 동포들이 억압적 상황을 벗어날 수 있는 가능성으로 여기게 해주었다.

문화와 예술을 통해 보편성을 향유하는 세계인

독립과 해방의 새로운 가능성을 꿈꾸며 약소민족과 연대하는 세계인으로서의 경험은, 그러나 불가능한 꿈일 수밖에 없었다. 세계 체제를 구성하는 국제질서란 것이 제국 간의 이해관계에 불과하다는 점에서 피식민지인의 기반은 미약했고, 서구의 제국들은 조선인에게 지배 체제의 억압을 벗어날 대안인 동시에, 여전히 식민지 지배국인 제국이었기 때문이다. 비서구, 피식민지인이라는 억압, 지배와 피지배라는 이분법적 논리를 넘어설 수 없었다. 문화와 예술을 찾아가는 여행을 주목해서 봐야 하는 이유가 바로 여기에 있다. 이 부류의 여행기에서는 자본주의 체제 전반을 지배하는 사고의 균열지점에서 이분법적 논리로 환원되지 않는 사유의 가능성이 발견되고 있었다.

'비서구, 식민지 조선'이라는 '네이션'의 구속을 벗어던지고 문화, 예술 그 자체의 보편성으로 세계를 사유하는 것, 여기에는 서구 중심주의가 만든 억압과 위계질서를 벗어나 문화와 예술을 통해 세계를 향유하는 개인만이 있을 뿐이다. 이 책의 3장에 실은 나혜석의 경우, 각국을 여행하는 그녀의 시각은 세계 속의 다양한 문화를 그들 간의 차이와 다름으로 인식하고 있었다. 예컨대 "스위스의 경색이 예쁘고 작다 하면, 미국 자연 경색은 크고 잘생겼다"[3]는 것처럼 세계와 문화는 어느 것이 더 좋다고 경계 지을 수 있는 대상이 아니라 다양한 것을 비교한 산물인 것이다.

이처럼 1930년대는 문화를 향유하기 위한 여행이 전면적으로 등장하고 있었다. 미국, 중국 친구와 함께 '파리제'에 참석해 수백만 남녀와 함께 어깨를 걸고 춤췄던 김련금의 경험(372~376쪽)에는 빈부의 격차, 남녀의 성차, 서구인과 비서구인의 인종적 차별도 존재하지 않았다. 김련금에게 파리제는 개성의 사월초파일과 평양의 단오놀이, 함흥의 추석놀이와 별반 다르지 않은 행사였고, 풍습으로 조선의 문화와 프랑스의 문화가 같은 층위에 놓여 있었다. 베를린에 도착하자마자 집시 무리를 만나 그들의 삶을 경험한 일, 국제적 항구도시 리우와 마르세유의 끔직한 이면사裏面史, 여기에는 특정 국가나, 정치, 제도에 귀속되지 않는 개인의 이색적인 체험만이 있을 뿐이다.

계정식[4](392~396쪽)이 여름방학을 이용하여 빈으로 향한 목적도 다름 아닌 집시 음악 연구 때문이었다. 여행을 떠난 계기가 예술적 관심사 때문이었고, 집시 음악을 듣기 위해 그들을 찾아다녔으며, 음악에 대한 그들의 재주는 감탄할 정도였다. 집시를 바라보는 계정식의 시선에는 어떠한 편견과 차별도 없다. 오직 예술적 견해만으로 대상을 판단하고 있는 것이다. 타자(대상)는 여타의 물리적 조건이나 상황을 떠나 예술적 감각으로만 인식되며, 주체 또한 자신이 몸담은 사회적 구속을 벗어난 사유의 태도를 보이고 있다. 이러한 지점은 조선의 문화와 예술을 세계화시키려는 조택원[5](388~391쪽)의 경우에도 마찬가지였다.

해외라는 공간에 대한 인식이 국가 단위에 갇히지 않은 채 문화·예술적 산물로 경험·향유된다는 것은 서구 중심의 인식을 문화와 예술적 차원에서 재편 가능하게 하는 자각적 노력으로 받아들여야 한다. 문화와 예술적 감각이 그 자체로 여행의 목적이 되어 국가를 횡단하고 오로지 예술 내적인 본질로 공간(국가)을 향유하는 태도는 보편적 세계상을 기획하는 시도라 할 것이다. 이들의 기행문에 재현된 장소는 정치적 공간이 아니라 문학과 예술의 장소였으며, 그 행간에서 비정치적 글쓰기인 기행문은 '네이션'의 극복이라는 정치적 기획을 담은 텍스트로 다시 살아난다.

출전

이 책에 실은 기행문들은 1930년대 대중잡지 《삼천리》에 실린 해외 기행문입니다.
출전은 아래와 같습니다.

기행문 제목	《삼천리》 게재 호수	게재 시기
1장 민족 변호사 허헌이 방문한 세계 정치 1번지 여행 시기: 1926년 5월 30일~1927년 1월 15일		
무섭게 밀려드는 태평양의 바다를 타고 황금의 나라 미국으로! 하와이에 잠깐 들러 형제들부터 만나다 세계일주기행 제1신	1호	1929년 6월 12일
꽃의 할리우드를 보고, 다시 대서양 건너 아일랜드로! 세계일주기행 제2신	2호	1929년 9월 1일
부활하는 아일랜드와 영국의 자태 세계일주기행 제3신	3호	1929년 11월 13일
2장 한류스타 최승희의 월드 투어 여행시기: 1937년 12월~1941년		
미국통신	10권 10호	1938년 10월 1일
뉴욕에서 고국의 자매에게 미국에서 보낸 최승희의 편지	12권 5호	1940년 5월 1일
3장 여성해방론자 나혜석의 유럽 미술 기행 여행시기: 1927년 6월 19일~1929년 3월 12일		
소비에트 러시아로 떠나는 구미 여행기, 그 첫 번째	4권 12호	1932년 12월 1일
베를린과 파리	5권 3호	1933년 3월 1일
베를린에서 런던까지	5권 9호	1933년 9월 1일
프랑스 가정은 얼마나 다를까	8권 4호	1936년 4월 1일
4장 조선 여자 박인덕, 세계의 강단에 우뚝 서다 여행 시기: 1926년 7월~1931년 10월, 1935년 11월~1937년 9월		
6년 만의 나의 반도, 미국으로부터 돌아와서 여장을 풀면서 옛 형제에게	3권 11호	1931년 11월 1일
내가 본 독일 농촌	4권 4호	1932년 4월 1일
미국 자유종각 방문기	5권 3호	1933년 3월 1일
태평양을 다시 건너며, 세계기독교대회에 참석하고자	8권 1호	1936년 1월 1일
형제여, 잘 있거라	8권 4호	1936년 4월 1일

미주

1장

1   「허헌씨 귀국」,《동아일보》, 1927. 5. 12.《별건곤》에 실린 글「東西十二諸國을 보고
    와서」에서는 귀국 날짜를 5월 10일로 밝히고 있지만, 이 글이 기억에 의존해 쓰인 것
    이란 점에서 당시 신문에 보도된 일자(5월 12일)를 참고했다.

2   「愛蘭에서 第一優待바더」,《동아일보》, 1927. 5. 14; 허헌,「東西十二諸國을 보고 와
    서」,《별건곤》7호, 1927. 7. 1.

3   《별건곤》에도 허헌의 여행기가 실렸지만(「東西十二諸國을 보고 와서」) 세계여행과
    각국에 대한 짧은 인상기에 불과하며, 그마저도 온전히 담아내고 있지 못하다. 허헌
    의 투옥으로 중단됐지만《삼천리》에 실린 것이 본격적이고 유일한 여행기이다. 한편
    허헌과 미국까지 동행한 허정숙도 짧은 미국 인상기를 남겼으며, 여행기 집필을 시
    도하고자 했으나, 광주 항일 학생사건으로 구속됐으며, 1936년 중국으로 망명하면
    서 더 이상의 글을 남기지 않았다.

4   허헌,「新聞記者로서 얻은 세 가지 印象」,《신동아》4권 8호, 1934. 8.

5   「허헌씨 구미만유」,《동아일보》, 1926. 5. 30.

6   「許憲氏 家宅을 搜索 林氏夫婦檢束」,《동아일보》, 1925. 12. 1.

7   허근욱,『민족변호사 허헌』, 지혜네, 2001, 220~221면.

8   허정숙은 1929년 송봉우가 전향하자 중국 항일운동단체에 있던 최창익과 결혼했다.
    삼천리의 한 기사는 허정숙에 대해 "이혼계를 써가지고 부군의 옥사를 찾아가는 얼
    음 같은 찬 일면을 가진 여성", "아버지의 성이 다른 둘째 아이"를 낳았으며, "나이
    서른 이전에 애인을 세 번 가졌고, 가졌을 적마다 옥동자를 얻었다"라고 언급하고
    있다. 초사「현대여류사상가들(3)」,《삼천리》17호, 1931. 7. 1.

9   「허정숙여사 아버지를 따라 서양만유」,《동아일보》, 1926. 5. 30.

10 허정숙,「울 줄 아는 人形의 女子國」,《별건곤》10호, 1927. 10. 20.

11 허정숙, 위의 글.

12 신영숙, 「사회주의 여성운동가, '조선의 콜론타이' 허정숙」, 《내일을 여는 역사》 23
　　호, 2006, 168~171면. 귀국 후, 허정숙은 근우회를 중심으로 사회주의 여성운동을
　　확대해 나갔고, 광주 항일 학생운동과 관련해 허헌과 함께 투옥되었다. 임신 중이라
　　출산을 위해 형집행정지를 받고 나왔으나, 이내 재수감됐고, 1932년 3월 석방됐다.
　　감옥에서 배운 의학 지식을 통해 태양광선치료소 병원을 경영하기도 했으나, 1936
　　년 최창익과 함께 중국으로 망명했다.

13 허근욱, 「민족변호사 허헌」, 지혜네, 2001, 212면.

14 허헌, 「新聞記者로서 얻은 세 가지 印象」, 《신동아》 4권 8호, 1934. 8.

15 허헌과 허정숙의 세계여행은 출국부터 여정, 귀국까지 매체를 통해 지속적으로 보
　　도됐으며, 허헌의 이러한 행보는 세계와 조선에 큰 파문을 일으키는 발자취로 언급
　　되었다. 「명사의 멘탈테스트(其四): 신간회 중앙위원장 허헌씨」, 《삼천리》 3호, 1929.
　　11. 13.

16 황호덕, 「여행과 근대, 근대 형성기의 세계 견문과 표상권의 근대」, 《인문과학》 46
　　집, 2010, 22면.

17 전세계에 산재한 약소 민족 대표 5백여 명이 참석한 이 대회에서 이극로를 단장으
　　로 한 조선 대표단은 조선독립문제를 논의하여 국제사회에 공론화시키기로 합의하
　　고, 다음의 세 가지 안을 상정했다. 1. 시모노세키 조약을 실행하여 조선독립을 확보
　　할 것, 2. 조선총독정치를 즉시 철폐할 것, 3. 상해 대한임시정부를 승인할 것. 그러
　　나 이 제안은 3표 차이로 부결되어 논의조차 되지 못했다. 허헌, 「新聞記者로서 얻은
　　세 가지 인상」, 《신동아》 4권 8호, 1934. 8; 심지연, 「허헌연구」, 역사비평사, 1994,
　　59~60면. 한편, 국제대회를 통해 대외적으로 여론을 일으키고자 한 노력은 1925년
　　9월에 참석한 '국제변호사대회'에서도 확인할 수 있다. 당시 허헌은 김병로, 박승빈
　　등과 함께 '국제변호사협회'와 '각국 변호사협회'에 장문의 서면을 보내며, 여러 나라
　　대표를 직접 찾아가 뜻을 전달했고, 긍정적인 답변을 들었으나, 본회의 자체가 무산
　　되고 말았다. 박승빈, 「국제변호사대회에 갔다가, 중국 북평에서 개최」, 《삼천리》 3
　　호, 1929. 11. 13; 「세계적 대회의와 각국 의회의 인상」, 《삼천리》 8권 6호, 1936. 6. 1.

18 허헌, 「東西十二諸國을 보고 와서」, 《별건곤》 7호, 1927. 7. 1.

19 "내가 그곳에 갔더니 여러 가지 과거의 사정으로 말미암인지 퍽이나 우대를 받았습

니다. 더욱 법조계에서 오래 있었다니까 그런지 재판소 사람들이 더 친밀하게 대접을 하고 그곳 법조계도 조선 법조계와 같은 점(통치관계)이 있으므로 다른 사람보다도 더욱 편의를 도와줍디다." 「愛蘭에서 第一優待바더」, 《동아일보》, 1927. 5. 14.

20 황호덕, 위의 논문, 33면.

2장

1 최승희, 「최승희 귀향감상록」, 《삼천리》 13권 4호, 1941. 4. 1.

2 최승희, 위의 글.

3 브뤼셀에서 열린 제2회 세계 무용 콩쿨로 약 2천 명 이상의 무용가와 무용단체가 참가한 대규모의 대회이다. 최승희, 「파리통신」, 《삼천리》, 11권 7호, 1939. 6. 1.

4 「태평양서 절찬 받는 최승희」, 《삼천리》 10권 8호, 1938. 8. 1.

5 최승희, 「무사히 돌아왔습니다, 동경제국호텔에서」, 《삼천리》 13권 1호, 1941. 1. 1.

3장

1 나혜석, 「이상적 부인」, 《학지광》 3호, 1914; 「잡감: K언니에게 여함」, 《학지광》 13호, 1917; 「경희」, 《여자계》 2호, 1918.

2 나혜석, 「아아 자유의 파리가 그리워 – 구미 만유하고 온 후의 나」, 《삼천리》 4권 1호, 1932. 1. 1.

3 나혜석, 「이혼고백장」, 《삼천리》 6권 8호, 1934. 8. 1.

4 나혜석, 「화가로 어머니로 – 나의 10년간 생활」, 《신동아》, 1933. 1.(이상경, 「나혜석전집」, 태학사, 2000, 346면 재인용)

5 「나혜석 여사 세계 만유」, 《조선일보》, 1927. 6. 21; 「구미 만유하고 온 여류화가 나혜석 씨와 문답기」, 《별건곤》 22호, 1929. 8. 1.

6 마지막 글 「프랑스 가정은 얼마나 다를까」는 세계여행 후, 7년이 지난 시점에 쓴 것으로, 프랑스 가정을 소개하는 내용이다. 기행문으로 보기에는 다소 무리가 있으나, 여행 당시의 경험을 반추하여 썼으며, 나혜석이 추구하는 주부의 권위와 이상적인 가정의 모습이 잘 드러나 있다는 점에서 다른 기행문과 함께 엮었다.

7   르제 비시에르(1888~1964)는 파리 체류 중 나혜석이 다녔던 아카데미 랑송의 교수
     였다.

8   나혜석, 「이혼고백장」, 《삼천리》 6권 8호, 1934. 8. 1.

9   나혜석, 「아아 자유의 파리가 그리워 – 구미 만유하고 온 후의 나」, 《삼천리》 4권 1
     호, 1932. 1. 1.

10   「特選作 庭園은 歐洲旅行의 선물」, 《동아일보》, 1931. 6. 3.

11   나혜석, 「신생활에 들면서」, 《삼천리》 7권 1호, 1935. 1. 1.

12   나혜석, 위의 글.

13   나혜석, 위의 글.

14   손유경, 「나혜석의 구미만유기에 나타난 여성 산책자의 시선과 지리적 상상력」, 『식
     민지 근대의 뜨거운 만화경』, 성균관대학교 출판부, 2010, 379~380쪽

4장

1   「삼천리 기밀실」, 《삼천리》 7권 9호, 1935. 10. 1.

2   박인덕, 「파란 많은 나의 반생」, 《삼천리》 10권 11호, 1938. 11. 1; 박인덕, 「태평양을
     다시 건너며, 세계기독교대회에 참석코자」, 《삼천리》 8권 1호, 1936. 1. 1.

3   「朝鮮 女流 10巨物 列傳(1), 朴仁德, 黃愛施德 兩氏」, 《삼천리》 3권 11호, 1931. 11. 1.

4   「遊學과 講演에서 六年만에 故土에」, 《동아일보》, 1931. 10. 9.

5   「궁금한 그 사람 그 뒤」, 《삼천리》 8권 11호, 1936. 11. 1.

6   「朝鮮 女流 10巨物 列傳(1), 朴仁德, 黃愛施德 兩氏」, 《삼천리》 3권 11호, 1931. 11. 1.

7   「만화경」, 《별건곤》 45호, 1931. 11. 1.

8   「도라는 오고도 안도라오는 수수격기(五)」, 《매일신보》, 1931. 10. 15.

9   삼천리는 박인덕과 김운호의 사이가 별거에 그치지 않고 자유 이혼의 문제로 급격
     히 진행되고 있다는 것을 전하면서, 여권존중과 부인해방을 주창하는 박인덕은 결
     혼에 대해서도 대단히 자유스러운 견해를 가졌다고 언급한다. 「朝鮮 女流 10巨物 列
     傳(1), 朴仁德, 黃愛施德 兩氏」, 《삼천리》 3권 11호, 1931. 11. 1.

10   박인덕에 대한 기사의 거개는 이러한 구절을 담고 있는데, 특히 그녀가 이화학당을
     다니던 때부터 장안에 소문이 자자했다. 그녀에 대해 자세히 묘사하고 있는 한 기사

에 따르면, 박인덕은 "대리석에 조각해 놓은 부조 모양으로 아침 이슬을 머금은 듯한 한 송이 백합꽃"과 같은 자태를 지녔으며, 수백 년 만에 한 번 나타날까 말까 하리만치 재주와 미모가 뛰어났다고 한다. 「新女性總觀(2) 百花爛漫의 己未女人群」, 《삼천리》 16호, 1931. 6. 1.

11 「朝鮮 女流 10巨物 列傳(1), 朴仁德, 黃愛施德 兩氏」, 《삼천리》 3권 11호, 1931. 11. 1.

12 「新女性總觀(2) 百花爛漫의 己未女人群」, 《삼천리》 16호, 1931. 6. 1.

13 박인덕의 전기에 관한 자세한 내용은 다음을 참고할 것. 박인덕, 「파란 많은 나의 반생」, 《삼천리》 10권 11호, 1938. 11. 1.

14 「新女性總觀(2) 百花爛漫의 己未女人群」, 《삼천리》 16호, 1931. 6. 1.

15 「어머니되기까지(6)」, 《동아일보》, 1926. 1. 27.

16 박인덕, 「파란 많은 나의 반생」, 《삼천리》 10권 11호, 1938. 11. 1.

17 「미국 가는 세 언니」, 《동아일보》, 1926. 7. 16.

18 박인덕, 「파란 많은 나의 반생」, 《삼천리》 10권 11호, 1938. 11. 1.

19 「독서실」, 《동광》 36호, 1932. 8. 1.

20 박인덕, 「태평양 삼만리 가는 길」, 《신인문학》, 1936. 3.

5장

1 정석태, 「洋行中 雜觀雜感」, 《별건곤》 1호, 1926. 11. 1.

2 곽승미, 「식민지 시대 여행 문화의 향유 실태와 서사적 수용 양상」, 《대중서사연구》 제15호, 2006, 239면.

3 정석태, 「洋行中 雜觀雜感」, 《별건곤》 1호, 1926. 11. 1.

4 정석태, 「天涯萬里에서 盜難逢變記, 學費千五百圓을 歐羅巴가든 길에 盜難當한 N君」, 《삼천리》 15호, 1931. 5. 1.

5 정석태, 「洋行中 雜觀雜感」, 《별건곤》 1호, 1926. 11. 1.

6 정석태, 「佛蘭西巴里求景, 보는 것마다 세계진물」, 《별건곤》 2호, 1926. 12. 1.

7 정석태, 「獨逸伯林의 첫生活, 巴里로부터 伯林에」, 《별건곤》 5호, 1927. 3. 1.

8 정석태, 위의 글.

9 「정씨 금의환향, 자택에 묵는다」, 《시대일보》, 1926. 1. 12; 「獨逸서 三個星霜 細菌學

을 專攻」,《동아일보》, 1926. 1. 9. 정석태의 독일 유학 기간이 3년이었는지는 정확하지 않으며, 관련 연구와 정석태 자신의 글에서도 날짜의 변동이 크다. 여러 자료를 종합해보건대, 정석태가 프랑스 마르세유 항에 도착한 것은 1923년 11월 3일이고, 파리에서 60일을 체재했기 때문에 실제 그가 독일에 도착한 것은 1924년 1월일 것으로 추측된다. 그러나 자신이 스파이 혐의로 인해 베를린 경시청에서 조사받을 당시는 독일에 도착한 지 일주일 전후이며 1922년이라고 밝히고 있다. 또한 그가 귀국하기 위해 마르세유 항에서 배를 탄 것은 1925년 봄이라고 언급하지만, 실제 매체를 통해 그가 귀국한 정확한 날짜는 1926년 1월 8일이다. 매체에 실린 그의 글 대부분이 귀국 후, 기억에 의존해 작성된 것이란 점에서 다소의 차이는 감안해야 할 것으로 보인다. 그럼에도 이 글에서 정석태의 유학 기간이 3년이라는 데 대해서는 그가 조선을 떠나 유학길에 오른 것이 1923년이며, 귀국한 시점이 1926년이라는 점은 분명하다는 점에서 당대의 자료를 따랐다.

10 「鄭博士 開業」,《동아일보》, 1926. 7. 4.

11 '해외에서 돌아온 인물평판기'라는 기사에 의하면, 정석태는 유학생 중에서도 가장 활발하게 활동을 하고 있는 것으로 기록하고 있다. 朝鮮에서 活動하는 海外에서 도라온 人物評判記, 어느 나라가 제일 잘 가르쳐 보냇는가?」,《별건곤》 3호, 1927. 1. 1.

6장

1 「경제학사 최영숙 여사 哀話/ 90春光을 등지고 哀惜! 麗人의 요절. 20년간 刻苦 積功도 헛되다」,《조선일보》, 1932. 4. 25.

2 「印度青年과 佳約 맺은 채 세상 떠난 崔孃의 悲戀. 瑞典大學에서 印度青年 만나 佳約 맺고 愛兒까지 나은 뒤에, 瑞典經濟學士 崔英淑孃 一代記」,《삼천리》 4권 5호, 1932. 5. 1.

3 「경제학사 최영숙 여사 哀話/ 90春光을 등지고 哀惜! 麗人의 요절. 20년간 刻苦 積功도 헛되다」,《조선일보》, 1932. 4. 25.

4 「經濟學史 崔英淑女士와 印度青年과의 戀愛關係의 眞相」,《동광》 34호, 1932. 6. 2.

5 최영숙, 「그리운 옛날의 학창시대」,《삼천리》 4권 1호, 1932. 1. 1.

6 「經濟學史 崔英淑女士와 印度青年과의 戀愛關係의 眞相」,《동광》 34호, 1932. 6. 2.

7   『엘렌케이』찾아가 瑞典있는 최영숙 양. 동양 여자의 해방에 대하여 강연. 장래에는
     각국을 편답한다고」,《조선일보》1928. 4. 10.

8   위의 글.

9   「경제학사 최영숙 여사 哀話/ 90春光을 등지고 哀惜! 麗人의 요절. 20년간 刻苦 積功
     도 헛되다」,《조선일보》, 1932. 4. 25.

10   최영숙은《조선일보》에 연재한 「인도유람」두 번째 편에서 인도 청년을 "나이두 여사
     의 생질이 되는 이로 이집트에서부터 우연히 동행이 되었었고 그동안 나에게 많은 도
     움을 준 친구"라고 언급하고 있다. 최영숙, 「인도유람 2」,《조선일보》, 1932. 2. 4.

11   최영숙, 「인도유람 1」,《조선일보》, 1932. 2. 3.

12   손기정, 남승룡, 「민족의 제전」,《삼천리》12권 8호, 1940. 9. 1.

13   「조선 초유의 여류 경제학사 崔英淑양. 스웨덴에서 돌아온 崔英淑양은 다섯 나라 말
     을 능통하는 재원」,《조선일보》, 1931. 12. 22.

14   「經濟學史 崔英淑女士와 印度靑年과의 戀愛關係의 眞相」,《동광》34호, 1932. 6. 2.

15   『엘렌케이』찾아가 瑞典있는 최영숙 양. 동양 여자의 해방에 대하여 강연. 장래에는
     각국을 편답한다고」,《조선일보》, 1928. 4. 10.

16   「印度靑年과 佳約 맺은 채 세상 떠난 崔孃의 悲戀. 瑞典大學에서 印度靑年 만나 佳
     約 맺고 愛兒까지 나은 뒤에, 瑞典經濟學士 崔英淑孃 一代記」,《삼천리》4권 5호,
     1932. 5. 1.

17   「經濟學史 崔英淑女士와 印度靑年과의 戀愛關係의 眞相」,《동광》34호, 1932. 6. 2.

7장

1   손기정, 「백림올림픽 대회를 바라보며」,《삼천리》8권 1호, 1936. 1. 1.

2   「삼천리 특별시보」,《삼천리》8권 11호, 1936. 11. 1.

3   위의 글.

4   손기정, 「올림피아 제2부 미의 제전, 그때의 베를린을 회상하며」,《삼천리》13권 3호,
     1941. 3. 1.

5   「중첩한 반도 언론계의 불상사, 동아일보정간 중앙일보휴간」,《삼천리》8권 11호,
     1936. 11. 1.

6 손기정, 「베를린 올림픽 영화 민족의 제전을 보고」, 《삼천리》, 1940. 6. 1.

7 손기정, 「체육대제전참관과 조선체육진흥에의 전망」, 《삼천리》, 13권 1호, 1941. 1. 1.

8장

1 북웅생, 「世界各國의 弱少民族의 生活相, 常綠의 나라 比律賓」, 《별건곤》 32호, 1930. 9. 1; 「弱小民族運動과 領主國 態度」, 《삼천리》 3권 11호, 1931. 11. 1.

2 이학중, 「比島獨立運動과 米國」, 《별건곤》 33호, 1930. 10. 1; 이여성, 「最近 獨立說을 傳하는 比律賓의 民族運動」, 《별건곤》 37호, 1931. 2. 1; 태평양학인, 「最近 比律賓의 反美運動」, 《삼천리》 7호, 1930. 7. 1; 「比律賓은 엇더케 되나, 極東風雲을 압두고 突然 提起된 比島問題」, 《삼천리》 4권 5호, 1932. 5. 15.

3 김우평, 「植民地自治運動과 議會活動, 比島人의 最近運動과 議會」, 《삼천리》 5권 3호, 1933. 3. 1.

4 김추관, 「인도유기」, 《삼천리》 17호, 1931. 7. 1.

9장

1 「莫斯科의 新女性과 新文化, 今昔의 모스크바를 이약이 하는 會」, 《삼천리》 7권 8호, 1935. 9. 1; 「莫斯科의 女黨員과 新興空氣, 今昔의 모스크바를 이약이하는 會」, 《삼천리》 7권 9호, 1935. 10. 1.2 원문에는 '尖端을 걷는 모스크바女의 昔今'이라도 표기돼 있다. '今昔'의 오기이므로 수정했다.

2 사회주의운동가로 알려진 김세용은 이영성의 매부로, 김약수, 이여성과 함께 민족해방운동을 전개했다. 1904년 대구에서 출생한 김세용은 3·1운동 당시, 학생운동에 관계하여 퇴학 처분을 받고, 1년간 동경에 머무르다 경성의전에 입학한다. 1923년 만주를 거쳐 소련에서 모스크바 공산대학을 졸업하였으며, 1926년경 귀국하여 사회주의 운동에 관여하다가 광주학생운동 이후 다시 상해로 망명하였으며, 1930년 귀국하여 조선일보 기자로 근무했다. 김세용의 기행문은 1928년 5월의 경험을 바탕으로 한 것이다. 광주학생운동 이후, 상해로 망명했을 때이며, 당시 김세용의 나이는 25살이다. 정병욱, 「숫자를 통해 본 조선인의 삶 - 『숫자조선연구』 李如星, 金世鎔,

世光社. 1931~35」,《역사와 현실》21권, 한국역사연구회, 1996, 참조.

3   계정식(1904~1974)은 평안남도 평양 계리에서 예수교회 목사의 자녀로 태어났다. 어려서부터 바이올린에 재능을 보인 계정식은 1920년, 17세의 나이에 각지를 돌며 연주회를 가졌다. 숭실전문학교에서 음악교육을 마친 후, 일본 동경의 동양음악학교를 거쳐 1923년 독일 유학길에 올랐다. 독일 뷔르츠부르크음악학교에서 바이올린을 전공했고, 스위스 바젤 대학 철학부에서 "조선음악"이란 논문으로 철학박사학위를 취득하였다. 1935년 3월 9일, 12년간의 유학생활을 마치고 조선에 돌아온 뒤, 연주자와 교육자로서 활동했다. 1936년부터 1943년까지 이화여자전문학교에서 바이올린 전공교수로 재직했으며, 현재명과 함께 서울시립교향악단의 전신인 고려교향악단을 창단했다. 오유진,「계정식의 생애와 음악활동」,《음악과 민족》45권, 민족음악학회, 2013, 참조.

4   조택원(1907~1976)은 함경남도 함흥 출신으로, 전도유망한 정구 선수였으나 1927년 경성에서 열린 이시이 바쿠의 무용 공연을 관람한 뒤 무용계에 입문했다. 최승희와 함께 이시이 바쿠의 제자로 무용가의 길을 걷기 시작했다. 1932년 일본에서 귀국해 경성보육학교 교수로 취임했고, 조택원무용연구소를 설립해 후진양성에도 힘썼다. 1937년 프랑스로 건너가 공연을 했으며, 1947년에는 현대 무용의 거장 루스 세인트 데니스의 후원을 받아 미국 순회공연을 가지기도 했다. 임희영,「조택원의 예술세계에 나타난 민족적 성향에 관한 연구」,『이화체육논집』5집, 2001, 참조.

참고한 논문과 단행본

가라타니 고진, 박유하 옮김, 『일본근대문학의 기원』, 민음사, 1997

권오신, 『미국의 제국주의: 필리핀인들의 시련과 저항』, 문학과지성사, 2000

김려실, 「인터/내셔널리즘과 만주」, 《상허학보》 13집, 2004

김성은, 「박인덕의 사회의식과 사회활동」, 《역사와 경계》 76집, 2010

김영훈, 「경계의 미학」, 《비교문화연구》 11집, 2호, 2005

김욱동, 「박인덕의 전기와 관련한 오류」, 《동아연구》, 61집, 2011

김찬정, 『춤꾼 최승희』, 한국방송출판, 2003

나혜석, 「태평양건너서, 구미유기 속(續)」, 《삼천리》 6권 9호, 1934. 9. 1

노영순, 「프랑스의 식민주의와 베트남 지배구조」, 『일본과 서구의 식민통치 비교』, 선인, 2004

닝왕, 이진형, 최석호 옮김, 『관광의 근대성』, 일신사, 2004

류철수, 「메이데이와 조선」, 《동광》 21호, 1931. 5. 1.

마르쿠스 파우저, 김연순 옮김, 『문화학의 이해』, 성균관대학교 출판부, 2008

성현경, 「1930년대 세계문학담론의 수행적 구조와 해외문학기행의 정치성」, 《구보학보》 8
　　　집, 구보학회, 2013

―――, 「1930년대 해외 기행문 연구 ―《삼천리》 소재 해외 기행문을 중심으로」, 성균관대
　　　학교 석사논문, 2009

손기정, 『나의 조국 나의 마라톤, 손기정 자서전』, 한국일보사, 1983

알렌카 주판치치, 이성민 옮김, 『실재의 윤리』, 도서출판 b, 2004

양승윤, 『필리핀』, 한국외국어대학교출판부, 2003

윤충로, 송광성, 「식민지 조선과 베트남에서의 지방 통제체제 비교연구」, 《담론201》, 8집, 2005

이상경, 『나혜석 전집』, 태학사, 2000

이여성, 「比島獨立과 極東情勢」, 《개벽》 신간 1호, 1934. 11. 1

―――, 「比律賓議會에서 獨立法案을 受諾」, 《동아일보》, 1934. 5. 2

이정섭, 「最近의 比律賓 問題」, 《삼천리》 12호, 1931. 2. 1

이태영, 『나의 만남, 나의 인생』, 정우사, 1991

이학중, 「比島獨立運動과 米國」, 《별건곤》 33호, 1930. 10. 1

장영은, 「금지된 표상, 허용된 표상」, 《상허학보》 22집, 상허학회, 2008

전봉관, 『경성기담』, 살림, 2006

정병호, 『춤추는 최승희』, 뿌리깊은 나무, 1995

천정환, 『끝나지 않는 신드롬』, 푸른역사, 2005

최정수, 「미국의 필리핀 지배전략과 자치화정책」, 『일본과 서구의 식민통치 비교』, 선인, 2004

홍양명, 「再然한 比律賓 獨立問題」, 《삼천리》 5권 1호, 1933. 1. 1